21世纪高职高专土建类专业规划教材

建筑工程资料管理

主　编 ⦿ 梁鸿颉　赫　璐
副主编 ⦿ 姜　轶　单明荟　冯革宇
主　审 ⦿ 吴松勤

中国建材工业出版社

图书在版编目（CIP）数据

建筑工程资料管理 / 梁鸿颉，赫璐主编．—北京：中国建材工业出版社，2016.1（2023.9 重印）
21 世纪高职高专土建类专业规划教材
ISBN 978-7-5160-1321-2

Ⅰ.①建… Ⅱ.①梁… ②赫… Ⅲ.①建筑工程—技术档案—档案管理—高等职业教育—教材 Ⅳ.①G275.3

中国版本图书馆 CIP 数据核字（2015）第 292246 号

内 容 简 介

本书根据高职高专人才培养目标、工学结合人才培养模式及专业教学改革的要求，以培养高技术技能应用型人才为主要任务，以提高建筑工程资料管理技能为出发点，结合相关行业岗位上岗要求，利用编者多年的教学实践编写而成。本书分为六个项目，包括：工程资料管理概述，工程准备阶段资料管理，工程监理资料管理，工程施工资料管理，工程竣工文件管理及工程归档资料管理等内容。

本书可作为高职高专土建类工程造价及相关专业教材使用，也可供建筑工程领域相关专业人员参考。本书配有电子课件，可登录我社网站免费下载。

建筑工程资料管理
梁鸿颉　赫　璐　主　编

出版发行：中国建材工业出版社
地　　址：北京市海淀区三里河路 11 号
邮　　编：100831
经　　销：全国各地新华书店
印　　刷：北京雁林吉兆印刷有限公司
开　　本：787mm×1092mm　1/16
印　　张：11.75
字　　数：287 千字
版　　次：2016 年 1 月第 1 版
印　　次：2023 年 9 月第 5 次
定　　价：34.00 元

本社网址：www.jccbs.com　微信公众号：zgjcgycbs
本书如出现印装质量问题，由我社网络直销部负责调换。联系电话：(010) 57811387

前　言

本书根据高职高专人才培养目标、工学结合人才培养模式及专业教学改革的要求，以培养高技术技能应用型人才为主要任务，以提高建筑工程资料管理技能为出发点，结合相关行业岗位上岗要求，利用编者多年的教学实践编写而成。

本着“理论以必需、够用为度，突出应用性，加强理论联系实际，内容应通俗易懂，适用性要强”的原则，本书依据现行的《建设工程文件归档规范》(GB/T 50328—2014)、《建设工程监理规范》(GB/T 50319—2013)、《建设电子文件与电子档案管理规范》(CJJ/T 117—2007) 等规范文件，结合职业资格特点进行编写。在内容上以“××置地·××湾三期工程 1#楼”实际工程为对象，列举了大量的典型案例，着重培养学生的实际应用和操作能力。为增强教材职业能力培养的系统性、连贯性，每个项目都设计了知识目标、能力目标等。为巩固所学知识，每个项目后安排了复习思考题。

本书内容分为六个项目，主要包括：工程资料管理概述，工程准备阶段资料管理，工程监理资料管理，工程施工资料管理，工程竣工文件管理及工程归档资料管理。

本书是集体智慧的结晶，建设行业、企业、学校等相关专家审定教材编写大纲，并在教材编写过程中给予悉心指导。参加编写本书的人员有辽宁城市建设职业技术学院梁鸿颉、赫璐、姜轶、单明荟，辽宁省省直工程项目管理办公室冯革宇。全书由梁鸿颉统稿，梁鸿颉、赫璐任主编，姜轶、单明荟、冯革宇任副主编。

本书在编写过程中参考了众多的书籍，在此向相关作者表示感谢。由于作者水平有限，不妥之处在所难免，恳切希望广大读者批评指正。

编者

2015 年 12 月

目　　录

项目1　工程资料管理概述 …… 1

任务1.1　建设工程资料管理相关概念 …… 1

1.1.1　建设工程资料 …… 1

1.1.2　工程技术资料 …… 1

1.1.3　工程管理资料 …… 2

1.1.4　常用术语 …… 2

任务1.2　建筑工程资料管理基本规定 …… 4

任务1.3　工程资料管理 …… 4

1.3.1　工程资料分类 …… 4

1.3.2　工程资料填写、编制、审核及审批 …… 5

1.3.3　工程资料编号 …… 5

1.3.4　工程资料收集、整理与组卷、装订 …… 6

1.3.5　工程资料移交与归档 …… 6

任务1.4　建设电子文件管理 …… 9

1.4.1　基本规定 …… 9

1.4.2　电子文件的代码标识、格式与载体 …… 10

1.4.3　建设电子文件的收集与积累 …… 11

任务1.5　建设工程资料管理流程及归档范围 …… 14

1.5.1　建筑工程资料管理流程 …… 14

1.5.2　建筑工程资料归档范围 …… 20

复习思考题 …… 31

项目2　工程准备阶段资料管理 …… 32

任务2.1　工程准备阶段资料管理 …… 32

2.1.1　立项文件 …… 32

2.1.2　建设规划用地文件 …… 33

2.1.3　勘察、设计文件 …… 33

2.1.4　工程招投标及合同文件 …… 33

2.1.5　工程开工文件 …… 34

任务2.2　决策立项阶段文件资料 …… 34

2.2.1　项目建议书 …… 34

2.2.2　可行性研究报告及附件 …… 35

任务2.3　建设规划用地文件资料 …… 37

2.3.1　规划用地审批 …… 37

2.3.2　工程建设项目报建资料 …… 40

任务 2.4 勘察设计文件资料 …… 41
2.4.1 工程地质勘察报告 …… 41
2.4.2 工程测量与规划设计审批 …… 42
2.4.3 设计文件 …… 45
任务 2.5 招投标文件资料 …… 47
2.5.1 勘察、设计招投标文件 …… 47
2.5.2 勘察、设计承包合同 …… 48
2.5.3 施工招投标文件 …… 49
2.5.4 建设工程施工合同 …… 50
2.5.5 监理招投标文件 …… 51
2.5.6 建设工程委托监理合同 …… 52
任务 2.6 开工审批文件资料 …… 53
2.6.1 建设工程规划许可证及附件 …… 53
2.6.2 建筑工程施工许可证 …… 55
2.6.3 工程质量监督手续 …… 57
任务 2.7 财务文件资料 …… 57
2.7.1 工程投资估算 …… 57
2.7.2 工程设计概算和工程施工图预算 …… 58
复习思考题 …… 58
项目 3 工程监理资料管理 …… 60
任务 3.1 整理监理管理文件 …… 60
3.1.1 监理规划 …… 60
3.1.2 监理实施细则 …… 62
3.1.3 监理月报 …… 62
3.1.4 监理会议纪要 …… 63
3.1.5 监理工作日志 …… 64
3.1.6 监理工作总结 …… 65
3.1.7 工作联系单 …… 66
3.1.8 监理工程师通知 …… 66
3.1.9 监理工程师通知回复单 …… 67
3.1.10 工程暂停令表 …… 68
任务 3.2 整理进度控制资料 …… 70
3.2.1 工程开/复工报审表 …… 70
3.2.2 施工进度计划报审表 …… 71
任务 3.3 整理质量控制资料 …… 73
3.3.1 质量事故报告及处理资料 …… 73
3.3.2 旁站监理记录 …… 73
3.3.3 见证取样和送检见证人员备案表 …… 74
3.3.4 见证记录 …… 75

任务 3.4 整理造价控制资料 …… 76
3.4.1 工程款支付申请表 …… 76
3.4.2 工程款支付证书 …… 77
3.4.3 工程变更费用报审表 …… 78
3.4.4 费用索赔申请表 …… 79
任务 3.5 工期管理文件 …… 81
3.5.1 工程延期申请表 …… 81
3.5.2 工程延期审批表 …… 82
任务 3.6 整理监理验收文件 …… 84
3.6.1 工程质量评估报告 …… 84
3.6.2 监理资料移交书 …… 86
复习思考题 …… 86
项目 4 工程施工资料管理 …… 87
任务 4.1 整理施工准备资料 …… 87
4.1.1 工程概况表 …… 87
4.1.2 施工现场质量管理检查记录 …… 88
4.1.3 企业资质证书及相关专业人员岗位证书 …… 90
4.1.4 分包单位资质报审表 …… 91
4.1.5 建设工程质量事故调查、勘查记录 …… 93
4.1.6 建设工程质量事故报告书 …… 93
4.1.7 见证试验检测汇总表 …… 94
4.1.8 施工日志 …… 95
任务 4.2 整理施工技术文件 …… 96
4.2.1 工程技术文件报审表 …… 96
4.2.2 施工组织设计（施工方案）报审表 …… 96
4.2.3 危险性较大的分部分项工程施工方案专家论证表 …… 97
4.2.4 技术交底记录 …… 99
4.2.5 图纸会审记录 …… 100
4.2.6 设计变更通知单 …… 102
4.2.7 工程洽商记录（技术核定单） …… 103
任务 4.3 整理施工进度造价文件 …… 103
4.3.1 施工进度计划 …… 104
4.3.2 人、机、料动态表 …… 104
任务 4.4 整理施工物资文件 …… 105
4.4.1 工程物资的分类 …… 105
4.4.2 出厂质量证明文件及检测、复试报告 …… 105
4.4.3 进场检验通用表格 …… 111
任务 4.5 整理施工记录 …… 113
4.5.1 工程定位测量记录 …… 113

4.5.2 隐蔽工程验收记录 …… 114
4.5.3 基坑（槽）工程施工验收记录 …… 117
4.5.4 地基处理工程验收记录 …… 118
4.5.5 沉降观测记录 …… 118
4.5.6 混凝土有关记录 …… 120
4.5.7 构件吊装记录 …… 123
任务 4.6 整理施工试验记录及检测文件 …… 123
4.6.1 建筑与结构工程施工试验记录 …… 123
4.6.2 整理给排水及采暖工程施工试验记录 …… 129
4.6.3 建筑电气工程施工试验记录 …… 131
4.6.4 通风与空调工程施工试验记录 …… 134
任务 4.7 施工质量验收文件 …… 137
4.7.1 检验批质量验收记录 …… 137
4.7.2 分部（子分部）工程质量验收记录 …… 139
任务 4.8 整理施工验收文件 …… 140
4.8.1 单位（子单位）工程竣工预验收报验表 …… 140
4.8.2 单位（子单位）工程质量竣工验收记录 …… 141
4.8.3 单位（子单位）工程质量控制资料核查记录 …… 141
4.8.4 单位（子单位）工程安全和功能检验资料核查及主要功能抽查记录 …… 142
4.8.5 施工资料移交书 …… 142
复习思考题 …… 142
项目 5 工程竣工文件管理 …… 143
任务 5.1 编制整理工程竣工验收文件 …… 143
5.1.1 工程质量验收记录 …… 143
5.1.2 竣工验收证明书 …… 149
任务 5.2 编制整理工程竣工决算文件 …… 150
5.2.1 竣工决算概述 …… 150
5.2.2 竣工财务决算的编制 …… 151
任务 5.3 编制整理工程竣工总结文件 …… 155
5.3.1 工程概况表 …… 155
5.3.2 工程竣工总结 …… 156
任务 5.4 工程竣工验收备案 …… 156
5.4.1 工程竣工验收备案管理 …… 156
5.4.2 工程竣工验收备案的实施 …… 157
任务 5.5 编制工程竣工图 …… 159
5.5.1 竣工图的概念 …… 159
5.5.2 竣工图的组成 …… 159
5.5.3 竣工图编制基本要求 …… 159
5.5.4 竣工图绘制要求及方法 …… 160

复习思考题…… 161
项目 6　工程归档资料管理 …… 162
任务 6.1　建设工程资料归档整理 …… 162
6.1.1　建设工程资料的归档范围 …… 162
6.1.2　建设工程资料的质量要求 …… 162
6.1.3　建设工程资料的归档整理立卷 …… 164
任务 6.2　建设工程档案的验收与移交 …… 169
6.2.1　建设工程文件归档 …… 169
6.2.2　建设工程档案验收与移交 …… 170
任务 6.3　建设电子文件归档与电子档案资料 …… 171
6.3.1　建设电子文件的整理、鉴定与归档 …… 171
6.3.2　建设电子档案的验收与移交 …… 173
任务 6.4　建设电子档案的管理 …… 174
6.4.1　脱机保管 …… 174
6.4.2　有效存储 …… 174
6.4.3　迁移 …… 175
6.4.4　利用 …… 175
6.4.5　鉴定销毁 …… 176
6.4.6　统计 …… 176
复习思考题…… 176
参考文献…… 177

项目 1　工程资料管理概述

知识目标：

正确表述建筑工程资料相关概念。

熟练表述建筑工程资料的特征及载体形式。

正确表述建筑工程资料管理的必要性。

能力目标：

能正确区分工程建设不同阶段的工程资料。

能根据建筑工程资料的特征正确选用载体形式。

能正确领会建筑工程资料管理的必要性。

任务 1.1　建设工程资料管理相关概念

建筑工程资料是工程建设从项目的提出、筹备、勘测、设计、施工到竣工投产等过程中形成的文件材料、图样、图表、计算材料、声像材料等各种形式的信息总和，简称工程资料。

建筑工程资料是建设工程合法身份与合格质量的证明文件，是工程竣工交付使用的必备文件，也是对工程进行检查、验收、维修、改建和扩建的原始依据。

1.1.1　建设工程资料

在工程建设过程中形成的各种形式的信息记录，包括工程准备阶段文件、监理文件、施工文件、竣工图和竣工验收文件，统称为建设工程资料，简称为工程资料。建设工程资料包括工程技术资料和工程管理资料。

建设工程资料繁多，归档范围及保存期限也不一样。《建设工程文件归档规范》（GB/T 50328—2014）（以下简称《归档规范》）规定了建设工程资料的归档范围及保存单位，详见下文。

1.1.2　工程技术资料

工程技术资料是工程建设过程中形成的有关工程技术、质量的文件。它包括如下内容：

1. 施工质量管理资料

施工质量管理资料包括工程概况，质量及安全报监手续，施工许可证（开工报告），施工组织设计，施工方案，技术交底，岩土工程、地质勘察报告结论，技术处理方案，人工地基检测报告结论，深基坑监测记录，施工现场质量管理检查记录等。

2. 检验批、分项工程、分部工程及单位工程质量验收资料

包括根据相应的专业施工质量验收规范规定，分别对检验批质量验收表中的主控项目和一般项目，由施工单位自检评定填制表格，经监理单位检查验收确认合格后所形成的工程质量核心资料和检验批、分项工程、分部工程及单位工程质量验收记录等。

3. 工程质量控制资料

工程质量控制资料包括图纸会审记录、设计变更记录，工程定位测量、放线记录，原材料、构配件的出厂合格证及见证取样送检试验报告，施工试验报告，施工记录，隐蔽验收记录，地基基础和主体结构的检验及抽样检测资料，管线系统检验记录，设备调试记录，分项分部工程质量验收记录，工程质量事故及事故调查处理记录，地基验槽记录，新材料、新工艺施工记录等一系列对控制工程质量起决定性作用的关键资料等。

4. 工程安全和功能检验及主要功能抽查资料

工程安全和功能检验及主要功能抽查资料包括屋面淋水试验记录，地下室防水效果检查记录，有防水要求的地面蓄水试验记录，建筑物垂直度、标高、全高测量记录，抽气（风）道检查记录，幕墙及外窗气密性、水密性、耐风压检测报告，建筑物沉降观测测量记录，节能、保温测试记录，室内环境检测报告以及各种设备试验、试运行记录等。

5. 竣工验收综合资料

竣工验收综合资料包括参加竣工验收各方的质量评价及验收结论、实体检测记录、功能抽查记录、安全抽查记录、单位工程观感质量检查记录等。

6. 竣工图

竣工图就是在竣工的时候，由施工单位按照施工实际情况画出的图纸。因为在施工过程中难免有修改，为了让建设单位或者使用者能比较清晰地了解土建工程、房屋建筑工程、电气安装工程、给排水工程中管道的实际走向和其他设备的实际安装情况，国家规定在工程竣工之后施工单位必须提交竣工图。

1.1.3 工程管理资料

工程管理资料是工程建设过程中形成的有关工程审批、管理的资料。它包括如下内容：项目立项文件，建设用地、征地、拆迁文件，勘察、测绘、设计文件，招投标文件，工程开工文件，财务文件等。

1.1.4 常用术语

（1）建设工程：经批准按照一个总体设计进行施工，经济上实行统一核算，行政上具有独立组织形式，实行统一管理的建设工程基本单位。它由一个或若干个具有内在联系的单位工程所组成。

（2）建设工程文件：在工程建设过程中形成的各种形式的信息记录，包括工程准备阶段文件、监理文件、施工文件、竣工图和竣工验收文件，简称为工程文件。

（3）工程准备阶段文件：工程开工以前，在立项、审批、用地、勘察、设计、招投标等工程准备阶段形成的文件。

（4）监理文件：监理单位在工程设计、施工等监理过程中形成的文件。

（5）施工文件：施工单位在施工过程中形成的文件。

（6）竣工图：工程竣工验收后，真实反映建设工程施工结果的图样。

（7）竣工验收文件：建设工程项目竣工验收活动中形成的文件。

（8）建设工程档案：在工程建设活动中直接形成的具有归档保存价值的文字、图纸、图表、声像、电子文件等各种形式的历史记录，简称工程档案。

（9）建设工程电子文件：在工程建设过程中通过数字设备及环境生成，以数码形式存储于磁带、磁盘或光盘等载体，依赖计算机等数字设备阅读、处理，并可在通信网络上传送的文件。

（10）建设工程电子档案：工程建设过程中形成的，具有参考和利用价值并作为档案保存的电子文件及其元数据。

（11）建设工程声像档案：记录工程建设活动，具有保存价值的，用照片、影片、录音带、录像带、光盘、硬盘等记载的声音、图片和影像等历史记录。

（12）整理：按照一定的原则，对工程文件进行挑选、分类、组合、排列、编目，使之有序化的过程。

（13）案卷：由互有联系的若干文件组成的档案保管单位。

（14）立卷：按照一定的原则和方法，将有保存价值的文件分门别类整理成案卷，亦称组卷。

（15）归档：文件形成部门或形成单位完成其工作任务后，将形成的文件整理立卷后，按规定向本单位档案室或向城建档案管理机构移交的过程。

（16）城建档案管理机构：管理本地区城建档案工作的专门机构，以及接收、收集、保管和提供利用城建档案的城建档案馆、城建档案室。

（17）永久保管：工程档案保管期限的一种，指工程档案无限期地、尽可能长远地保存下去。

（18）长期保管：工程档案保管期限的一种，指工程档案保存到该工程被彻底拆除。

（19）短期保管：工程档案保管期限的一种，指工程档案保存10年以下。

（20）建设电子文件：在城乡规划、建设及其管理活动中通过数字设备及环境生成，以数码形式存储于磁带、磁盘或光盘等载体，依赖计算机等数字设备阅读、处理，并可在通信网络上传送的文件。主要包括建设系统业务管理电子文件和建设工程电子文件两大类。

（21）建设系统业务管理电子文件：建设系统各行业、专业管理部门（包括城乡规划、城市建设、村镇建设、建筑业、住宅房地产业、勘察设计咨询业、市政公用事业等行政管理部门，以及供水、排水、燃气、热力、园林、绿化、市政、公用、市容、环卫、公共客运、规划、勘察、设计、抗震、人防等专业管理单位）在业务管理和业务技术活动中通过数字设备及环境生成的，以数码形式存储于磁带、磁盘或光盘等载体，依赖计算机等数字设备阅读、处理，并可在通信网络上传送的业务及技术文件。

（22）建设工程电子文件：在工程建设过程中通过数字设备及环境生成，以数码形式存储于磁带、磁盘或光盘等载体，依赖计算机等数字设备阅读、处理，并可在通信网络上传送的文件。建设工程电子文件主要包括工程准备阶段电子文件、监理电子文件、施工电子文件、竣工图电子文件和竣工验收电子文件。建设工程电子文件可简称为工程电子文件。

（23）建设电子档案：具有参考和利用价值并作为档案保存的建设电子文件及相应的支持软件、参数和其他相关数据。主要包括建设系统业务管理电子档案和建设工程电子档案。

（24）元数据：描述电子文件的背景、内容、结构及其整个管理过程的数据。

（25）在线式归档：通过计算机网络，将电子文件及相关数据向档案部门移交的过程。

（26）离线式归档：将应归档的电子文件及相关数据存储到可脱机存储的载体上向档案部门移交的过程。

（27）固化：为避免电子文件因动态因素造成信息缺损的现象，而将其转换为一种相对稳定的通用文件格式的过程。

（28）迁移：将源系统中的电子文件向目标系统进行转移存储的方法与过程。

（29）建设电子文件归档与管理系统：对建设电子文件进行整理归档及管理的信息系统，具有确定归档范围与保管期限、登记、分类、著录、存储、保管、利用及数据交换等功能。该系统包括两个类型，即建设系统业务管理电子文件归档与管理系统和建设工程电子文件归档与管理系统。

任务 1.2　建筑工程资料管理基本规定

（1）工程资料应与建筑工程建设过程同步形成，真实反映建筑工程的建设情况和实体质量。

（2）工程资料的管理应符合下列规定：

① 工程资料管理应制度健全、岗位责任明确，并应纳入工程建设管理的各个环节和各级相关人员的职责范围。

② 工程资料的套数、费用、移交时间应在合同中明确。

③ 工程资料的收集、整理、组卷、移交及归档应及时。

（3）工程资料的形成应符合下列规定：

① 工程资料形成单位应对资料内容的真实性、完整性、有效性负责，由多方形成的资料，应各负其责。

② 工程资料的填写、编制、审核、审批、签认应及时进行，其内容应符合相关规定。

③ 工程资料不得随意修改，当需修改时，应实行划改，并由划改人签署。

④ 工程资料的文字、图表、印章应清晰。

（4）工程资料应为原件，复印件应加盖提供单位印章并注明原件存放处，经办人签认。

（5）工程资料应内容完整、结论明确、签认手续齐全，不符合本标准规定，不得进行工程竣工验收。

（6）工程资料宜按规定程序形成。

（7）工程资料的收集、整理应有专人负责管理，资料管理人员应经过相应的培训。

（8）工程资料的形成、收集和整理应采用计算机管理，计算机软件必须经相关部门评审认定符合本标准。

（9）工程管理资料用表中，有公章字样的，要求相关单位审查盖公章，无公章字样的不要求单位盖公章，审查部门不得随意要求盖公章。

（10）工程资料预审合格，工程竣工已通过验收，施工、监理资料应移交建设单位，由建设单位统一向城建档案部门归档。

（11）报城建档案部门归档工程资料范围应按城建档案管理部门的规定执行。

任务 1.3　工程资料管理

1.3.1　工程资料分类

工程资料可分为工程准备阶段文件、监理资料、施工资料、竣工图和工程竣工文件五大类。

（1）工程准备阶段文件可分为决策立项文件、建设用地文件、勘察设计文件、招投标及合同文件、开工文件、商务文件六类。

（2）监理资料可分为监理管理资料、进度控制资料、质量控制资料、造价控制资料、合同管理资料和竣工验收资料六类。

（3）施工资料可分为施工管理资料、施工技术资料、施工进度及造价资料、施工物资资料、施工记录、施工试验记录及检测报告、施工质量验收记录、竣工验收资料八类。

（4）工程竣工文件可分为竣工验收文件、竣工决算文件、竣工交档文件、竣工总结文件四类。

1.3.2　工程资料填写、编制、审核及审批

（1）工程资料的填写、编制、审核、审批及用表均应符合国家有关标准。标准未规定的用表，可自行确定。

（2）竣工图的编制及审核应符合下列规定：

① 新建、改建、扩建的建筑工程均应编制竣工图，竣工图应真实反映竣工工程的实际情况。

② 竣工图的专业类别应与施工图对应。

③ 竣工图应依据施工图、图纸会审记录、设计变更通知单、工程洽商记录（包括技术核定单）等绘制。

④ 当施工图没有变更时，可直接在施工图上加盖竣工图章形成竣工图。

⑤ 竣工图的绘制应符合国家现行有关标准。

⑥ 竣工图应有竣工章及相关责任人的签字。

⑦ 竣工图应按规定的方法绘制和折叠。

1.3.3　工程资料编号

（1）工程准备阶段文件、工程竣工文件宜按规定的A类、E类和形成时间顺序编号。

（2）监理资料宜按规定的B类和形成时间顺序编号。

（3）施工资料编号宜符合下列规定：

① 施工资料宜按C类规定确定，施工资料编号可由分部、子分部（分项）、类别、顺序号4组代号组成，组与组之间应用横线隔开。举例如下：

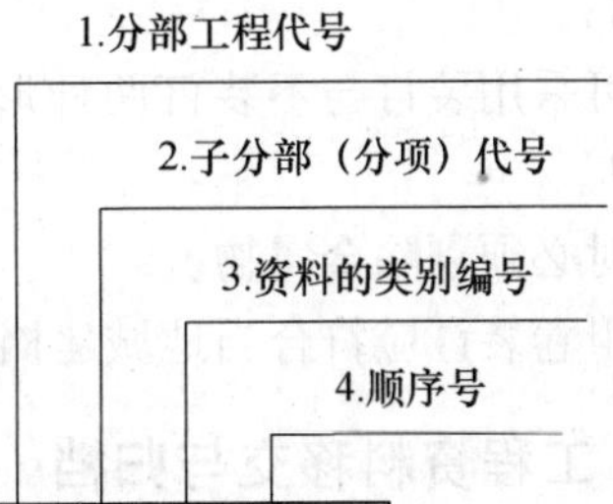

试成桩试验报告	编　　号	01-04-C046-001

② 属于单位工程整体管理内容的资料，编号中的分部、子分部工程代号可用“00”代替。

③ 同一厂家、同一品种、同一批次的施工物资用在两个分部、子分部工程中时，资料编号中的分部、子分部工程代号可按主要使用部位填写。

(4) 竣工图宜按规定和形成时间顺序编号。

(5) 工程资料的编号应及时填写在表格右上角的编号栏中。

(6) 施工资料编号时，分部、子分部（分项）资料类别表号应符合相关的规定。

1.3.4 工程资料收集、整理与组卷、装订

(1) 工程资料的收集、整理与组卷应符合下列规定：

① 工程准备阶段文件和工程竣工文件应由建设单位负责收集、整理与组卷。

② 监理资料应由监理单位负责收集、整理与组卷。

③ 施工资料应由施工单位负责收集、整理与组卷。

④ 竣工图应由建设单位负责组织，也可委托其他单位。涉及竣工图的份数与费用应在合同约定。

(2) 工程资料的组卷除应执行（1）规定外，还应符合下列规定：

① 工程资料组卷应遵循自然形成规律，保持卷内文件、资料内在联系。工程资料可根据数量多少组成一卷或多卷。

② 工程准备阶段文件和工程竣工文件可按建设项目或单位工程进行组卷。

③ 监理资料应按单位工程进行组卷。

④ 施工资料应按单位工程组卷，并应符合下列规定：

a. 专业承包工程形成的施工资料应由专业承包单位负责，并应单独组卷。

b. 电梯工程应按不同型号每台电梯单独组卷。

c. 室外工程应按室外建筑环境工程和室外安装工程单独组卷。

d. 当施工资料中部分内容不能按一个单位工程分类组卷时，可按建设项目组卷。

e. 施工资料目录应与其对应的施工资料一起组卷。

⑤ 竣工图应按专业分类组卷。

⑥ 工程资料组卷内容宜符合规定。

⑦ 工程资料组卷应编制封面、卷内目录及备考表，其格式及填写要求可按现行国家标准《建设工程文件归档规范》(GB/T 50328—2014）的有关规定执行。

(3) 装订。

① 案卷可采用装订与不装订两种形式。文字材料必须装订；既有文字材料，又有图纸的案卷应装订。

② 装订时必须剔除金属物。

③ 资料组卷装订应符合当地城建档案管理部门的相关规定。

1.3.5 工程资料移交与归档

(1) 工程资料移交归档应符合国家现行有关法规和标准的规定；当无规定时，应按合同约定移交归档。

（2）工程资料移交应符合下列规定：

① 施工单位应向建设单位移交施工资料。

② 实行施工总承包的，各专业承包单位应向施工总承包单位移交施工资料。

③ 监理单位应向建设单位移交监理资料。

④ 资料移交时应及时办理相关移交手续，填写工程资料移交书、移交目录。

⑤ 建设单位应按国家有关规定向城建档案管理部门移交工程档案，并办理相关手续。有条件时，向城建档案管理部门移交的工程档案应为原件。

（3）工程资料归档应符合下列规定：

① 工程参建各方宜按规定的内容将工程资料归档保存。

② 归档保存的工程资料，其保存期限应符合下列规定：

a. 工程资料归档保存期限应符合国家现行有关标准的规定；当无规定时，不宜少于5年。

b. 建设单位工程资料归档保存期限应满足工程维护、修缮、改造、加固的需要。

c. 施工单位工程资料归档保存期限应满足工程质量保修及质量追溯的需要。

知识拓展：怎样当好资料员

资料员的主要工作职责包括以下几点：

（1）负责工程项目资料、图纸等档案的收集、管理。

① 负责工程项目所有图纸的接收、清点、登记、发放、归档、管理工作。在收到工程图纸并进行登记以后，按规定向有关单位和人员签发，并由收件方签字确认。负责收存全部工程项目的图纸，且每一工程项目应收存不少于两套的正式图纸，其中至少一套图纸有设计单位图纸专用章。竣工图采用散装方式折叠，按资料目录的顺序对建筑平面图、立面图、剖面图、建筑详图、结构施工图等建筑工程图纸进行分类管理。

② 收集整理施工过程中所有的技术变更、洽商记录、会议纪要等资料并归档。负责对收到的管理文件、技术文件进行分类、登录、归档。负责项目文件资料的登记、分办、催办、签收、传递、立卷、归档和销毁等工作。负责做好各类资料的积累、整理、处理、保管和归档立卷等工作，并遵守保密的原则。对来往文件资料的收发应及时登记台账，视文件资料的内容和性质及时递交项目经理批阅，并及时送交有关部门办理。确保设计变更、洽商的完整性，要求各方严格执行接收手续，所接收到的设计变更、洽商，应经各方签字确认，并加盖公章。应将设计变更（包括图纸会审纪要）原件存档，所收存的技术资料应为原件，无法取得原件的，详细背书，并加盖公章。

（2）参加分部、分项工程的验收工作。

① 负责备案资料的填写、会签、整理、报送、归档。负责工程备案管理，对竣工验收的相关指标（包括质量资料审查记录、单位工程综合验收记录）作备案处理。对桩基工程、基础工程、主体工程、结构工程的备案资料进行核查。严格遵守资料整编要求，符合分类方案、编码规则，资料份数应满足资料存档的需要。

② 监督检查施工单位对施工资料的编制、管理工作，要做到完整、及时，与工程进度

同步。对施工单位形成的管理资料、技术资料、物资资料及验收资料，按施工顺序进行全程督查，保证施工资料的真实性、完整性、有效性。

③ 负责向公司档案室移交档案的工作。在工程竣工后，负责将文件资料、工程资料立卷移交公司。在进行文件材料的移交与归档时，应有“归档文件材料交接表”，交接双方必须根据移交目录进行清点核对，履行签字手续。移交目录一式两份，双方各持一份。

④ 负责向市城建档案馆移交档案的工作。提请城建档案馆对列入城建档案馆接收范围的工程档案进行预验收，取得建设工程竣工档案预验收意见，在竣工验收后将工程档案移交城建档案馆。

⑤ 指导工程技术人员对施工技术资料（包括设备进场开箱资料）进行保管。指导工程技术人员对施工组织设计及施工方案、技术交底记录、图纸会审记录、设计变更通知单、工程洽商记录等技术资料分类保管并移交资料室。指导工程技术人员对工作活动中形成的、已经办理完毕的、具有保存价值的文件材料及已竣工验收的工程项目的工程资料分级保管并移交资料室。

(3) 负责计划、统计的管理工作。

① 负责对施工部位、产值的完成情况进行汇总、申报，按月编制施工统计报表。在平时统计资料的基础上，编制整个项目当月进度统计报表和其他信息统计资料。编报的统计报表要按现场实际完成情况严格审查核对，不得多报、早报、重报、漏报。

② 负责与项目有关的各类合同的档案管理。负责对签订完成的合同进行收编归档，并开列编制目录。做好借阅登记，不得擅自抽取、复制、涂改，不得遗失，不得在案卷上随意画线、抽拆。

③ 负责向销售策划提供工程主要形象的进度信息。向各专业工程师了解工程进度，随时关注工程进展情况，为销售策划提供翔实、可靠的工程信息。

(4) 负责工程项目的内业管理工作。

① 协助项目经理做好对外协调、接待工作。协助项目经理做好对内协调公司、部门之间，对外协调施工单位之间的工作。做好与有关部门及外来人员的联络接待工作，树立企业形象。

② 负责工程项目的内业管理工作。汇总各种内业资料，及时准确地进行统计，登记台账，报表按要求上报。通过实时跟踪、反馈监督、信息查询、经验积累等多种方式保证汇总的内业资料能够反映施工过程中的各种状态和责任，能够真实地再现施工时的情况，从而找到施工过程中的问题所在。对产生的资料进行及时地收集和整理，确保工程项目的顺利进行。有效地利用内业资料记录、参考、积累，使它们为企业发挥潜在作用。

③ 负责工程项目的后勤保障工作。负责做好文件的收发、归档工作。负责部门成员的考勤管理和日常行政管理等经费报销工作。负责对竣工工程档案进行整理、归档、保管，以便于有关部门查阅、调用。负责公司文字及有关表格等的打印工作。保管工程印章，对工程盖章登记，并留存备案。

(5) 完成工程部（公司）交办的其他任务。

任务1.4　建设电子文件管理

1.4.1　基本规定

(1) 建设系统业务管理电子文件形成单位和建设工程电子文件形成单位应加强对电子文件归档的管理，将电子文件的形成、收集、积累、整理和归档纳入文件管理工作程序，明确责任岗位，指定专人管理。

(2) 建设系统业务管理电子文件形成单位的档案部门负责监督和指导本单位建设系统业务管理电子文件的收集、整理和归档，并定期向当地城建档案馆（室）移交建设系统业务管理电子档案。

(3) 在建设工程电子文件的整理归档与电子档案的验收移交工作中，建设单位应履行下列职责：

① 在建设工程招标及与勘察、设计、施工、监理等单位签订协议、合同时，对工程电子文件的套数、质量、移交时间等提出明确要求。

② 收集和积累工程准备阶段、竣工验收阶段形成的电子文件，并进行整理归档。

③ 组织、监督和检查勘察、设计、施工、监理等单位工程电子文件的形成、积累和整理归档工作。

④ 收集和汇总勘察、设计、施工、监理等单位形成的工程电子档案。

⑤ 在组织工程竣工验收前，提请当地建设（城建）档案管理机构对工程纸质档案进行预验收时，应同时提请对工程电子档案进行预验收。

⑥ 对列入城建档案馆（室）接收范围的工程，按规定向当地城建档案馆（室）移交工程电子档案。

(4) 勘察、设计、施工、监理及测量等单位应将本单位形成的工程电子文件整理归档后向建设单位移交。建设（城建）档案管理机构应对建设工程电子文件的整理归档工作进行监督、检查、指导和预验收。

(5) 对具有永久保存价值的可输出打印型电子文件，建设电子文件形成单位必须将其制成纸质文件或缩微品等。归档时，应同时保存文件的电子版本、纸质版本或缩微品，并在内容、格式、相关说明及描述上保持一致，且二者之间必须建立关联。

(6) 建设电子文件形成单位应建立建设电子文件归档与管理系统，实现建设电子文件自形成到归档、保管、利用过程中电子文件及其著录数据、元数据的连续管理。

(7) 建设电子文件形成单位和建设电子档案保管单位应采取措施，保证建设电子文件的真实性、完整性、有效性和安全性，并应符合以下规定：

① 应建立规范的制度和工作程序，并结合相应的技术措施，从建设电子文件形成开始不间断地对有关处理操作进行管理登记，保证建设电子文件的产生、处理过程符合规范。

② 应采取安全防护技术措施，保证建设电子文件的真实性。

③ 应建立建设电子文件完整性管理制度，并采取相应的技术措施采集背景信息和元数据。

④ 应建立建设电子文件有效性管理制度，并采取相应的技术保证措施。

⑤ 建设电子文件的处理和保存应符合国家的安全保密规定，针对自然灾害、非法访问、

非法操作、病毒等采取与系统安全和保密等级要求相符的防范对策。

（8）建设电子文件形成单位与建设（城建）档案管理机构应对建设电子文件加强前端控制，实行全过程的管理与监控，保证管理工作的连续性。

（9）建设（城建）档案管理机构应根据建设行业信息化现状，及时提出建设电子文件归档的技术性指导意见。建设电子文件形成单位据此明确规定各类建设电子文件归档的具体要求，保证归档质量。

1.4.2 电子文件的代码标识、格式与载体

（1）电子文件的代码应包括稿本代码和类别代码。

① 稿本代码应按表 1-1 标识。

表 1-1 稿本代码

稿　　本	代　　码
草稿性电子文件	M
非正式电子文件	U
正式电子文件	F

② 类别代码应按表 1-2 标识。

表 1-2 类别代码

文　件　类　别	代　　码
文本文件（Text）	T
图像文件（Image）	I
图形文件（Graphics）	G
影像文件（Video）	V
声音文件（Audio）	A
程序文件（Program）	P
数据文件（Data）	D

（2）各种不同类别电子文件的存储应采用通用格式。通用格式应符合表 1-3 的规定。

表 1-3 各类电子文件的通用格式

文件类别	通用格式
文本文件	XML、DOC、TXT、RTF
表格文件	XLS、ET
图像文件	JPEG、TIFF
图形文件	DWG
影像文件	MPEG、AVI
声音文件	WAV、MP3

（3）各种不同类别电子文件的存储亦可采用国务院建设行政主管部门和信息化主管部门认可的，能兼容各种电子文件的通用文档格式。

（4）脱机存储电子档案的载体应采用一次写光盘、磁带、可擦写光盘、硬磁盘等。移动硬盘、优盘、软磁盘等不宜作为电子档案长期保存的载体。

1.4.3　建设电子文件的收集与积累

1. 收集积累的范围

（1）凡是在城乡规划、建设及其管理等活动中形成的具有重要凭证、依据和参考价值的电子文件和数据等都应属于建设系统业务管理电子文件的收集范围。

（2）凡是记录与工程建设有关的重要活动、记载工程建设主要过程和现状的具有重要凭证、依据和参考价值的电子文件和相关数据等都应属于建设工程电子文件的收集范围。各类建设工程电子文件的具体收集范围应按照《建设工程文件归档规范》（GB/T 50328—2014）规定的收集范围进行。

2. 收集积累的要求

（1）建设电子文件形成单位必须做好电子文件的收集积累工作。

（2）建设电子文件的内容必须真实、准确。工程电子文件内容必须与工程实际相符合，且内容及其深度必须符合国家有关工程勘察、设计、施工、监理、测量等方面的技术规范、标准和规程。

（3）记录了重要文件的主要修改过程和办理情况，有参考价值的建设电子文件的不同稿本均应保留。

（4）凡是属于收集积累范围的建设电子文件，收集积累时均应进行登记。登记时必须按照表1-4、表1-5的要求，填写建设电子文件（档案）的案卷级和文件级登记表。

表1-4　建设电子文件（档案）案卷（或项目）级登记表

<table>
<tr><td rowspan="6">文件特征</td><td>内　　容</td><td colspan="3"></td></tr>
<tr><td>工程地点</td><td colspan="3"></td></tr>
<tr><td rowspan="2">单　　位</td><td>名　　称</td><td colspan="2"></td></tr>
<tr><td>联系方式</td><td colspan="2"></td></tr>
<tr><td>归档时间</td><td colspan="3"></td></tr>
<tr><td>载体类型</td><td></td><td>载体编号</td><td></td></tr>
<tr><td rowspan="4">设备环境特征</td><td>硬件环境（主机、网络服务器型号、制造厂商等）</td><td colspan="3"></td></tr>
<tr><td rowspan="3">软件环境（型号、版本等）</td><td>操作系统</td><td colspan="2"></td></tr>
<tr><td>数据库系统</td><td colspan="2"></td></tr>
<tr><td>相关软件（文字处理工具、浏览器、压缩或解密软件等）</td><td colspan="2"></td></tr>
</table>

续表

<table>
<tr><td rowspan="3">文件
记录
特征</td><td>记录结构
（物理、逻辑）</td><td></td><td>记录类型</td><td>□定长
□可变长
□其他</td><td>记录总数
总字节数</td><td></td></tr>
<tr><td>记录字符、
图形、音频、
视频文件格式</td><td colspan="5"></td></tr>
<tr><td>文件载体</td><td colspan="2">型号：
数量：
备份数：</td><td colspan="3">□一件一盘　□多件一盘
□一件多盘　□多件多盘</td></tr>
<tr><td rowspan="2">制表
审核</td><td colspan="6">填表人（签名）

年　月　日</td></tr>
<tr><td colspan="6">审核人（签名）

年　月　日</td></tr>
</table>

表 1-5　建设电子文件（档案）文件级登记表

文件编号	文件名	文件稿本代码	文件类别代码	形成时间	载体编号	保管期限	备注

（5）应采取严密的安全措施，保证建设电子文件在形成和处理过程中不被非正常改动。积累过程中更改建设系统业务管理电子文件或建设工程电子文件应按表 1-6 的要求，填写《建设电子文件更改记录表》。

表 1-6　建设电子文件更改记录表

序号	电子文件名	更改单号	更改者	更改日期	备注

(6) 应定期备份建设电子文件，并存储于能够脱机保存的载体上。对于多年才能完成的项目，应实行分段积累，宜一年拷贝一次。

(7) 对通用软件产生的建设电子文件，应同时收集其软件型号、名称、版本号和相关参数手册、说明资料等。专用软件产生的建设电子文件应转换成通用型建设电子文件。

(8) 对内容信息是由多个子电子文件或数据链接组合而成的建设电子文件，链接的电子文件或数据必须一并归档，并保证其可准确还原；当难以保证归档建设电子文件的完整性与稳定性时，可采取固化的方式将其转换为一种相对稳定的通用文件格式。

(9) 与建设电子文件的真实性、完整性、有效性、安全性等有关的管理控制信息（如电子签章等）必须与建设电子文件一同收集。

(10) 对采用统一套用格式的建设电子文件，在保证能恢复原格式形态的情况下，其内容信息可不按原格式存储。

(11) 计算机系统运行和信息处理等过程中涉及与建设电子文件处理有关的著录数据、元数据等必须与建设电子文件一同收集。

3. 收集积累的程序

(1) 收集积累建设电子文件，均需进行登记，并应符合以下规定：

① 工作人员应按本单位文件归档和保管期限的规定，从电子文件生成起对需归档的电子文件性质、类别、期限等进行标记。

② 应运用建设电子文件归档与管理系统对每份建设电子文件进行登记，电子文件登记表应与电子文件同时保存。

(2) 对已登记的建设电子文件必须进行初步鉴定，并将鉴定结果录入建设电子文件归档与管理系统。

(3) 对经过初步鉴定的建设电子文件应进行著录，并将结果录入建设电子文件归档与管理系统。

(4) 对已收集积累的建设电子文件，应按业务案件或工程项目来组织存储。

(5) 对存储的建设电子文件的命名，宜由三位阿拉伯数字或三位阿拉伯数字加汉字组成，数字是本文件保管单元内电子文件编排顺序号，汉字部分则体现本电子文件的内容及特征或图纸的专业名称和编号。建设电子文件保管单元的命名规则可按照建设电子文件的命名规则进行。

（6）建设电子文件与相应的纸质文件应建立关联，在内容、相关说明及描述上应保持一致。

任务 1.5　建设工程资料管理流程及归档范围

1.5.1　建筑工程资料管理流程

1. 基建文件管理流程

基建文件是建设单位在工程建设过程中形成的文件。其管理流程如图 1-1 所示。

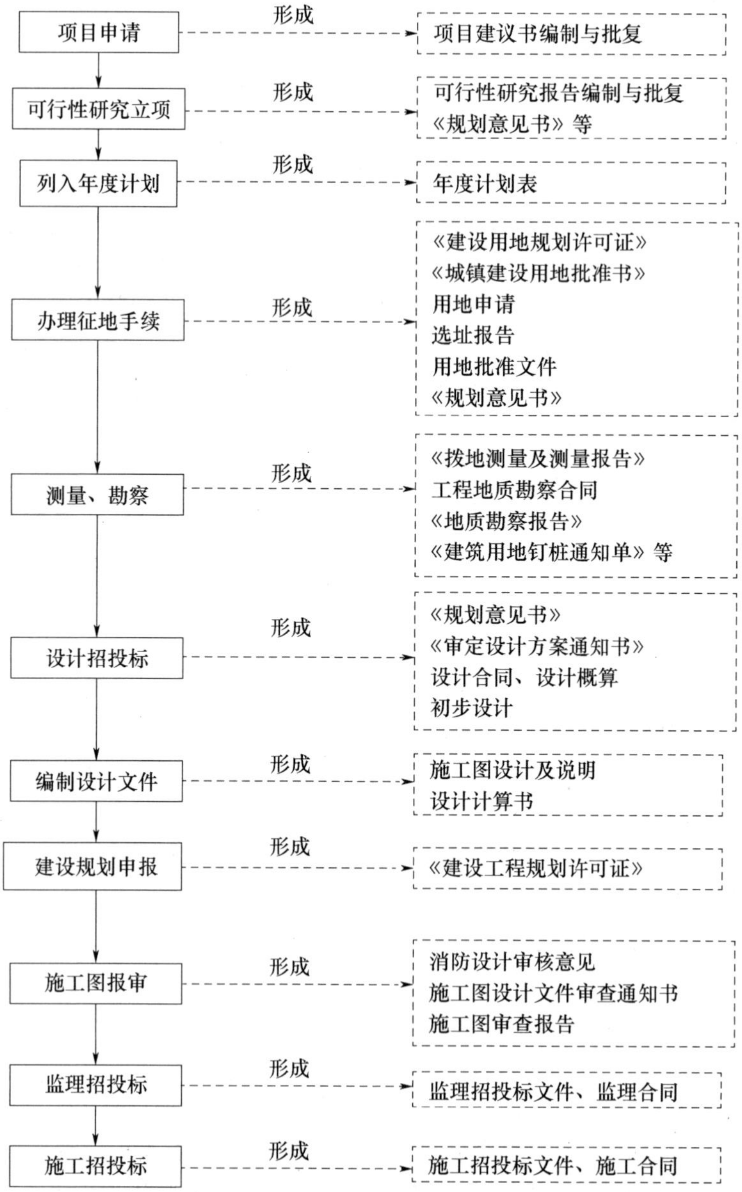

图 1-1　基建文件管理流程（一）

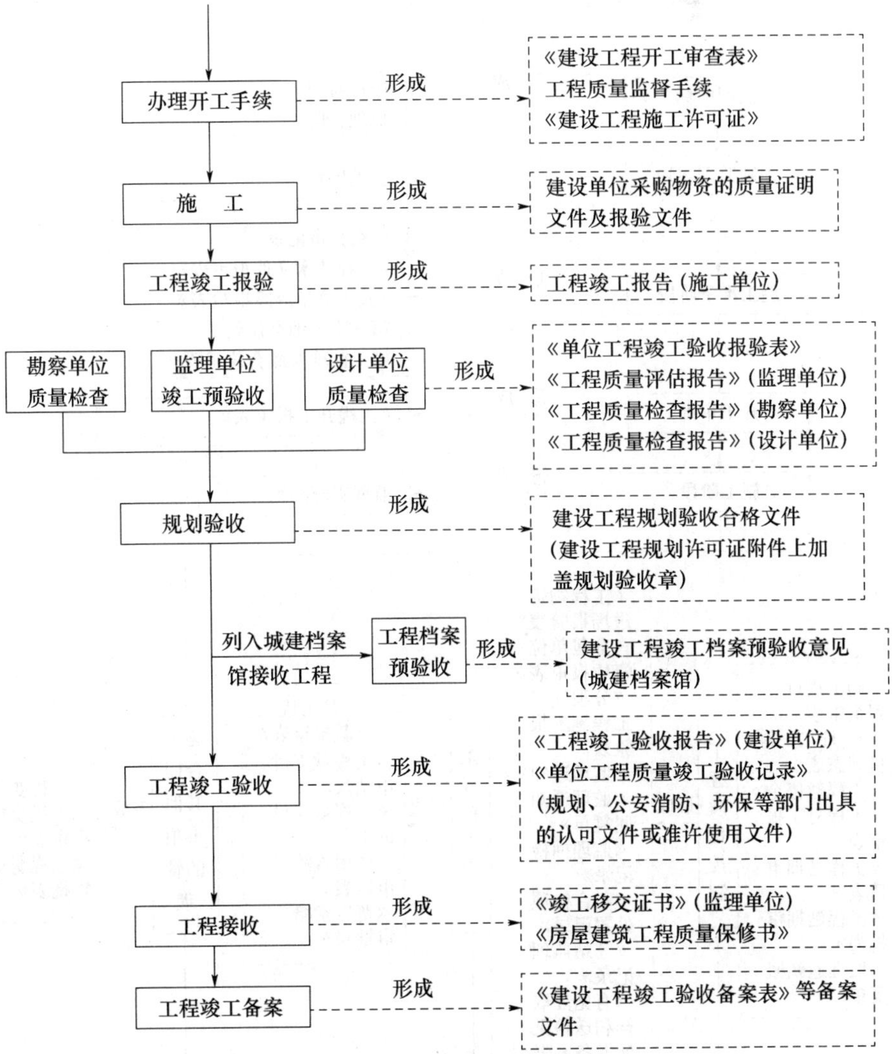

图1-1　基建文件管理流程（二）

2. 监理资料管理流程

监理资料是监理单位在工程监理过程中形成的资料。其管理流程如图1-2所示。

3. 施工资料管理流程

施工资料是施工单位在施工过程中形成的资料。

（1）施工技术资料管理流程如图1-3所示。

（2）施工物资资料管理流程如图1-4所示。

（3）施工质量验收资料管理流程。

① 检验批质量验收资料管理流程如图1-5所示。

② 分项工程质量验收资料管理流程如图1-6所示。

③ 分部工程质量验收资料管理流程如图1-7所示。

④ 单位工程质量验收资料管理流程如图1-8所示。

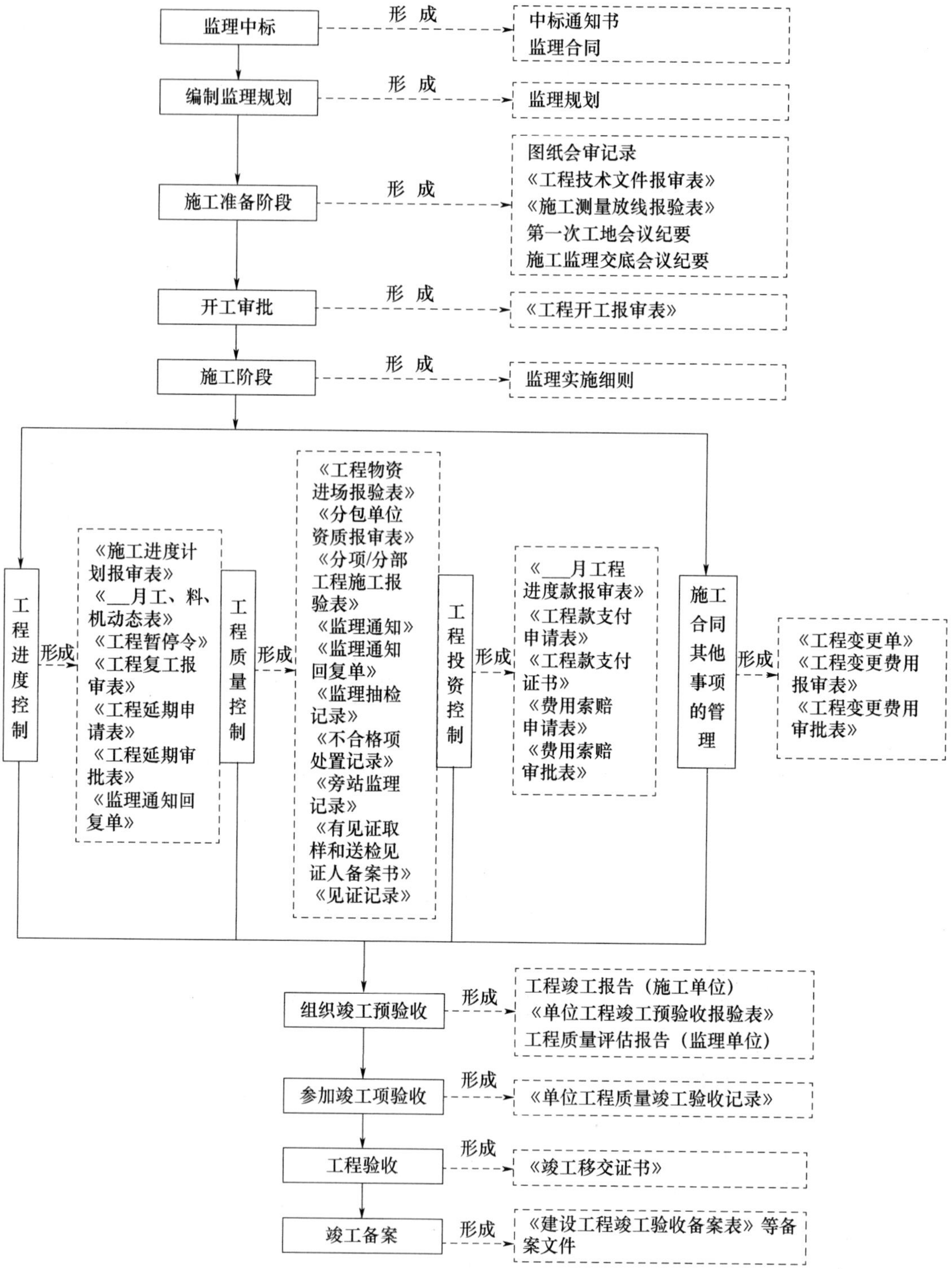

图 1-2　监理资料管理流程

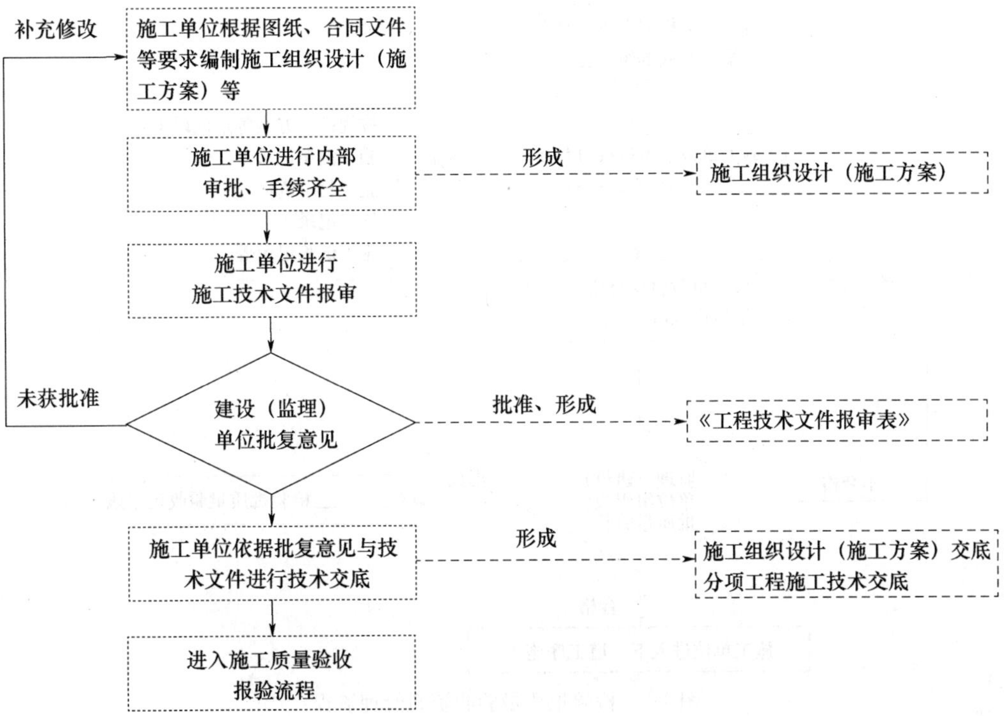

图 1-3　施工技术资料管理流程

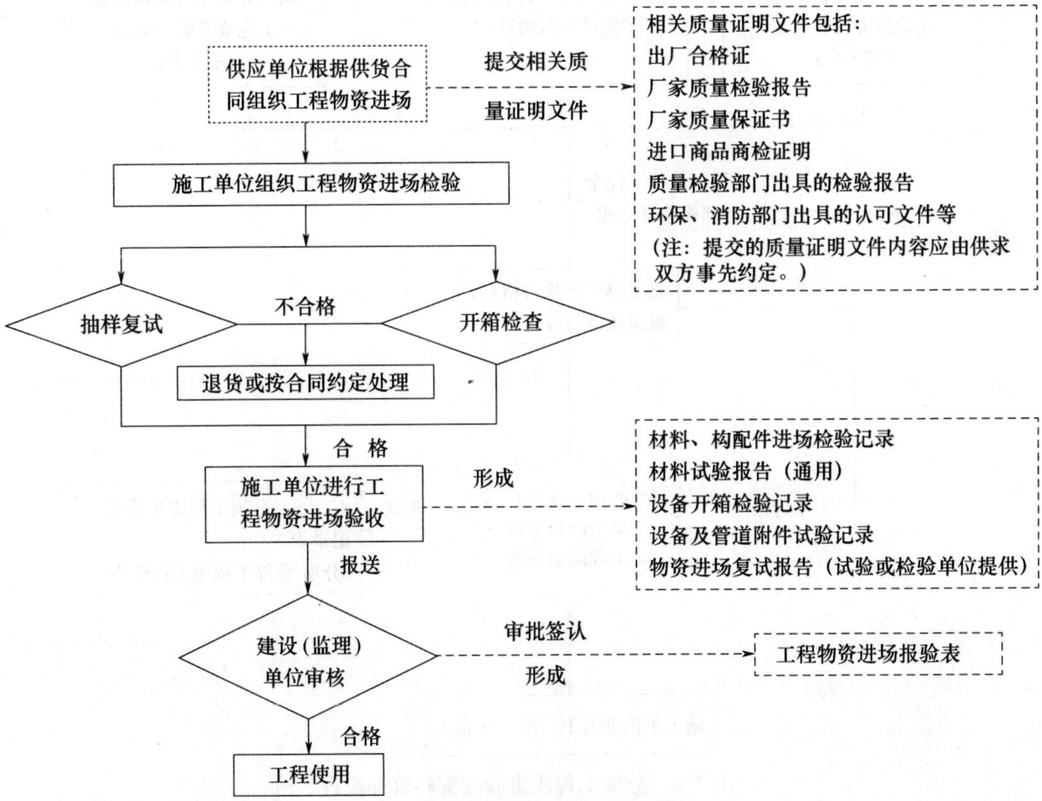

图 1-4　施工物资资料管理流程

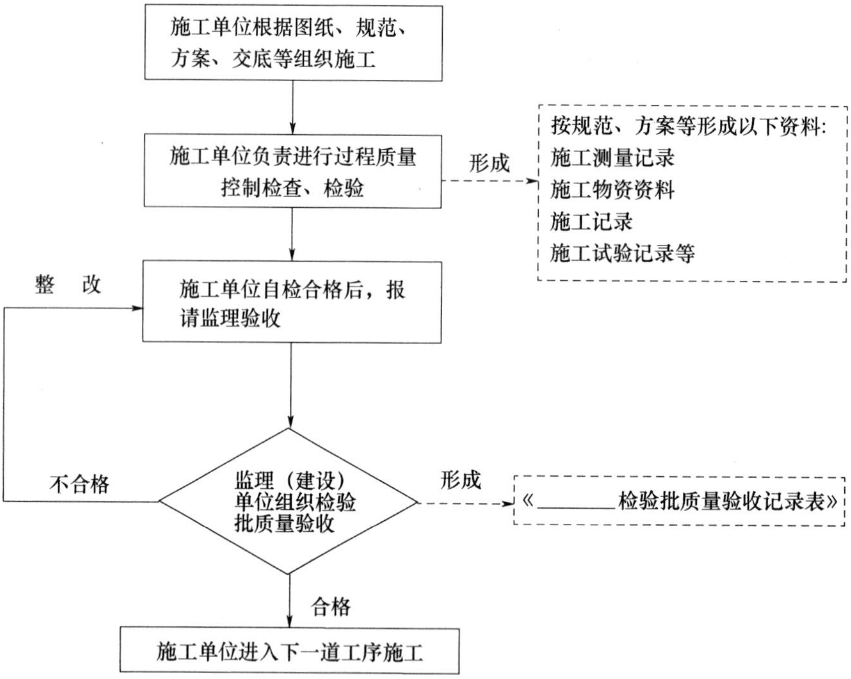

图 1-5　检验批质量验收资料管理流程

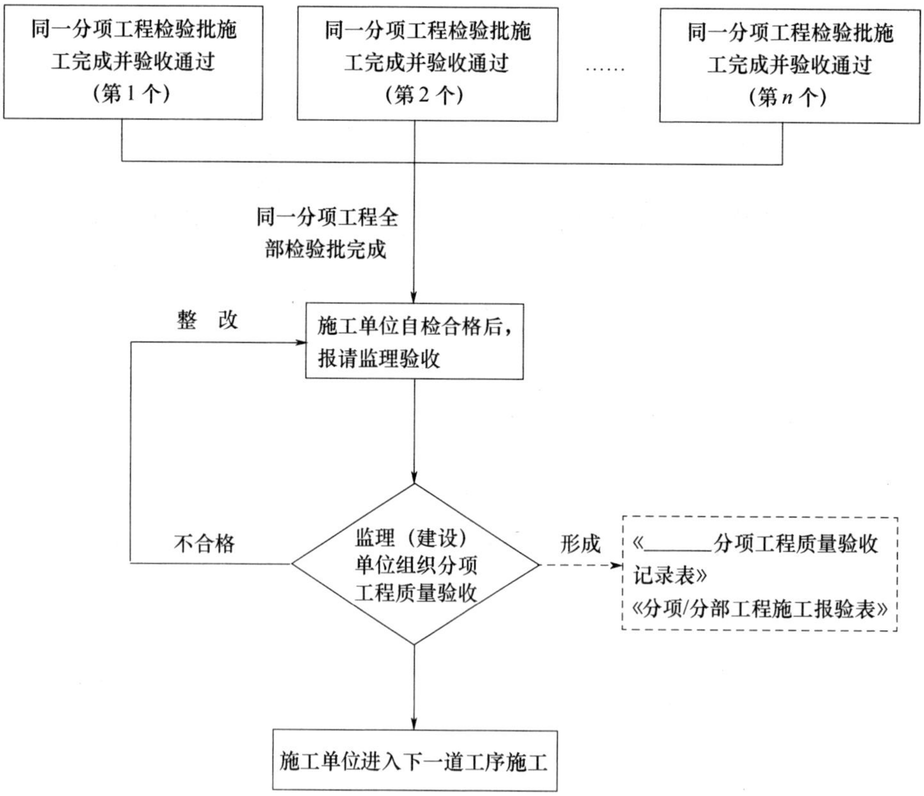

图 1-6　分项工程质量验收资料管理流程

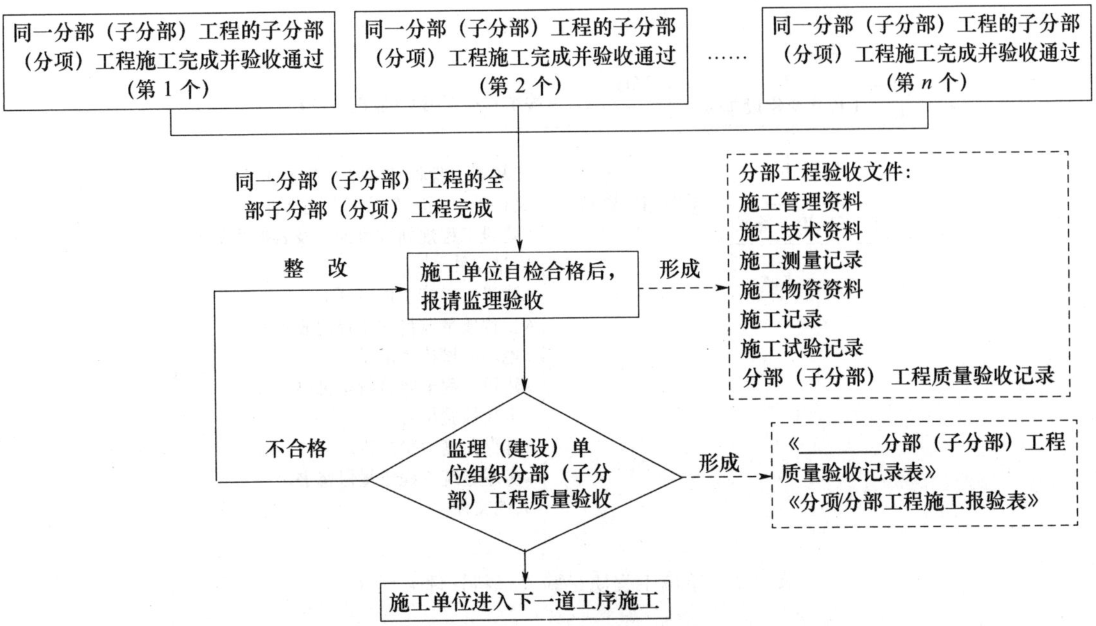

图1-7　分部（子分部）工程质量验收资料管理流程

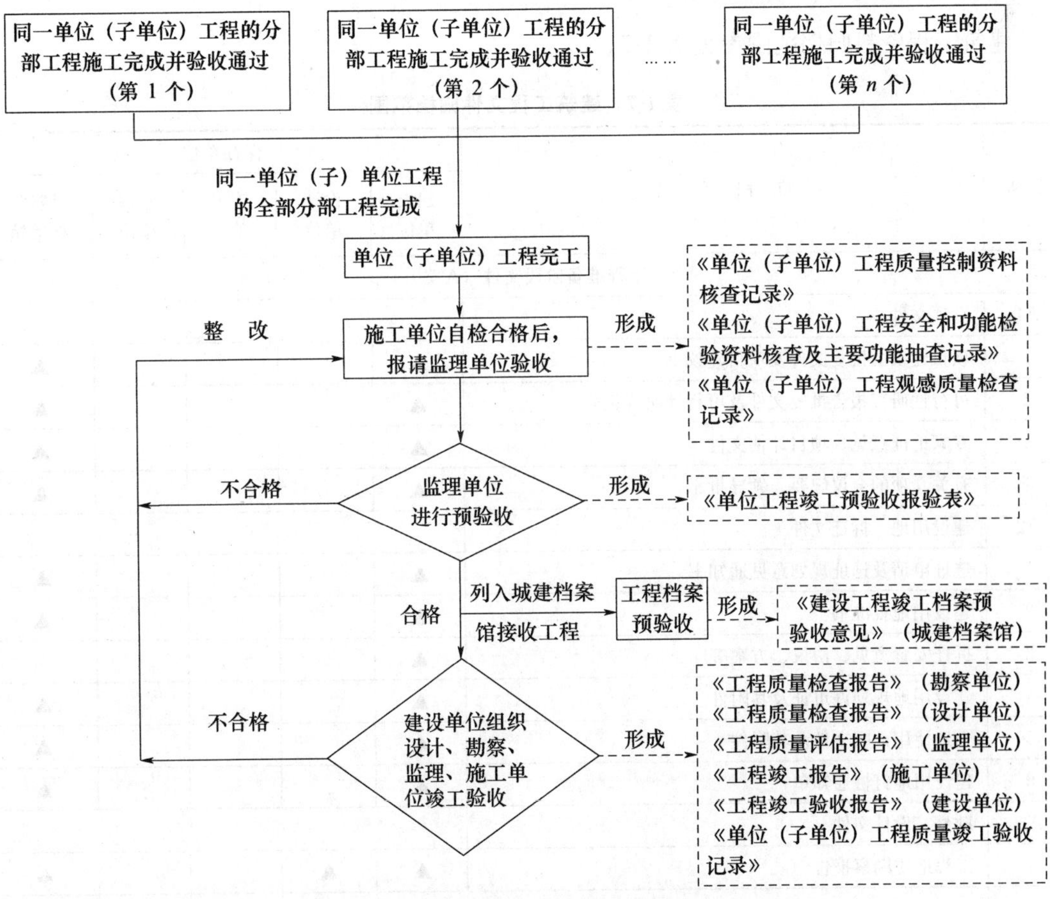

图1-8　单位工程质量验收资料管理流程（一）

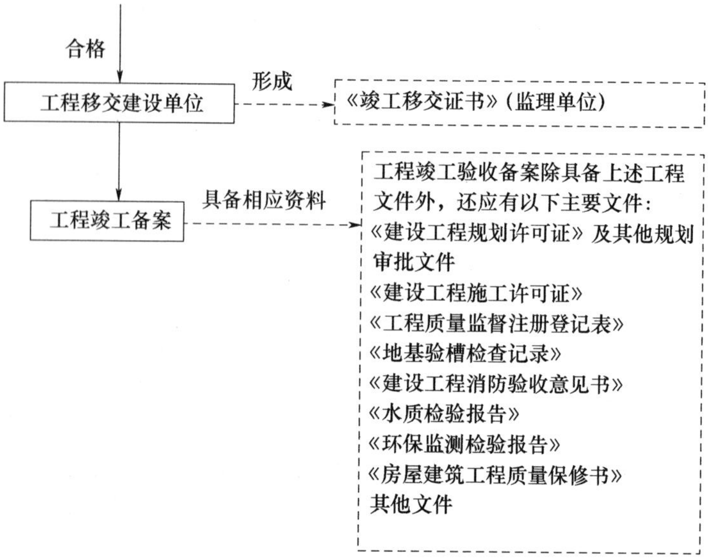

图 1-8　单位工程质量验收资料管理流程（二）

1.5.2　建筑工程资料归档范围

建筑工程资料归档范围参见表 1-7。

表 1-7　建筑工程文件归档范围

类别	归档文件	保存单位				
		建设单位	设计单位	施工单位	监理单位	城建档案馆
工程准备阶段文件（A 类）						
A1	立项文件					
1	项目建议书批复文件及项目建议书	▲				▲
2	可行性研究报告批复文件及可行性研究报告	▲				▲
3	专家论证意见、项目评估文件	▲				▲
4	有关立项的会议纪要、领导批示	▲				▲
A2	建设用地、拆迁文件					
1	选址申请及选址规划意见通知书	▲				▲
2	建设用地批准书	▲				▲
3	拆迁安置意见、协议、方案等	▲				△
4	建设用地规划许可证及其附件	▲				▲
5	土地使用证明文件及其附件	▲				▲
6	建设用地钉桩通知单	▲				▲
A3	勘察、设计文件					
1	工程地质勘察报告	▲	▲			▲
2	水文地质勘察报告	▲	▲			▲

续表

类别	归档文件	保存单位				
		建设单位	设计单位	施工单位	监理单位	城建档案馆
3	初步设计文件（说明书）	▲	▲			
4	设计方案审查意见	▲	▲			▲
5	人防、环保、消防等有关主管部门（对设计方案）审查意见	▲	▲			▲
6	设计计算书	▲	▲			△
7	施工图设计文件审查意见	▲	▲			▲
8	节能设计备案文件	▲				▲
A4	招投标文件					
1	勘察、设计招投标文件	▲	▲			
2	勘察、设计合同	▲	▲			▲
3	施工招投标文件	▲		▲	△	
4	施工合同	▲		▲	△	▲
5	工程监理招投标文件	▲			▲	
6	监理合同	▲			▲	▲
A5	开工审批文件					
1	建设工程规划许可证及其附件	▲		△	△	▲
2	建设工程施工许可证	▲		▲	▲	▲
A6	工程造价文件					
1	工程投资估算材料	▲				
2	工程设计概算材料	▲				
3	招标控制价格文件	▲				
4	合同价格文件	▲		▲		△
5	结算价格文件	▲		▲		△
A7	工程建设基本信息					
1	工程概况信息表	▲		△		▲
2	建设单位工程项目负责人及现场管理人员名册	▲				▲
3	监理单位工程项目总监及监理人员名册	▲			▲	▲
4	施工单位工程项目经理及质量管理人员名册	▲		▲		▲
监理文件（B类）						
B1	监理管理文件					
1	监理规划	▲			▲	▲
2	监理实施细则	▲		△	▲	▲
3	监理月报	△			▲	
4	监理会议纪要	▲		△	▲	
5	监理工作日志				▲	
6	监理工作总结				▲	▲

续表

类别	归　档　文　件	保存单位				
		建设单位	设计单位	施工单位	监理单位	城建档案馆
7	工作联系单	▲		△	△	
8	监理工程师通知	▲		△	△	△
9	监理工程师通知回复单	▲		△	△	△
10	工程暂停令	▲		△	△	▲
11	工程复工报审表	▲		▲	▲	▲
B2	进度控制文件					
1	工程开工报审表	▲		▲	▲	▲
2	施工进度计划报审表	▲		△	△	
B3	质量控制文件					
1	质量事故报告及处理资料	▲		▲	▲	▲
2	旁站监理记录	△		△	▲	
3	见证取样和送检人员备案表	▲		▲	▲	
4	见证记录	▲		▲	▲	
5	工程技术文件报审表			△		
B4	造价控制文件					
1	工程款支付	▲		△	△	
2	工程款支付证书	▲		△	△	
3	工程变更费用报审表	▲		△	△	
4	费用索赔申请表	▲		△	△	
5	费用索赔审批表	▲		△	△	
B5	工期管理文件					
1	工程延期申请表	▲		▲	▲	▲
2	工程延期审批表	▲			▲	▲
B6	监理验收文件					
1	竣工移交证书	▲		▲	▲	▲
2	监理资料移交书	▲			▲	
施工文件（C类）						
C1	施工管理文件					
1	工程概况表	▲		▲	▲	△
2	施工现场质量管理检查记录			△	△	
3	企业资质证书及相关专业人员岗位证书	△		△	△	△
4	分包单位资质报审表	▲		▲	▲	
5	建设单位质量事故勘查记录	▲		▲	▲	▲
6	建设工程质量事故报告书	▲		▲	▲	▲
7	施工检测计划	△		△	△	

续表

类别	归 档 文 件	保存单位				
		建设单位	设计单位	施工单位	监理单位	城建档案馆
8	见证试验检测汇总表	▲		▲	▲	▲
9	施工日志			▲		
C2	施工技术文件					
1	工程技术文件报审表	△		△	△	
2	施工组织设计及施工方案	△		△	△	△
3	危险性较大分部分项工程施工方案	△		△	△	△
4	技术交底记录	△		△		
5	图纸会审记录	▲	▲	▲	▲	▲
6	设计变更通知单	▲	▲	▲	▲	▲
7	工程洽商记录（技术核定单）	▲	▲	▲	▲	▲
C3	进度造价文件					
1	工程开工报审表	▲	▲	▲	▲	▲
2	工程复工报审表	▲	▲	▲	▲	▲
3	施工进度计划报审表			△	△	
4	施工进度计划			△	△	
5	人、机、料动态表			△	△	
6	工程延期申请表	▲		▲	▲	▲
7	工程款支付申请表	▲		△	△	
8	工程变更费用报审表	▲		△	△	
9	费用索赔申请表	▲		△	△	
C4	施工物资出厂质量证明及进场检测文件					
	出厂质量证明文件及检测报告					
1	砂、石、砖、水泥、钢筋、隔热保温、防腐材料、轻骨料H5厂证明文件	▲		▲	▲	△
2	其他物资出厂合格证、质量保证书、检测报告和报关单或商检证等	△		▲	△	
3	材料、设备的相关检验报告、型式检测报告、3C强制认证合格证书或3C标志	△		▲	△	
4	主要设备、器具的安装使用说明书	▲		▲	△	
5	进口的主要材料设备的商检证明文件	△		▲		
6	涉及消防、安全、卫生、环保、节能的材料、设备的检测报告或法定机构出具的有效证明文件	▲		▲	▲	△
7	其他施工物资产品合格证、出厂检验报告					
	进场检验通用表格					
1	材料、构配件进场检验记录			△	△	

续表

类别	归档文件	保存单位				
		建设单位	设计单位	施工单位	监理单位	城建档案馆
2	设备开箱检验记录			△	△	
3	设备及管道附件试验记录	▲		▲	△	
	进场复试报告					
1	钢材试验报告	▲		▲	▲	▲
2	水泥试验报告	▲		▲	▲	▲
3	砂试验报告	▲		▲	▲	▲
4	碎（卵）石试验报告	▲		▲	▲	▲
5	外加剂试验报告	△		▲	▲	▲
6	防水涂料试验报告	▲		▲	△	
7	防水卷材试验报告	▲		▲	△	
8	砖（砌块）试验报告	▲		▲	▲	▲
9	预应力筋复试报告	▲		▲	▲	▲
10	预应力锚具、夹具和连接器复试报告	▲		▲	▲	▲
11	装饰装修用门窗复试报告	▲		▲	△	
12	装饰装修用人造木板复试报告	▲		▲	△	
13	装饰装修用花岗石复试报告	▲		▲	△	
14	装饰装修用安全玻璃复试报告	▲		▲	△	
15	装饰装修用外墙面砖复试报告	▲		▲	△	
16	钢结构用钢材复试报告	▲		▲	▲	▲
17	钢结构用防火涂料复试报告	▲		▲	▲	▲
18	钢结构用焊接材料复试报告	▲		▲	▲	▲
19	钢结构用高强度大六角头螺栓连接副复试报告	▲		▲	▲	▲
20	钢结构用扭剪型高强螺栓连接副复试报告	▲		▲	▲	▲
21	幕墙用铝塑板、石材、玻璃、结构胶复试报告	▲		▲	▲	▲
22	散热器、供暖系统保温材料、通风与空调工程绝热材料、风机盘管机组、低压配电系统电缆的见证取样复试报告	▲		▲	▲	▲
23	节能工程材料复试报告	▲		▲	▲	▲
24	其他物资进场复试报告					
C5	施工记录文件					
1	隐蔽工程验收记录	▲		▲	▲	▲
2	施工检查记录			△		
3	交接检查记录			△		
4	工程定位测量记录	▲		▲	▲	▲
5	基槽验线记录	▲		▲	▲	▲
6	楼层平面放线记录			△	△	△

续表

类别	归 档 文 件	保存单位				
		建设单位	设计单位	施工单位	监理单位	城建档案馆
7	楼层标高抄测记录			△	△	△
8	建筑物垂直度、标高观测记录	▲		▲	△	△
9	沉降观测记录	▲		▲	△	▲
10	基坑支护水平位移监测记录			△	△	
11	桩基、支护测员放线记录			△	△	
12	地基验槽记录	▲	▲	▲	▲	▲
13	地基钎探记录	▲		△	△	▲
14	混凝土浇灌申请书			△	△	
15	预拌混凝土运输单			△		
16	混凝土开盘鉴定			△	△	
17	混凝土拆模申请单			△	△	
18	混凝土预拌测温记录			△		
19	混凝土养护测温记录			△		
20	大体积混凝土养护测温记录			△		
21	大型构件吊装记录	▲		△	△	▲
22	焊接材料烘焙记录			△		
23	地下工程防水效果检查记录	▲		△	△	
24	防水工程试水检查记录	▲		△	△	
25	通风（烟）道、垃圾道检查记录	▲		△	△	
26	预应力筋张拉记录	▲		▲	△	▲
27	有粘结预应力结构灌浆记录	▲		▲	△	▲
28	钢结构施工记录	▲		▲	△	
29	网架（索膜）施工记录	▲		▲	△	▲
30	木结构施工记录	▲		▲	△	
31	幕墙注胶检查记录	▲		▲	△	
32	自动扶梯、自动人行道的相邻区域检查记录	▲		▲	△	
33	电梯电气装置安装检查记录	▲		▲	△	
34	自动扶梯、自动人行道电气装置检查记录	▲		▲	△	
35	自动扶梯、自动人行道整机安装质量检查记录	▲		▲	△	
36	其他施工记录文件					
C6	施工试验记录及检测文件					
	通用表格					
1	设备单机试运转记录	▲		▲	△	△
2	系统试运转调试记录	▲		▲	△	△
3	接地电阻测试记录	▲		▲	△	△

续表

类别	归档文件	保存单位				
		建设单位	设计单位	施工单位	监理单位	城建档案馆
4	绝缘电阻测试记录	▲		▲	△	△
	建筑与结构工程					
1	锚杆试验报告	▲		▲	△	△
2	地基承载力检验报告	▲		▲	△	▲
3	桩基检测报告	▲		▲	△	▲
4	土工击实试验报告	▲		▲	△	▲
5	回填土试验报告（应附图）	▲		▲	△	▲
6	钢筋机械连接试验报告	▲		▲	△	△
7	钢筋焊接连接试验报告	▲		▲	△	△
8	砂浆配合比申请书、通知单			△	△	△
9	砂浆抗压强度试验报告	▲		▲	△	▲
10	砌筑砂浆试块强度统计、评定记录	▲		▲	△	
11	混凝土配合比申请书、通知单	▲		△	△	△
12	混凝土抗压强度试验报告	▲		▲	△	▲
13	混凝土试块强度统计、评定记录	▲		▲	△	△
14	混凝土抗渗试验报告	▲		▲	△	△
15	砂、石、水泥放射性指标报告	▲		▲	△	△
16	混凝土碱总量计算书	▲		▲	△	△
17	外墙饰面砖样板粘结强度试验报告	▲		▲	△	△
18	后置埋件抗拔试验报告	▲		▲	△	△
19	超声波探伤报告、探伤记录	▲		▲	△	△
20	钢构件射线探伤报告	▲		▲	△	△
21	磁粉探伤报告	▲		▲	△	△
22	高强度螺栓抗滑移系数检测报告	▲		▲	△	△
23	钢结构焊接工艺评定			△	△	△
24	网架节点承载力试验报告	▲		▲	△	△
25	钢结构防腐、防火涂料厚度检测报告	▲		▲	△	△
26	木结构胶缝试验报告	▲		▲	△	
27	木结构构件力学性能试验报告	▲		▲	△	△
28	木结构防护剂试验报告	▲		▲	△	△
29	幕墙双组分硅酮结构胶混匀性及拉断试验报告	▲		▲	△	△
30	幕墙的抗风压性能、空气渗透性能、雨水渗透性能及平面内变形性能检测报告	▲		▲	△	△
31	外门窗的抗风压性能、空气渗透性能和雨水渗透性能检测报告	▲		▲	△	△
32	墙体节能工程保温板材与基层粘结强度现场拉拔试验	▲		▲	△	△

续表

类别	归　档　文　件	保存单位				
		建设单位	设计单位	施工单位	监理单位	城建档案馆
33	外墙保温浆料同条件养护试件试验报告	▲		▲	△	△
34	结构实体混凝土强度验收记录	▲		▲	△	△
35	结构实体钢筋保护层厚度验收记录	▲		▲	△	△
36	围护结构现场实体检验	▲		▲	△	△
37	室内环境检测报告	▲		▲	△	△
38	节能性能检测报告	▲		▲	△	▲
39	其他建筑与结构施工试验记录与检测文件					
	给水排水及供暖工程					
1	灌（满）水试验记录	▲		△	△	
2	强度严密性试验记录	▲		▲	△	△
3	通水试验记录	▲		△	△	
4	冲（吹）洗试验记录	▲		▲	△	
5	通球试验记录	▲		△	△	
6	补偿器安装记录			△	△	
7	消火栓试射记录	▲		▲	△	
8	安全附件安装检查记录			▲	△	
9	锅炉烘炉试验记录			▲	△	
10	锅炉煮炉试验记录			▲	△	
11	锅炉试运行记录	▲		▲	△	
12	安全阀定压合格证书	▲		▲	△	
13	自动喷水灭火系统联动试验记录	▲		▲	△	△
14	其他给水排水及供暖施工试验记录与检测文件					
	建筑电气工程					
1	电气接地装置平面示意图表	▲		▲	△	△
2	电气器具通电安全检查记录	▲		△	△	
3	电气设备空载试运行记录	▲		▲	△	△
4	建筑物照明通电试运行记录	▲		▲	△	△
5	大型照明灯具承载试验记录	▲		▲	△	
6	漏电开关模拟试验记录	▲		▲	△	
7	大容量电气线路结点测温记录	▲		▲	△	
8	低压配电电源质量测试记录	▲		▲	△	
9	建筑物照明系统照度测试记录	▲		△	△	
10	其他建筑电气施工试验记录与检测文件					
	智能建筑工程					
1	综合布线测试记录	▲		▲	△	△

续表

类别	归 档 文 件	保存单位				
		建设单位	设计单位	施工单位	监理单位	城建档案馆
2	光纤损耗测试记录	▲		▲	△	△
3	视频系统末端测试记录	▲		▲	△	△
4	子系统检测记录	▲		▲	△	△
5	系统试运行记录	▲		▲	△	△
6	其他智能建筑施工试验记录与检测文件					
	通风与空调工程					
1	风管漏光检测记录	▲		△	△	
2	风管漏风检测记录	▲		▲	△	
3	现场组装除尘器、空调机漏风检测记录			△	△	
4	各房间室内风量测量记录	▲		△	△	
5	管网风量平衡记录	▲		△	△	
6	空调系统试运转调试记录	▲		▲	△	△
7	空调水系统试运转调试记录	▲		▲	△	△
8	制冷系统气密性试验记录	▲		▲	△	△
9	净化空调系统检测记录	▲		▲	△	△
10	防排烟系统联合试运行记录	▲		▲	△	△
11	其他通风与空调施工试验记录与检测文件					
	电梯工程					
1	轿厢平层准确度测量记录	▲		△	△	
2	电梯层门安全装置检测记录	▲		▲	△	
3	电梯电气安全装置检测记录	▲		▲	△	
4	电梯整机功能检测记录	▲		▲	△	
5	电梯主要功能检测记录	▲		▲	△	
6	电梯负荷运行试验记录	▲		▲	△	△
7	电梯负荷运行试验曲线图表	▲		▲	△	
8	电梯噪声测试记录	△		△	△	
9	自动扶梯、自动人行道安全装置检测记录	▲		▲	△	
10	自动扶梯、自动人行道整机性能、运行试验记录	▲		▲	△	△
11	其他电梯施工试验记录与检测文件					
C7	施工质量验收文件					
1	检验批质量验收记录	▲		△	△	
2	分项工程质量验收记录	▲		▲	▲	
3	分部（子分部）工程质量验收记录	▲		▲	▲	▲
4	建筑节能分部工程质量验收记录	▲		▲	▲	▲
5	自动喷水系统验收缺陷项目划分记录	▲		△	△	

续表

类别	归档文件	保存单位				
		建设单位	设计单位	施工单位	监理单位	城建档案馆
6	程控电话交换系统分项工程质量验收记录	▲		▲	△	
7	会议电视系统分项工程质量验收记录	▲		▲	△	
8	卫星数字电视系统分项工程质量验收记录	▲		▲	△	
9	有线电视系统分项工程质量验收记录	▲		▲	△	
10	公共广播与紧急广播系统分项工程质量验收记录	▲		▲	△	
11	计算机网络系统分项工程质量验收记录	▲		▲	△	
12	应用软件系统分项工程质量验收记录	▲		▲	△	
13	网络安全系统分项工程质量验收记录	▲		▲	△	
14	空调与通风系统分项工程质量验收记录	▲		▲	△	
15	变配电系统分项工程质量验收记录	▲		▲	△	
16	公共照明系统分项工程质量验收记录	▲		▲	△	
17	给水排水系统分项工程质量验收记录	▲		▲	△	
18	热源和热交换系统分项工程质量验收记录	▲		▲	△	
19	冷冻和冷却水系统分项工程质量验收记录	▲		▲	△	
20	电梯和自动扶梯系统分项工程质量验收记录	▲		▲	△	
21	数据通信接口分项工程质量验收记录	▲		▲	△	
22	中央管理工作站及操作分站分项工程质量验收记录	▲		▲	△	
23	系统实时性、可维护性、可靠性分项工程质量验收记录	▲		▲	△	
24	现场设备安装及检测分项工程质量验收记录	▲		▲	△	
25	火灾自动报警及消防联动系统分项工程质量验收记录	▲		▲	△	
26	综合防范功能分项工程质量验收记录	▲		▲	△	
27	视频安防监控系统分项工程质量验收记录	▲		▲	△	
28	入侵报警系统分项工程质量验收记录	▲		▲	△	
29	出入口控制（门禁）系统分项工程质量验收记录	▲		▲	△	
30	巡更管理系统分项工程质量验收记录	▲		▲	△	
31	停车场（库）管理系统分项工程质量验收记录	▲		▲	△	
32	安全防范综合管理系统分项工程质量验收记录	▲		▲	△	
33	综合布线系统安装分项工程质量验收记录	▲		▲	△	
34	综合布线系统性能检测分项工程质量验收记录	▲		▲	△	
35	系统集成网络连接分项工程质量验收记录	▲		▲	△	
36	系统数据集成分项工程质量验收记录	▲		▲	△	
37	系统集成整体协调分项工程质量验收记录					
38	系统集成综合管理及冗余功能分项工程质量验收记录	▲		▲	△	
39	系统集成可维护性和安全性分项工程质量验收记录	▲		▲	△	
40	电源系统分项工程质量验收记录	▲		▲	△	

续表

类别	归 档 文 件	保存单位				
		建设单位	设计单位	施工单位	监理单位	城建档案馆
41	其他施工质量验收文件					
C8	施工验收文件					
1	单位（子单位）工程竣工预验收报验表	▲		▲	▲	
2	单位（子单位）工程质量竣工验收记录	▲	△	▲		▲
3	单位（子单位）工程质量控制资料核查记录	▲		▲		▲
4	单位（子单位）工程安全和功能检验资料核查及主要功能抽查记录	▲		▲		▲
5	单位（子单位）工程观感质量检查记录	▲		▲		▲
6	施工资料移交书	▲		▲		
7	其他施工验收文件					
竣工图（D类）						
1	建筑竣工图	▲		▲		▲
2	结构竣工图	▲		▲		▲
3	钢结构竣工图	▲		▲		▲
4	幕墙竣工图	▲		▲		▲
5	室内装饰竣工图	▲		▲		
6	建筑给水排水及供暖竣工图	▲		▲		▲
7	建筑电气竣工图	▲		▲		▲
8	智能建筑竣工图	▲		▲		▲
9	通风与空调竣工图	▲		▲		▲
10	室外工程竣工图	▲		▲		▲
11	规划红线内的室外给水、排水、供热、供电、照明管线等竣工图	▲		▲		▲
12	规划红线内的道路、园林绿化、喷灌设施等竣工图	▲		▲		▲
工程竣工验收文件（E类）						
E1	竣工验收与备案文件					
1	勘察单位工程质量检查报告	▲		△	△	▲
2	设计单位工程质量检查报告	▲	▲	△	△	▲
3	施工单位工程竣工报告	▲		▲	△	▲
4	监理单位工程质量评估报告	▲		△	▲	▲
5	工程竣工验收报告	▲	▲	▲	▲	▲
6	工程竣工验收会议纪要	▲	▲	▲	▲	▲
7	专家组竣工验收意见	▲	▲	▲	▲	▲
8	工程竣工验收证书	▲	▲	▲	▲	▲
9	规划、消防、环保、民防、防雷等部门出具的认可文件或准许使用文件	▲	▲	▲	▲	▲

续表

类别	归 档 文 件	保存单位				
		建设单位	设计单位	施工单位	监理单位	城建档案馆
10	房屋建筑工程质量保修书	▲				▲
11	住宅质量保证书、住宅使用说明书					▲
12	建设工程竣工验收备案表	▲	▲	▲	▲	▲
13	建设工程档案预验收意见	▲				▲
14	城市建设档案移交书	▲				▲
E2	竣工决算文件					
1	施工决算文件	▲		▲		△
2	监理决算文件	▲			▲	△
E3	工程声像资料					
1	开工前原貌、施工阶段、竣工新貌照片	▲		△	△	▲
2	工程建设过程的录音、录像资料（重大工程）	▲		△	△	▲
E4	其他工程文件					

注：表中符号“▲”表示必须归档保存，“△”表示选择性归档保存。

复习思考题

1. 什么是建设工程资料？
2. 工程技术资料包括哪些内容？
3. 什么是工程管理资料？它包括哪些内容？
4. 建设电子文件的收集范围包括哪些内容？
5. 简述建设电子文件的积累要求。

项目2　工程准备阶段资料管理

知识目标：

熟悉监理管理资料内容、形式。

掌握建设项目决策立项、建设规划用地、勘察设计、招投标、开工审批等相关工程资料内容以及相应的财务文件资料。

掌握施工管理、质量控制管理、安全及使用功能管理、建筑工程质量验收等施工资料的内容、表格形式及填写方法。

能力目标：

能正确编写监理规划、实施细则、监理月报、监理会议纪要等监理管理资料。

能按照文件形成的顺序对工程准备阶段资料进行整理、组卷并正确使用。

能熟练编写施工管理、质量控制管理、安全及使用功能管理、建筑工程质量验收等施工资料。

任务2.1　工程准备阶段资料管理

在建设项目施工的过程中，按照国家的有关规范规定，应该形成一整套工程施工资料。这套资料应该全面、完整地记录从施工准备开始直至竣工验收的整个施工过程的施工管理情况，所使用和安装的材料、设备的情况，施工的整个过程和工程内在质量状况。

2.1.1　立项文件

（1）发改部门批准的立项文件：由发展改革部门批准的该项目的立项文件，由建设单位负责收集、提供。

（2）项目建议书：由建设单位自行编制或委托其他有相应资质的咨询或设计单位编制并申报的文件，由建设单位负责收集、提供。

（3）立项会议纪要：由建设单位或其上级主管部门就该项目召开立项研究会议所形成的纪要文件，由组织会议的单位负责提供。

（4）项目建议书的批复文件：建设单位的上级主管单位和国家有关主管部门（一般是发展改革部门）对该项目建议书的批复文件，由负责批复的主管部门提供。

（5）可行性研究报告及附件：由建设单位自行编制或委托具有相应资质的工程咨询、设计单位编制的报告，由编制单位提供。

（6）项目评估研究资料：由建设单位或主管部门（一般是发展改革部门）组织会议，对该项目的可行性研究报告进行评估论证之后所形成的资料，由组织评估的单位负责提供，建设单位负责收集。

（7）可行性报告的批复文件：由发展改革部门对该项目的可行性研究报告做出的批复文件。

(8) 初步设计审批文件：由发展改革部门组织对该项目初步设计进行审查之后所形成的批复文件。

(9) 专家对项目的有关建议文件：由建设单位和有关部门组织专家会议所形成的有关建议性方面的文件，由组织的单位提供，建设单位负责收集。

(10) 年度计划审批文件或年度计划备案材料：由建设单位自行组织编制或由其有关主管部门批准的计划文件。

2.1.2　建设规划用地文件

(1) 建设项目选址意见书：由建设单位提出申请，规划部门批准的文件。

(2) 规划线测图（航测图）：建设单位到规划主管部门办理，由规划部门提供的相关图样文件。

(3) 建设项目用地定位通知书：建设单位到规划部门办理的用地定位通知书，由规划部门提供。

(4) 建设用地规划许可证及附图：建设单位到规划部门办理，由规划部门提供。

(5) 建设用地预审：建设单位到国土资源部门办理，由国土资源部门提供。

(6) 征（占）用土地的批准文件和使用国有土地的批准意见：由具有相应批准权限的政府批准形成，由国土资源部门批准的文件。

(7) 建设用地批准书：建设单位到国土资源部门办理，由国土资源部门负责提供。

(8) 土地使用证：建设单位到有相应权限的国土资源部门办理，由批准部门提供。

(9) 拆迁安置方案及有关协议：由相关部门负责提供。

2.1.3　勘察、设计文件

(1) 工程地质（水文）勘察报告：建设单位委托勘察单位进行勘察，由勘察单位编制而成的文件，由勘察单位负责提供。

(2) 设计方案（报批图）：由设计单位负责编制，规划部门审批后确定。

(3) 审定设计方案（报批图）的审查意见：分别由人防、环保、交通、园林、市政、电力、电信、卫生、消防等部门提出审批意见，由负责审查的部门负责提供。

(4) 建筑工程规划许可证、附图及附件：由建设单位到规划部门办理，规划部门负责提供。

(5) 初步设计及说明：由设计单位负责编制形成并提供。

(6) 施工图设计及说明：由设计单位负责编制形成并提供。

(7) 设计计算书：由设计单位负责编制形成并提供。

(8) 施工图审查合格证书：由施工图审查机构对设计的施工图进行审查，合格后发给的合格证书，由施工图审查机构提供。

2.1.4　工程招投标及合同文件

(1) 勘察、设计、施工、监理等各种招投标文件及中标通知书：招标文件由建设单位自行编制或委托具有相应资质的招标代理机构编制；投标文件分别由勘察、设计、监理、施工单位编制；中标通知书由建设单位或招标代理机构编制而成，监管部门备案。以上文书由编制单位负责提供。

（2）勘察、设计、监理、施工合同文件：由建设单位分别与勘察、设计、监理、施工单位协商签订而成，并到建设主管部门备案。由参与签订的单位负责提供。

2.1.5 工程开工文件

（1）验线合格文件：由规划部门进行验线审查后形成的文件，由规划部门负责提供。

（2）建筑工程竣工档案责任书：由城建档案馆与建设单位签订而成，当地城建档案馆负责提供统一格式的责任书。

（3）工程质量监督手续：由建设单位到质量监督机构办理履行工程质量监督的手续，由质量监督机构负责提供。

（4）建筑工程施工许可证：由建设单位到建设行政主管部门办理工程施工许可证，建设行政主管部门负责提供。

任务 2.2 决策立项阶段文件资料

2.2.1 项目建议书

项目建议书是建设单位向主管部门提出要求建设某一项目的建议性文件，是对拟建项目的轮廓设想，是从拟建项目的必要性及大方面的可能性加以考虑的文件。

项目建议书经批准后，才能进行可行性研究，也就是说，项目建议书并不是项目的最终决策，而仅仅是为可行性研究提供依据和基础。

1. 项目建议书的内容

项目建议书大多由项目法人委托有资质的咨询单位、设计单位负责编制。基本建设项目的项目建议书应包括以下内容：

（1）建设项目提出的必要性和依据。

（2）拟建工程规模和建设地点的初步设想。

（3）资源情况、建设条件、协作关系等的初步分析。

（4）投资估算和资金筹措的初步设想。

（5）项目的进度安排。

（6）经济效益和社会效益的估计。

2. 项目建议书的审查

编制完成的项目建议书审批前，建设单位应组织有关部门和专家参与审查，经审查符合要求的项目建议书才能报请有关部门审批。

3. 项目建议书的报批

大中型基本建设项目、限额以上更新改造项目的可行性研究报告，按隶属关系由国务院主管部门或省、区、市提出审查意见，报国家发改委审批。其中重大项目由国家发改委审查后报国务院审批；小型基本项目及限额以下更新改造项目的可行性研究报告，按隶属关系由国务院主管部门或省、区、市发改委审批。

4. 项目建议书编制及报批程序

从项目建议书的酝酿、编制、报批到审批同意，发给前期工作通知书，编制及报批程序如图 2-1 所示。

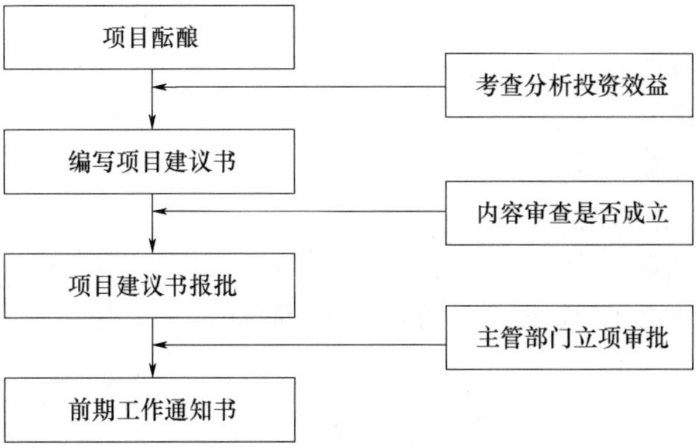

图 2-1　项目建议书报批程序

2.2.2　可行性研究报告及附件

项目建议书经批准后，应紧接着进行可行性研究工作。可行性研究是项目决策的核心，是对建设项目在技术上是否先进、经济上是否可行，进行全面的科学分析论证工作，是技术经济的深入论证阶段，为项目决策提供可靠的技术经济依据。

1. 可行性研究的主要内容

（1）建设项目提出的背景、必要性、经济意义和依据；

（2）拟建项目规模、产品方案、市场预测；

（3）技术工艺、主要设备、建设标准；

（4）资源、材料、燃料供应和运输及水、电条件；

（5）建设地点、场地布置及项目设计方案；

（6）环境保护、防洪、防震等要求与相应措施；

（7）劳动定员及培训；

（8）建设工期和进度建议；

（9）投资估算和资金筹措方式；

（10）经济效益和社会效益分析。

可行性研究的主要任务是对多种方案进行比较、分析，提出科学的评价意见，推荐最佳方案。然后在可行性研究的基础上，编制可行性研究报告。

2. 可行性研究报告

可行性研究报告是根据可行性研究成果编制的综合报告。它是根据国家国民经济发展的长远规划和地区布局的要求，按照建设项目隶属关系，由主管部门组织计划、经济、设计等部门，在可行性研究的基础上选择经济效益最好的方案的文件。其主要内容包括以下几方面：

（1）概述；

（2）需求预测和拟建规模；

（3）资源、原材料、辅助材料、燃料及公用设施落实情况；

（4）建设条件和建设方案；

（5）设计方案；

（6）环境保护；

（7）生产组织、劳动定员和人员培训；

（8）实施进度的建议；

（9）投资估算和资金筹措；

（10）社会及经济效果评价。

3. 可行性研究报告附件

可行性研究报告除正文外，还须具备以下几个附件：

（1）选址意向书；

（2）选址意见书；

（3）外协意向性协议。

4. 可行性研究报告的审批

建设单位完成编制可行性研究报告后，向有关主管部门或行业主管部门申报和审批。

可行性研究报告审批意见书须对可行性研究报告进行客观、全面、准确的评价和认定，其主要内容应包括以下几方面：

（1）项目的必要性；

（2）建设规模与产品方案；

（3）工艺、技术及设备的先进性、实用性和可靠性；

（4）建址或线路方案；

（5）项目的建设方案和标准；

（6）外部协作和配套工程；

（7）环境保护；

（8）投资结算及投资来源；

（9）财务评价与国民经济评价；

（10）不确定性分析；

（11）社会效益评价；

（12）项目总评价。

可行性研究报告经正式批准后，建设项目即正式立项。正式立项的建设项目应当按审批意见严格执行，任何部门、单位和个人都不得随意修改和变更，如因建设条件变化、建设内容变化或建设投资变化，确实需要变更或调整可行性研究报告的指标和内容时，要经过原批准单位同意，并正式办理变更手续。

5. 可行性研究工作程序

从接到建设项目前期工作通知书后，到建设项目正式立项，可行性研究工作程序如图 2-2 所示。

6. 项目评估研究资料

项目评估资料是指对可行性研究报告的客观性、全面性、准确性进行评价与选择，并出具评估报告。通过批准后审批立项，颁发批准文件。其基本内容如下：

（1）项目建设的必要性；

（2）建设规模和产品方案；

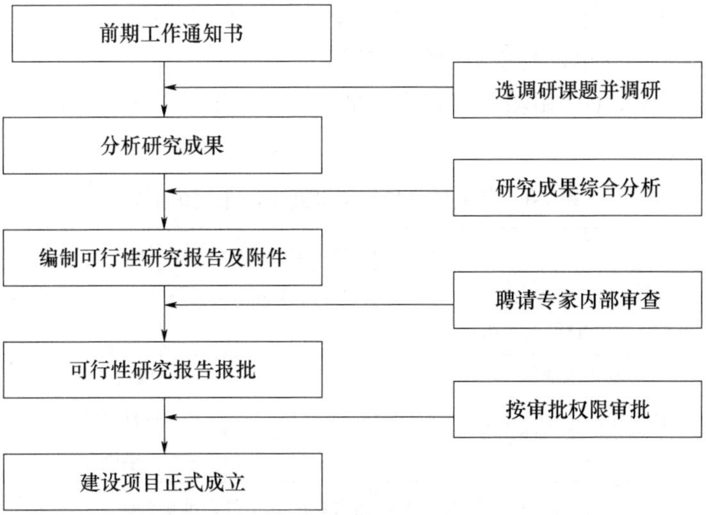

图 2-2　可行性研究阶段工作程序

（3）工艺、技术和设备的先进性、适用性和可靠性；

（4）厂址（地址或路线规划方案）；

（5）建设工程的方案和标准；

（6）外部协作配备项目和配合条件；

（7）环境保护；

（8）投资结算及投资来源；

（9）财务评价；

（10）国民经济评价。

7. 建设项目立项文件

建设单位根据批复的可行性研究报告，召开立项会议，组织关于立项的事宜。立项会议以纪要的形式对立项进行全面的概括阐述，对专家们立项的建议进行组织和整理，形成文件，并对项目评估做出研究。其归档文件有：项目建议书；对项目建议书的批复文件；可行性研究报告；对可行性研究报告的批复文件；关于立项的会议纪要；领导批示、专家对项目的有关建议文件；项目评估研究资料；计划部门批准的立项文件；计划部门批准的设计任务等。

任务 2.3　建设规划用地文件资料

2.3.1　规划用地审批

1. 工程项目选址申请及选址规划意见通知书

（1）工程项目选址申请。在城市规划区域内进行建设的建设项目，申请人根据申请条件、依据，向城市规划管理部门提出选址申请，填写建设项目规划审批及其他事项申报表。

（2）选址规划意见通知书。建设单位的工程项目选址申请经城市规划管理部门审查，符合有关法规标准的，即时收取申请人申请材料，填写《选址规划意见通知书》两份。将《选址规划意见通知书》一份加盖收件专用印章后交申请人；将申请材料和《选址规划意见通知书》一份装袋，填写移交单，移交有关管理部门。

《选址规划意见通知书》由城市规划主管部门下发。建设项目规划审批及其他事项申报表见表 2-1。

表 2-1 建设项目规划审批及其他事项申报表

<table>
<tr><td>项目代码</td><td colspan="7">（首次申报时，由规划行政主管部门填写）</td></tr>
<tr><td rowspan="5">建设单位
（个人）</td><td colspan="4" rowspan="2">郑重承诺：对提交的申报材料实质内容的真实性负责并依法承担相应法律责任。（盖章）</td><td colspan="2">组织机构代码</td><td></td></tr>
<tr><td colspan="2">邮政编码</td><td></td></tr>
<tr><td colspan="2">通讯地址</td><td colspan="5">区（县）</td></tr>
<tr><td colspan="2">委托代理人（或产权人）</td><td colspan="2"></td><td colspan="2">身份证号码</td><td></td></tr>
<tr><td colspan="2">电话</td><td colspan="2"></td><td colspan="2">手机</td><td></td></tr>
<tr><td rowspan="3">设计单位</td><td colspan="4" rowspan="2">郑重承诺：对设计文件和图纸表述内容的真实性、准确性、合法性负责、并依法承担相应法律责任。（盖章）</td><td colspan="2">资质等级</td><td>级</td></tr>
<tr><td colspan="2">资质证号</td><td></td></tr>
<tr><td>项目负责人</td><td></td><td>电话</td><td></td><td colspan="2">注册建筑师证号</td><td></td></tr>
<tr><td rowspan="6">申报或
征询类别</td><td rowspan="5">行
政
许
可
事
项</td><td>规划意见书（选址）</td><td colspan="5">□新征（占）用地项目</td></tr>
<tr><td>建设用地规划
许可证</td><td colspan="5">□新征（占）用地项目　　□自有用地项目
□临时建设用地规划许可证</td></tr>
<tr><td>建设工程规划
许可证</td><td colspan="5">□新征（占）用地项目　　□自有用地项目
□城镇居民建房　　□村民建房
□临时建设工程规划许可证　　□外装修工程</td></tr>
<tr><td>变更</td><td colspan="5">□变更建设用地规划许可证附件
□变更建设工程规划许可证附件　　□规划意见复函</td></tr>
<tr><td>延续</td><td colspan="5">□建设用地规划许可证　　□建设工程规划许可证
□临时建设用地规划许可证　　□临时建设工程规划许可证
□城镇居民建房　□村民建房　　□外装修工程</td></tr>
<tr><td colspan="2">其他事项</td><td colspan="2">□规划意见书（条件）
□控规调整
□规划验线
□规划验收
（□规划意见函复）</td><td colspan="3">备注：申报自有用地《规划意见书（条件）》的建设项目，如涉及新增用地，你单位是（　）否（　）同意将《规划意见书（条件）》转为《规划意见书（选址）》。如同意将《规划意见书（条件）》转为《规划意见书（选址）》，须在取得规划意见时，补交建设单位申报委托书 1 份。</td></tr>
<tr><td rowspan="5">建设项目
基本情况</td><td colspan="2">项目性质</td><td colspan="2"></td><td>图幅号</td><td colspan="2"></td></tr>
<tr><td colspan="2">建设位置</td><td colspan="5">区（县）</td></tr>
<tr><td>建设规模</td><td>用地面积</td><td>m^2</td><td>建筑面积</td><td>m^2</td><td colspan="2">其他</td></tr>
<tr><td colspan="2">上阶段审批文号</td><td colspan="5"></td></tr>
<tr><td colspan="2">原规划许可证件文号</td><td colspan="5"></td></tr>
</table>

2. 建设用地规划许可证及附件

（1）规划用地申请。建设单位持按国家基本建设程序批准的建设项目立项的有关证明文件，向城市规划管理部门提出用地申请，填写规划审批申报表和准备好有关文件。

建设用地规划许可证申报表主要内容为建设单位、申报单位、工程名称、建设内容、地址、规模等概况。需要准备好的有关文件主要有计划主管部门批准的征用土地计划，土地管理部门的拆迁安置意见，地形图和规划管理部门选址意见书，以及要求取得的有关协议、意向书等文件和图样。

填写的申报表要加盖建设单位和申报单位公章。经审查符合申报要求的用地申请，发给建设单位或申报单位建设用地规划许可证立案表，作为取件凭证。

（2）建设用地规划许可证。征用土地是工程项目建设的最基本条件，要在工程设计时办理完成规划用地许可证和拆迁安置协议等有关事宜。

规划管理部门根据城市总体规划的要求和建设项目的性质、内容，以及选址定点时初步确定的用地范围界限，提出规划设计条件，核发建设用地规划许可证。建设用地规划许可证是确定建设用地位置、面积、界限的法定凭证。

【例 2-1】建设用地规划许可证附件、附图

中华人民共和国
建设用地规划许可证附件、附图

＿＿＿＿＿＿＿＿号

用地单位：

核准建设工程明细表：

用地项目名称				用地面积			
用地位置				用地性质			
建设规模							
地块编号	用地面积（m^2）	用地分类	建设用地（m^2）	道路用地面积（m^2）	公用绿地（m^2）	配套设施（m^2）	其他用地（m^2）
遵守事项：							
领证人： 领证日期：				发证机关 发证日期：			

3. 用地申请及批准书

征用土地应严格按照国家规定的基本建设程序和审批权限办理，其办理程序如下：

（1）建设用地申请。建设单位和个人在取得建设用地规划许可证后，方可向县级以上地方人民政府土地管理部门申请用地，编制申请用地报告。经县级以上地方人民政府批准后，由土地管理部门填发建设用地批准书。

（2）协商征地数量和补偿安置方案。县级以上人民政府土地管理部门对建设用地申请进行审核，划定用地范围，并组织建设单位与被征用土地单位以及有关单位依法商定征用土地协议和补偿、安置方案，报县级以上人民政府批准。

（3）划拨土地。建设用地的申请，依照法律规定，经县级以上人民政府批准后，由土地管理部门根据建设进度需要进行一次或者几次分期划拨建设用地。

（4）核发国有土地使用证。建设项目竣工后，由城市规划管理部门会同土地管理部门、房地产管理部门核查实际用地后，由县级以上人民政府办理土地登记手续，核发国有土地使用证。

【例 2-2】国有土地使用证及有关内容

×××市国用（2011）字第 1126 号

中华人民共和国国有土地使用证

根据《中华人民共和国土地管理法》规定，为维护社会主义土地公有制，保护土地使用者的合法权益，由土地使用者申请，经调查审定，准予登记，发给此证。

×××市人民政府（印）

2011 年 9 月

<table>
<tr><td colspan="4">土地使用者</td><td colspan="2">×××学院</td></tr>
<tr><td colspan="4">土地坐落</td><td colspan="2">×××学院</td></tr>
<tr><td colspan="4">土地用途</td><td colspan="2">教学、科研</td></tr>
<tr><td>地号</td><td colspan="3">Ⅱ—Ⅰ—8—66—（12）</td><td>图号</td><td>200—400—Ⅲ—Ⅰ</td></tr>
<tr><td rowspan="6">土地使用权
面积</td><td colspan="3">总面积</td><td colspan="2">306960.8m^2</td></tr>
<tr><td rowspan="2">独自使用权</td><td colspan="2">面积</td><td colspan="2">306960.8m^2</td></tr>
<tr><td colspan="2">其中建筑占地</td><td colspan="2">112487.2m^2</td></tr>
<tr><td rowspan="3">共有使用权</td><td colspan="2">面积</td><td colspan="2">m^2</td></tr>
<tr><td rowspan="2">其中分摊</td><td>面积</td><td colspan="2">m^2</td></tr>
<tr><td>建筑占地</td><td colspan="2">m^2</td></tr>
<tr><td>土地等级</td><td colspan="3"></td><td>使用期限</td><td></td></tr>
<tr><td>四至：</td><td colspan="5">东至：丰乐南路
南至：××××部队营房
西至：西环路
北至：清流西路</td></tr>
<tr><td>填发机关意见</td><td colspan="5">同意登记、发证。
×××市房屋土地管理局（印）
2011 年 9 月 9 日</td></tr>
</table>

2.3.2 工程建设项目报建资料

为有效掌握建设规模，规范工程建设实施阶段程序管理，达到加强建筑市场管理的目的，根据原建设部《工程建设项目报建管理办法》（建〔1994〕482 号）规定，凡在我国境内投资兴建的工程建设项目，都必须实行报建制度，接受当地建设行政主管部门或其授权机构的监督管理。工程建设项目的报建内容主要包括：① 工程名称；② 建设地点；③ 投资规模；④ 资金来源；⑤ 当年投资额；⑥ 工程规模；⑦ 开工、竣工日期；⑧ 发包方式；⑨ 工程筹建情况。

建设单位到建设行政主管部门或其授权机构领取《工程建设项目报建表》，按报建表的内容及要求认真填写；向建设行政主管部门或其授权机构报送《工程建设项目报建表》，并按要求进行招标准备。

任务 2.4　勘察设计文件资料

2.4.1　工程地质勘察报告

勘察工作是基本建设的基础工作之一，勘察成果是工程设计的基本依据。

工程地质勘察报告是根据为查明建筑地区工程地质条件，进行综合性的地质勘察工作所获得的成果而编写的报告。通过工程地质勘察，对建筑地区工程地质情况和存在的问题做出评价，为工程建设的规划、设计、施工提供必需的参考依据。

工程地质勘察报告的内容分为文字和图表两部分。文字部分的内容包括前言、地形、地貌、地层结构、含水层构造、不良地质现象、土的最大冻结深度、地震基本裂度、预测环境工程地质的变化和不良影响、工程地质建议等。图表部分包括工程地质分区图、平面图、剖面图、勘探点平面位置图、钻孔柱状图，以及不良地质现象的平剖面图、物探剖面和地层的物理力学性质、试验成果资料等。

【例 2-3】×××教学楼岩土工程详细勘察报告

×××教学楼
岩土工程详细勘察报告

岩土工程部主任：×××
岩土工程部主任工程师：×××
项目负责人：×××
××××设计院
（盖章）
2011 年 9 月

一、工程概况
1. 拟建建筑物情况
2. 建筑场地情况
3. 勘察工作量
二、×××市自然、气象条件
1. 温度及湿度
2. 降水、冻土深度、天气现象

3. 风速、最多风向及其频率

三、岩土工程条件

1. 地基土组成

2. 各土层的层底深度及标高

3. 土层物理力学性质

各土层的主要物理力学性质指标、标准贯入试验击数 N，详细指标见“土分析成果表”（略）。

4. 地下水

四、结论与建议

1. 各层土地基承载力标准值 f_k 及压缩模量 E_s 建议按附表（略）采用。

2. 拟建场地地层比较稳定和均匀，建议采用天然地基，并以②1 或②2 层为地基持力层。

3. 勘察期间适逢雨季刚过，量测的上层滞水稳定，水位埋深最浅为 2.3m，基坑开挖时应采取明沟排水等措施，拟设计的地下室应考虑防水、防潮措施。

4. ×××教学楼距西侧围墙仅 2.5m，围墙外侧为操场看台，开挖基坑时应进行适当的放坡，若放坡不能满足边坡的稳定，则应考虑采取必要的支护措施。

五、附图表

1. 勘探孔平面位置图 1 张（K2011-11-3-01）（略）

2. 地质剖面图 7 张（K2011-11-3-02～08）（略）

3. 土分析成果表 2 张（K2011-11-3-09）（略）

2.4.2 工程测量与规划设计审批

1. 工程测量

工程测量是工程建设中各种测量工作的总称。工程设计阶段的工程测量，按工作程序和作业性质主要有地形测量和拨地测量。

（1）地形测量。工程建设的地形测量指建设用地范围内的地形测量，反映地貌、水文、植被、建筑物和居民点。地形测量大都采用实地测量，测量结果直接，内容较详尽。基建项目地形测量所绘地形图的比例尺一般为 1∶1000 或 1∶500。根据测绘地点的水平位置、高程和地面形态及建筑物、构筑物等实测结果，绘制出建设用地范围内的地形图。

（2）拨地测量。征用的建设用地，要进行位置测量、形状测量和确定四至，一般称为拨地测量。拨地测量一般采用解析实钉法。

根据拨地条件，一般以规划部门批准的建设用地钉桩通知单中规定的条件，选定测量控制点，进行拨地导线测量、距离测量、测量成果计算等一系列工作，编制出征用土地的测量报告。

测量报告的内容为拨地条件、成果表、工作说明、略图、条件坐标、内外作业计算记录手簿等资料，并将拨地资料和定线成果展绘在 1∶1000 或 1∶500 的地形图上，建立图档。

测量成果报告是征用土地的依据性文件，也是工程设计的基础资料。

（3）建设用地钉桩（验线）通知单。规划行政主管部门在核发规划许可证时，应当向建设单位一并发放建设用地钉桩（验线）通知单。建设单位在施工前应当向规划行政主管部门提交编写完整的建设用地钉桩（验线）通知单。规划行政主管部门应当在收到验线申请后 3 个工作日内组织验线。经验线合格后方可施工。

【例 2-4】建设用地钉桩（验线）通知单

建设用地钉桩（验线）通知单

<table>
<tr><td>工程名称</td><td colspan="2"></td><td>许可证号</td><td></td></tr>
<tr><td>建设单位</td><td colspan="2"></td><td>涉及图幅号</td><td></td></tr>
<tr><td>施工单位</td><td colspan="2"></td><td>钉桩时间</td><td></td></tr>
<tr><td>建设项目钉
线情况说明</td><td colspan="4"></td></tr>
<tr><td colspan="5">附图：
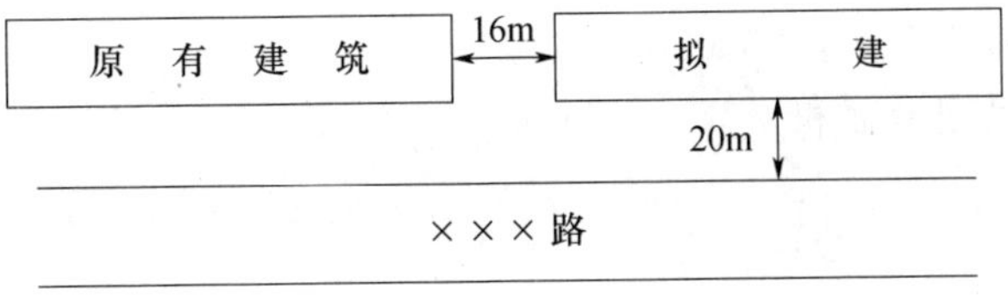
</td></tr>
<tr><td rowspan="4">现场签名</td><td>建设单位代表</td><td>施工单位代表</td><td>规划院代表</td><td>规划局代表</td></tr>
<tr><td></td><td></td><td></td><td></td></tr>
<tr><td></td><td></td><td></td><td></td></tr>
<tr><td></td><td></td><td></td><td></td></tr>
</table>

2. 规划设计条件通知书

（1）建设单位申报规划设计条件。建设项目立项后，建设单位应向规划行政管理部门申报规划设计条件，并准备好下列相关文件和图样：

① 计划部门批准的可行性研究报告；

② 建设单位对拟建项目说明；

③ 拟建方案示意图；

④ 地形图和用地范围；

⑤ 其他。

（2）规划行政管理部门签发规划设计条件通知书。规划行政主管部门对建设单位申报的规划设计条件进行审查和研究，同意进行设计时，签发规划设计条件通知书，作为方案设计的依据。规划设计条件通知书主要内容包括：

① 用地情况；

② 用地使用性质；

③ 用地使用强度；

④ 建筑设计要求；

⑤ 城市设计要求；

⑥ 市政要求；

⑦ 配套要求；

⑧ 其他遵守事项。

【例 2-5】××市城市规划管理局规划设计条件通知书

××市城市规划管理局规划设计条件通知书

12-规条字-0211

规划管理专用章

发件日期： 年 月 日

×××学院：

你单位2012 年 2 月 23 日根据（××）计建字（2012）第 001 号计划任务申报的×××教学楼工程，经研究，同意在×××学院按下列规划设计条件进行设计：

1 用地情况

1.1 规划建设用地面积约：23000m²

1.2 代征城市公共用地面积

2 用地使用性质

2.1 使用性质

2.2 可兼容性质

3 用地使用强度

3.1 容积率

3.2 建筑密度

3.3 居住人口毛密度

3.4 居住建筑面积毛密度

4 建筑设计要求

4.1 建筑规模

4.2 建筑高度

4.3 建筑层数

4.4 建筑规划用地边界

4.5 建筑间距

4.6 交通出入口方位

4.7 停车数量及规模

4.8 绿化要求

5 城市设计要求

6 市政要求

7 城市配套要求

8 其他

9 遵守事项

9.1 持本通知书委托具有符合承担本工程设计资格及业务范围的设计单位进行方案设计。

9.2 本通知书所列规划设计条件是我局审批设计方案的依据。

9.3 本工程为局（或处）项目。

9.4 本通知书附有设计方案报审表 2 份，设计方案编制完成后，填写设计方案报审表和规划审批申报表，按要求报送有关文件和图纸，申报审批设计方案。

9.5 报审设计方案图纸装订成 A3 规格。

9.6 本工程涉及消防、市政等问题时，应与有关行政主管部门取得联系。

9.7 本工程在申报设计方案前，应取得下列行政主管部门的审查意见或有关协议。

9.8 本通知书附图 1 份，图文一体方为有效文件。

9.9 本通知书有效期一年（从发出之日算起），逾期无效。

2.4.3　设计文件

所有新建、扩建、改建和技术改造项目在计划任务被批准以后，应当及时委托设计单位根据规划管理部门签发的工程设计条件通知书及附图，进行工程设计，编制设计文件。委托设计是指建设项目主管部门对有设计能力的设计单位或者经过招投标的中标单位提出委托设计的委托书，建设单位和设计单位签订设计合同。

一般建设项目实行两阶段设计，即初步设计和施工图设计。对于技术比较复杂，采用新工艺、新技术，而又缺乏设计经验的重大项目，通常采用三阶段设计，即初步设计、技术设计和施工图设计。

1. 初步设计图样及说明

初步设计图样主要包括总平面图、建筑图、结构图、给水排水图、电气图、弱电图、采暖通风及空气调节图、动力图、技术与经济概算等。

初步设计说明书由设计总说明和各专业的设计说明书组成。

2. 技术设计

技术设计是对初步设计的补充和深化，对于一些技术比较复杂或有特殊要求的建设项目，以及采用新工艺、新技术，而又缺乏设计经验的重大项目，通常增加技术设计。

3. 施工图设计及说明

施工图设计主要包括总平面图、建筑图、结构图、给水排水图、电气图、弱电图、采暖通风及空气调节图、动力图设计、预算等。

在图样目录中先列新绘制图样，后列选用的标准图、通用图或重复利用图。

施工图说明书由设计总说明和各专业的设计说明书组成。

一般工程的设计说明，可分别写在有关的图样上。如重复利用某一专门的施工图样及其说明时，应详细注明其编制单位资料名称和编制日期。如果施工图设计阶段对初步设计有改变，应重新计算并列出主要技术经济指标表。这些表可列在总平面布置图上。

各专业施工图设计说明书的内容详见建筑工程设计文件编制深度的规定。

4. 施工图设计审查

建设工程施工图设计文件审查是为了加强工程项目设计质量的监督和管理，保护国家和人民生命财产安全，保证建设工程设计质量而实施的行政管理。

国务院《建设工程质量管理条例》规定：“建设单位应当将施工图设计文件报县级以上政府建设行政主管部门或者其他有关部门审查”，“施工图设计文件未经审查和批准的，不得使用”。目前实施的是对各类新建、改建、扩建的建筑工程项目的施工图设计文件的审查。工程施工图设计文件审查申请表见表 2-2。

表 2-2　工程施工图设计文件审查申请表

编号：×××

<table>
<tr><td colspan="2">工程名称</td><td colspan="3">××置地·××湾三期工程</td></tr>
<tr><td rowspan="3">工程概况</td><td>地址</td><td colspan="3">××市××区××路××号</td></tr>
<tr><td>建筑面积</td><td>65600m^2</td><td>总投资</td><td>45216 万元</td></tr>
<tr><td>建筑层数</td><td>地上：30 层；地下：4 层</td><td>建筑高度</td><td>98m</td></tr>
<tr><td rowspan="3">建设单位</td><td>名称</td><td colspan="3">××房地产开发有限公司</td></tr>
<tr><td>地址</td><td>××市××区××路××号</td><td>邮编</td><td>××××××</td></tr>
<tr><td>联系人</td><td>×××</td><td>联系电话</td><td>××××××××</td></tr>
<tr><td rowspan="2">设计单位</td><td>名称</td><td>×××建筑设计院</td><td>证书编号</td><td>××××××</td></tr>
<tr><td>联系人</td><td>×××</td><td>联系电话</td><td>××××××××</td></tr>
<tr><td colspan="2">工程名称</td><td colspan="3"></td></tr>
<tr><td>设计</td><td>合同编号</td><td>××××××，×××</td><td>设计费</td><td>××万元</td></tr>
<tr><td>合同</td><td>签订日期</td><td>××年×月×日</td><td>已付费用</td><td>××万元</td></tr>
</table>

注：本表一式三份，一份送审查机构，一份送勘察设计咨询业协会，一份报建设行政主管部门备案。
(1) 方案设计、初步设计批准文件和规划、消防、人防、环保、卫生、地震等专业管理部门审查意见；
(2) 完整的施工图设计文件（蓝图）一式两份（待审查合格后加送原蜡纸图一份以盖审查合格章）；
(3) 结构计算书和计算软件名称及授权序号、结构计算数据软盘；
(4) 设计合同一份（复印件）；
(5) 消防设计专篇说明。

（1）管理部门和审查机构。各级建委（县级以上）负责本市施工图审查的管理工作，并委托施工图审查机构审查，建筑业管理办公室负责对施工图审查机构的考核管理和工程施工图审查的备案等监督管理工作，并委托质量监督总站实施备案。

（2）审查范围。审查范围是行政地域范围内符合建筑工程设计等级分级标准中的各类新建、改建、扩建的建筑工程项目。

（3）审查内容：

① 建筑物的稳定性、安全性，包括地基基础和主体结构体系是否安全、可靠；

② 是否符合消防、节能、环保、抗震、卫生、人防等有关强制标准和规范；

③ 施工图是否达到规定的深度要求；

④ 是否损害公众利益。

（4）建设单位应提供以下资料：

① 批准的立项文件或初步设计批准文件；

② 主要的初步设计文件；

③ 工程勘察成果报告；

④ 结构计算书及计算软件名称。

【例 2-6】××省××市公安局建筑工程消防设计审核意见书

××省××市公安局建筑工程消防设计审核意见书

（×）公消审〔2012〕第 23 号

关于同意××市××房地产开发有限责任公司××置地·××湾三期工程
1# ～5# 楼工程消防设计的审核意见

××市××房地产开发有限责任公司：

你单位报送的××置地·××湾三期工程 1# ～4# 住宅楼及 5# 综合楼工程施工图纸资料及申报表［编号：201223 号］，经我处依据国家消防技术规范的有关规定进行审核，同意该工程的消防设计，提出以下审核意见：

1. 5# 综合楼西侧与其相邻的民用建筑防火间距不足，轴①上的 C-7 应改为甲级防火窗（《建筑设计防火规范》第 5.2.1 条）。

2. 5# 楼的自行车库及小车库应按规定设计配置干粉灭火器（《建筑灭火器配置设计规范》）。

以上意见望予以落实，变更后的图纸资料应报我处备案，工程施工过程中如有变动，应当重新申报，工程竣工后须经消防验收合格后方可投入使用。

××省××市公安局
2012 年 3 月 8 日

抄送：省公安厅消防局

任务 2.5　招投标文件资料

2.5.1　勘察、设计招投标文件

1. 勘察、设计招投标

勘察、设计招标是招标人在实施工程勘察设计工作之前，以公开或邀请书的方式提出招标项目的指标要求、投资限额和实施条件等，由愿意承担勘察、设计任务的投标人按照招标文件的要求和条件，分别报出工程项目的构思方案和实施计划，然后由招标人通过开标、评标、定标确定中标人的过程。

勘察、设计投标是指勘察、设计单位根据招标文件的要求编制投标书和报价，争取获得承包权的活动。凡具有国家批准的勘察、设计许可证，并具有经有关部门核准的资质等级证书的勘察、设计单位，都可以按照批准的业务范围参加投标。

2. 勘察、设计招标应具备的条件

① 具有经过审批机关批准的设计任务书或项目建议书；② 具有国家规划部门划定的项目建设地点、平面布置图和用地红线图；③ 具有开展设计必需的可靠的基础资料；④ 成立了专门的招标工作机构，并有指定的负责人。

3. 勘察招标文件的主要内容

① 投标须知；② 设计依据文件；③ 项目说明书；④ 合同的主要条件和要求；⑤ 设计基础资料；⑥ 现场勘察和标前会议的时间和地点；⑦ 投标截止时间；⑧ 文件编制要求及评

标原则；⑨ 同招标可能涉及的其他有关内容。

4. 设计投标书的主要内容

设计单位应严格按照招标文件的规定编制投标书，并在规定的时间内送达。设计投标书的主要内容一般有以下几个方面：

① 方案设计综合说明书；② 方案设计内容及图样；③ 工程投资估算和经济分析；④ 项目建设工期；⑤ 主要的施工技术要求和施工组织设计方案；⑥ 设计进度计划；⑦ 设计费报价。

2.5.2 勘察、设计承包合同

发包人通过招标方式与选择的中标人就委托的勘察、设计任务签订合同。

1. 勘察承包合同

依据范本订立建设工程勘察合同时，双方应根据工程项目的特点，通过协商，在合同的相应条款内明确以下具体内容：

(1) 发包人应提供的勘察依据文件和资料。

(2) 委托任务的工作范围：① 工程勘察内容；② 技术要求；③ 预计的勘察工作量；④ 勘察成果资料提供的份数。

(3) 合同工期：合同约定的勘察工作的开始时间和终止时间。

(4) 勘察费用：① 勘察费用的预算金额；② 勘察费用的支付程序和每次支付的百分比。

(5) 发包人应为勘察人提供的现场工作条件：根据工程项目的具体情况，合同双方当事人可以在合同内约定由发包人负责提供保证勘察工作顺利开展的条件。

(6) 违约责任：① 承担违约责任的条件和处理办法；② 违约金的计算方法等。

(7) 合同争议的最终解决方式：合同中应明确约定解决合同争议的最终解决方式是采用仲裁还是诉讼。采用仲裁时，约定仲裁委员会的名称。

2. 设计承包合同

依据范本订立建设工程设计合同时，双方应根据工程项目的特点，通过协商，在合同的相应条款内明确以下具体内容：

(1) 发包人应提供的文件和资料：

① 设计依据文件和资料；

② 项目设计的要求。

(2) 委托任务的工作范围：

① 设计范围，合同内应明确建设规模，详细列出工程分项的名称、层数和建筑面积；

② 建筑物的合理使用年限要求；

③ 委托的设计阶段和内容；

④ 设计深度的要求；

⑤ 设计人配合施工的要求。

(3) 设计人交付设计资料的时间：合同约定的方案设计、初步设计和施工图设计交付时间。

(4) 设计费用。

（5）发包人应为设计人提供的现场服务，包括发包人在施工现场为设计人提供的工作条件、生活条件及交通等内容。

（6）违约责任。

（7）合同争议的最终解决方式。

2.5.3　施工招投标文件

建设工程施工招标投标，是指建设单位通过招标的方式，将工程建设任务一次或分步发包，由具有相应资质的承包单位通过投标竞争的方式承接。

建设工程施工招标的必备条件如下：

① 招标人已经依法成立；

② 初步设计及概算应当履行审批手续的，已经批准；

③ 招标范围、招标方式和招标组织形式等应当履行核准手续的，已经核准；

④ 有相应资金或资金来源已经落实；

⑤ 有招标所需的设计图样及技术资料。

1. 招投标程序

建设工程施工招投标程序与设计招投标程序基本相同，一般按下述程序进行：

（1）招标准备阶段

招标准备阶段的工作由招标人单独完成，投标人不参与。主要工作包括选择招标方式、办理招标备案手续、组织招标班子和编制招标有关文件。

（2）招投标阶段

在招投标阶段，招标人应做好招标的组织工作，投标人则按照招标有关文件规定程序和具体要求进行投标报价的竞争。此阶段工作是发布招标公告，资格预审，确定投标单位名单，分发招标文件以及图样和技术资料，组织踏勘现场和招标文件答疑，接受投标文件，建立评标组织，制定评标、决标的办法。

（3）决标阶段

从开标日到签订合同这一时期称为决标阶段，是对各投标书进行评审比较，最终确定中标人的过程。此阶段工作是召开开标会议、审查投标标书、组织评标、决标前谈判、决定中标单位、发布中标通知书、签订施工承发包合同。

2. 工程施工招投标流程

（1）招标公告或投标邀请书

网上发布招标公告，实行邀请招标的，应向 3 个以上符合资质条件的投标人发出投标邀请书。招标公告和投标邀请书应当载明招标人的名称和地址，招标项目的性质、数量、实施地点和时间以及获取招标文件的办法等事项。

（2）资格预审文件

为使招标人全面而详细地对潜在的投标人进行资格预审，招标人应编制投标申请人资格预审文件，其中包括《投标申请人资格预审须知》、《投标申请人资格预审申请书》以及《投标申请人资格预审合格通知书》等内容。《投标申请人资格预审须知》明确了参加投标单位应知事项和申请人应具备的资历及有关证明文件。由投标人编写的《投标申请人资格预审申请书》是按照招标单位对投标申请人的要求条件而编写的。

（3）招标文件

工程建设项目施工招标文件一般包括下列内容：投标邀请书；投标人须知；合同主要条款；投标文件格式；采用工程量清单招标的，应当提供工程量清单；技术条款；设计图样；评标标准和方法；投标辅助材料。

（4）招标控制价或标底

工程施工招投标通常要编制招标控制价或标底，一般委托工程造价单位编制。

3．编制投标文件

投标单位在正式投标前进行投标资格预审，投标单位要填写资格预审文件，申请投标。招标单位要对参加申请的投标单位进行资质审查，并将审查结果通知各申请投标人，确定合格的投标单位。

（1）投标单位应向招标单位提供的文件材料

① 企业的营业执照和资质证书；

② 企业概况；

③ 自有资金情况和财务状况；

④ 目前剩余劳动力和施工机具设备情况；

⑤ 近三年承建的主要工程和质量；

⑥ 现有主要施工任务。

（2）编写投标文件

投标文件是由一系列有关投标方面的书面资料组成的。一般来说，投标文件由投标函部分、商务部分和技术部分三部分组成，采用资格后审的还应包括资格审查文件。

4．开标、评标和中标

（1）开标

① 开标由招标人主持，邀请所有的投标人参加；

② 由投标人或其推选的代表检查投标文件的密封情况，也可以由招标人委托的公证机构检查并公证；

③ 当众宣读投标人名称、投标价格和投标文件的其他主要内容。

（2）评标

① 评标由招标人依法组建的评标委员会负责，在严格保密的情况下进行；

② 评标委员会应当客观公正地履行职责，遵守职业道德，对所提的评审意见承担个人责任。

（3）中标

中标单位确定后，招标单位向中标单位发出通知书，然后招标单位与中标的施工单位签订施工合同。

2.5.4 建设工程施工合同

建设工程施工合同是建设单位（招标单位）与施工单位根据有关法律、法规，遵循平等、自愿、公平和诚实信用的原则，签订完成某一建设工程施工任务，明确相互权利、义务关系的有法律效力的协议。建设工程施工合同示范文本把合同分为协议书、通用条款、专用条款三个部分，并附有三个附件。

1. 协议书

合同协议书是施工合同的总纲性法律文件，经双方当事人签字盖章后合同即成立。协议书虽然文字量并不大，但它规定了合同当事人双方最主要的权利、义务，规定了组成合同的文件及合同当事人对履行合同义务的承诺，并且合同双方当事人要在这份文件上签字盖章，因此具有很高的法律效力。标准化的协议书需要填写的主要内容包括工程概况、工程承包范围、合同工期、质量标准、合同价款、组成合同的文件及合同的生效时间等。

2. 通用条款

通用条款是根据《中华人民共和国合同法》(以下简称《合同法》)、《中华人民共和国建筑法》、《建设工程施工合同管理办法》等法律、法规，对承发包双方的权利义务做出的规定，除双方协商一致对其中的某些条款做出修改、补充或取消外，其余条款双方都必须履行。它是将建设工程施工合同中共性的一些内容抽出来编写的一份完整的合同文件。通用条款具有很强的通用性，基本适用于各类建设工程。通用合同条款共计 20 条，具体条款分别为：一般约定、发包人、承包人、监理人、工程质量、安全文明施工与环境保护、工期和进度、材料与设备、试验与检验、变更、价格调整、合同价格、计量与支付、验收和工程试车、竣工结算、缺陷责任与保修、违约、不可抗力、保险、索赔和争议解决。

3. 专用条款

考虑到建设工程的内容各不相同，工期、造价也随之变动，承包人、发包人各自的能力、施工现场的环境也不相同，通用条款不能完全适用于各个具体工程，因此配之以专用条款对其做必要的修改和补充，使通用条款和专用条款共同成为双方统一意愿的体现。专用条款的条款号与通用条款相一致，但可由当事人根据工程的具体情况予以明确或者对通用条款进行修改。

4. 附件

施工合同文本的附件则是对施工合同当事人的权利、义务的进一步明确，并且使得施工合同当事人的有关工作一目了然，便于执行和管理。建设工程施工合同示范文本三个附件为：承包人承揽工程项目一览表、发包人供应材料设备一览表和房屋建筑工程质量保修书。

2.5.5　监理招投标文件

监理招投标文件是指建设单位选择工程项目监理单位过程中所形成的招标、投标活动的文件资料。

1. 招标文件

监理招标文件应包括以下几方面的内容：

(1) 投标须知。

① 工程项目综合说明，包括主要的建设内容、规模、工程等级、地点、总投资、现场条件；

② 开工和竣工日期；

③ 委托的监理范围和监理业务；

④ 投标文件的格式、编制、递交；

⑤ 无效投标文件的规定；

⑥ 投标起止时间，开标、评标、定标的时间和地点；

⑦ 招标文件、投标文件的澄清与修改；

⑧ 评标的原则等。

(2) 合同条件。

(3) 业主提供的现场办公条件（包括交通、通信、住宿、办公用房等）。

(4) 对监理单位的要求（包括现场监理人员、检测手段、工程技术难点等方面）。

(5) 有关技术规定。

(6) 必要的设计文件、图样、有关资料。

(7) 其他事宜。

2. 投标文件

投标人根据招标文件编制投标书，投标书应注意以下几方面的合理性：

(1) 投标人的资质（包括资质等级、批准的监理业务范围、主管部门或股东单位、人员综合情况等）。

(2) 监理大纲的合理性。

(3) 拟派项目的主要监理人员（总监理工程师和主要专业监理工程师）。

(4) 人员派驻计划和监理人员的素质（学历证书、职称证书、上岗证书等）。

(5) 监理单位提供用于工程的检测设备和仪器，或委托有关单位检测的协议。

(6) 近几年监理单位的业绩和奖惩情况。

(7) 监理费报价和费用的组成。

(8) 招标文件要求的其他情况。

2.5.6 建设工程委托监理合同

建设工程委托监理合同，是委托人与监理人就委托的工程项目管理内容签订的明确相互权利、义务关系的有法律效力的协议。建设工程委托监理合同示范文本把合同分为建设工程委托监理合同、建设工程委托监理合同标准条件、建设工程委托监理合同专用条件三个部分。

1. 建设工程委托监理合同

建设工程委托监理合同是一个总的协议，是纲领性的法律文件，经双方当事人签字盖章后合同即成立。合同中需要明确和填写的主要内容包括：工程概况（工程名称、地点、工程规模、工程等级、总投资、现场条件、开竣工日期），委托人向监理人支付报酬的期限和方式，合同签订、生效、完成时间，双方愿意履行约定的各项义务的表示。

2. 建设工程委托监理合同标准条件

建设工程委托监理合同标准条件是委托监理合同的通用性文件，适用于各类建设工程项目监理，委托人和监理人都必须遵守。其内容包括：词语定义及合同文件，双方责任、权利和义务，合同生效、变更与终止，监理报酬，争议的解决，其他。

3. 建设工程委托监理合同专用条件

由于标准条件适用于各种行业和专业项目的建设工程监理，对于具体建设工程项目监理，某些条款内容不具有适用性，需要在签订建设工程委托监理合同时，根据建设工程项目的具体情况和实际要求，对标准条件中的某些条款进行补充和修正。

任务 2.6　开工审批文件资料

2.6.1　建设工程规划许可证及附件

新开工的项目应列入年度计划，建设单位应向建设行政主管部门和工程规划部门申请开工许可，申请开工的建设项目需办理建设工程规划许可证和建设工程施工许可证。

1. 开工应具备的条件

（1）有经过审批的可行性研究报告和初步设计文件。

（2）已列入国家和地方的年度基本建设计划。

（3）完成了征用土地、拆迁安置工作。

（4）落实了三通一平（或四通、五通、六通、七通一平）。

（5）施工图样和原材料物资准备能满足工程施工进度的要求。

（6）办理了施工招标手续，与施工单位签订了施工合同。

（7）选定了建设监理部门，并与监理单位签订了工程施工监理合同。

（8）资金到位，并取得了审计机关出具的开工前审计意见书。

（9）建设单位与市政有关部门协调，落实了配套工程设计并签订了合同。

（10）办理了建设工程规划许可证。

（11）办理了建设工程施工许可证。

根据开工项目应具备的条件，建设单位基本落实前九项的条件，即可申请办理建设工程规划许可证和建设工程施工许可证。

2. 建设工程规划许可证

建设工程规划许可证是建设单位在城市规划区内新建、改建、扩建的建筑物、构筑物、道路、管线和其他工程设施，必须持相关批准文件向城市规划行政主管部门提出申请，根据城市规划，由城市规划行政主管部门提出规划要求，并审查设计施工图等有关文件，核发的法规性文件。

（1）建设工程规划许可证申报程序如下：

① 建设单位领取并填写规划审批申请表，加盖建设单位和申报单位公章；

② 提交申报建设工程规划许可证要求中所列要求报送的文件和图样；

③ 城市规划行政管理部门填发建设工程规划许可证立案表，作为申报建设工程规划许可证的回执；

④ 城市规划行政管理部门进行审查，对不符合规划要求的初步设计提出修改意见，发出修改工程图样通知书，修改后重新申报；

⑤ 经审查合格的建设工程，建设单位在取件日期内在规划管理单位领取建设工程规划许可证；

⑥ 办理建设工程规划许可证要经过建设单位申请和规划行政管理部门审查批准。

（2）申报建设工程规划许可证要求报送的文件和图样主要包括：

① 年度施工任务批准文件；

② 人防、消防、环保、园林、市政、文物、通信、教育、卫生等有关行政主管部门的

审批意见和要求，以及取得的协议书；

③ 工程竣工档案登记表；

④ 工程设计图，包括总平面图，各层平、立、剖面图，基础平面图和设计图样目录；

⑤ 其他。

（3）核发建设工程规划许可证。

建设工程规划许可证还包括建设工程规划许可证附图与附件。附图与附件由发证机关确定，与建设工程规划许可证具有同等的法律效力。

建设工程规划许可证中除正文外，还规定了如下应注意的事项：

① 建设工程放线后，由测绘院、规划行政管理部门验线，合格后方可施工；

② 与消防、交通、环保、市政等部门未尽事宜，由建设单位负责与有关行政主管部门联系，妥善解决；

③ 建设工程规划许可证发出后两年内工程未动工，本许可证自动失效，再需要建设时应向审批机关重新申报，经审核批准后方可动工；

④ 建设工程竣工后应按规定编制工程竣工档案，报送城市建设档案馆。

【例 2-7】建设工程规划许可证及附件

封面

中华人民共和国

建设工程规划许可证

编字—2012 规建字—108

根据《中华人民共和国规划法》第三十二条规定，经审定本建设工程符合城市规划要求，准予建设。

特发此证

发证机关：×××规划局

专用章

日期：2012 年×月×日

建设单位	×××房屋开发有限公司
建设项目名称	××大厦
建设位置	××市××路××号
建设规模	18659m^2
附图及附件名称 本工程建设工程规划许可证附件一份 本工程设计图一份	

建设规划许可证附件

（×××规划局专用章）

建设工程

建设单位：×××房屋开发有限公司　　　　04-规建字-108

建设位置：×××市××路××号　　　　图幅号 2012－10

建设单位联系人：×××　　　　电话：×××××××××　　　　发件日期：2012 年 10 月×日

建设项目名称	建设规模（m^2）	层数		高度（m）	栋数	结构类型	造价（万元）	备注
		地上	地下					
×××大厦	18659	19	2	61.8	1	框架	2687.68	

2.6.2　建筑工程施工许可证

1. 建筑工程施工许可证申请表

建设工程开工前，建设单位应当按照国家有关规定向工程所在地建设行政主管部门申请领取施工许可证。建设单位在取得建设工程规划许可证和其他有关行政主管部门的批准文件后，向建设行政主管部门提出申请开工报告，填报建设工程开工审批表，由建设行政主管部门审查批准，核发建设工程施工许可证。申请表是指新建、改建、扩建项目在工程正式动工前，对具备了开工条件的建设项目，由建设单位向建设行政主管部门提出要求开工的申请。填写工程开工审批表，一般由建设单位会同施工单位共同办理，其基本内容包括：

（1）建设工程概况。

（2）可行性研究报告和初步设计的批准文件。

（3）列入年度建设计划。

（4）完成了施工现场准备，完成了三通一平、测量放线等工作。

（5）施工材料、物资准备基本就绪，建筑材料、施工机具等已做好准备，开工必备的物资已进场。

（6）施工技术准备，完成了施工图设计和施工组织设计。

（7）组织准备，已建立了项目组织机构和项目管理规划。

（8）资金准备齐全并已出具银行证明文件，审计部门出具了审计证明。

（9）与施工单位签订了施工合同。

（10）与监理单位签订了监理合同。

（11）其他。

2. 建筑工程施工许可证

建设工程开工前，建设单位应当按照国家有关规定向工程所在地建设行政主管部门申请领取施工许可证。

（1）申请办理施工许可证的程序

① 建设单位向工程所在地建设行政主管部门领取建筑工程施工许可证申请表。

② 建设单位持加盖单位及法定代表人印鉴的建筑工程施工许可证申请表，并附相关证明文件，向工程所在地建设行政主管部门提出申请。

③ 工程所在地建设行政主管部门在收到建设单位报送的建筑工程施工许可证申请表和所附证明文件后，对于符合条件的，应当自收到申请之日起十五日内颁发施工许可证；对于证明文件不齐全或者失效的，应当限期要求建设单位补正，审批时间可以自证明文件补正齐全后做相应顺延；对于不符合条件的，应当自收到申请之日起十五日内书面通知建设单位，并说明理由。

（2）建筑工程施工许可证

建筑工程施工许可证是新建、改建、扩建工程开工必备的依据性文件，开工的建设项目经审查具备开工条件后，由具有审批权限的建设行政主管部门核发建筑工程施工许可证。

建设单位申请领取施工许可证，应当具备下列条件：

① 已经办理该建筑工程用地批准手续；

② 在城市规划区的建筑工程，已经取得规划许可证；

③ 需要拆迁的，其拆迁进度符合施工要求；

④ 已经确定建筑施工企业；

⑤ 有满足施工需要的施工图纸及技术资料；

⑥ 有保证工程质量和安全的具体措施；

⑦ 建设资金已经落实；

⑧ 法律、行政法规规定的其他条件。

【例 2-8】建设工程施工许可证

封面

中华人民共和国

建设工程施工许可证

建开字〔2012〕第×××号

根据《中华人民共和国建筑法》第八条规定，经审查，本建筑工程符合施工条件，准予施工。

×××住房与城乡建设局

（建设工程开工审批专用章）

2012年×月×日

建设单位	×××房地产开发有限公司		
建设项目	××花园5号楼		
建设地点	××路		
建筑面积	4875.71m²	合同价格	2250万元
设计单位	×××设计院		
施工单位	××建筑安装公司		
监理单位	×××建设监理公司		
合同开工日期		合同竣工日期	
备　注： 总　　监：××× 项目经理：×××			

2.6.3　工程质量监督手续

根据国务院《建设工程质量管理条例》和原建设部《关于质量监督机构深化改革的指导意见》，政府质量监督机构必须建立和遵循严格的工程质量监督程序，以加大建设工程质量监督的力度，保证建设工程质量。质量监督机构对建设工程质量监督的依据是国家的法律、法规和强制性标准，主要目的是保证建设工程使用安全和环境质量，主要内容是监督工程建设各方主体质量行为和地基、基础、主体结构和使用功能，主要监督方式是巡回抽查，对建设单位组织的竣工验收实施监督，工程竣工后出具工程质量监督报告。

1. 建设工程质量监督注册登记表

凡新建、改建、扩建的建设工程，在工程项目施工招标投标工作完成后，建设单位在申请领取施工许可证之前，应携有关资料到所在地建设工程质量监督机构办理工程质量监督注册登记手续，填写工程质量监督注册登记表，并按规定交纳工程质量监督费用。

办理工程质量监督注册登记手续时，建设单位应提供下列文件资料：

（1）工程规划许可证。

（2）施工、监理中标通知书。

（3）施工、监理合同及其单位资质证书（复印件）。

（4）施工图设计文件审查意见。

（5）其他规定需要的文件资料。

建设单位在提交上述文件后，填写建设工程质量监督注册登记表，由监督注册登记部门审查符合要求后，方可办理监督注册登记手续，指定监督机构并发出质量监督通知书及工程质量监督计划。

2. 见证取样和送检见证人授权书

为了加强建设工程质量管理和监督，每个单位工程必须有 1～2 名取样和送检见证人，见证人由施工现场监理人员或建设单位委派具有一定的试验知识的专业技术人员担任。见证人设定后，建设单位根据建设工程质量监督的有关规定，向工程质量监督机构办理见证取样和送检见证人授权备案书，一式四份（质量监督机构、质量检测试验室、施工单位、见证人各一份）。工程竣工后备案书存入工程档案。见证人和送检单位对送检试验样品的真实性和代表性负法定责任。

任务 2.7　财务文件资料

财务文件由工程投资估算、工程设计概算、施工图预算等构成。

2.7.1　工程投资估算

工程投资估算是投资决策阶段拟建项目编制项目建议书、可行性研究报告的重要组成部分，是项目决策的重要依据之一。它包括该工程项目从筹建到竣工验收、交付使用所需要的全部费用，具体包括建筑安装工程费，设备、工器具购置费，工程建设其他费用，预备费，固定资产投资方向调节税，建设期贷款利息等。

投资估算由建设单位编制或委托设计单位（或咨询单位）编制，主要是依据相应建设项目投资估算，参照以往类似工程的造价资料编制的。它对初步设计概算和工程造价起控制作用。

1. 建筑安装工程费用

建筑安装工程费用是指建设单位为从事该项目建筑安装工程所支付的全部生产费用。包括直接用于各单位工程的人工、材料、机械使用费用，其他直接费用以及分摊到各单位工程中的管理费、利润和税金。

2. 设备、工器具费用

设备、工器具费用是指建设单位按照建设项目设计文件要求而购置或自备的设备及工器具所需的全部费用，包括需要安装与不需要安装设备及未构成固定资产的各种工具、器具、仪器、生产家具的购置费用。

3. 工程建设其他费用

工程建设其他费用是指除上述建筑安装工程费用和设备、工器具费用以外的，根据有关规定在固定资产投资中支付，并列入建设项目总概算或单项工程综合概算的费用。

4. 预备费

预备费是指初步设计和概算中难以预料的工程和费用，其中包括实行按施工图概算加系数包干的概算包干费用。

5. 建设期利息

建设期利息是指工程项目在建设期间内发生并计入固定资产的利息。

2.7.2 工程设计概算和工程施工图预算

1. 工程设计概算书

初步设计阶段，设计单位根据初步设计规定的总体布置及单项工程的主要建筑结构和设备清单来编制建设项目总概算。

设计概算一般包括：建筑安装工程费用，设备、工器具购置费用，工程建设其他工程费用，预备费等。

设计概算经批准后是确定建设项目总造价、编制固定资产投资计划、签订建设项目贷款总合同的依据，也是控制建设项目拨款、考核设计经济合理性的依据。

2. 工程施工图预算书

在工程的招标投标阶段，各单位根据施工图设计确定的工程量编制施工图预算。招标单位（或委托单位）编制的施工图预算是确定标底的依据，投标单位编制的施工图预算是确定报价的依据，标底、报价是评标、决标的重要依据。施工图预算经审核后，是确定工程造价、签订工程承包合同、实行建筑安装工程造价包干的依据。

复习思考题

1. 立项文件包括哪些内容？分别由哪些单位及部门审批？
2. 什么是项目建议书？项目建议书的内容包括哪些？
3. 可行性研究工作程序有哪些？
4. 征用土地的办理程序有哪些？

5. 有哪些工作需要招投标才能进行？一般的招投标程序包括哪些？
6. 施工承包合同的内容包括哪些部分？分别有什么作用？
7. 工程开工应具备的条件有哪些？
8. 工程估算资料包括哪些内容？

项目3　工程监理资料管理

知识目标：

了解监理资料中需要报审的文件的报批手续。

掌握监理资料的分类和整理。

熟悉监理资料的各种表格的填写要求。

能力目标：

完成各种监理表格的填写，报审和报批。

完成监理资料的分类和整理。

监理资料是在建设工程监理实施过程中形成的，并由监理单位收集、汇总、整理的文件或资料。本项目按照监理的属性和主要控制环节将监理资料划分为监理管理文件、进度控制文件、质量控制文件、造价控制文件、工期管理文件及监理验收文件六个方面。监理资料用大写英文字母"B"表示，即B类，按B1～B6共六小类排列编号。

任务3.1　整理监理管理文件

建设工程监理文件档案资料的管理，是指监理工程师受建设单位的委托，在进行建设工程监理的工作期间，对建设工程实施过程中形成的与监理相关的文件和档案进行收集积累、加工整理、立卷归档和检索利用等一系列管理工作。建设工程监理文件档案资料管理的对象是监理文件档案资料，它们是工程建设监理信息的主要载体之一。

3.1.1　监理规划

监理规划是监理单位在签订委托监理合同及收到设计文件后，由总监理工程师主持、专业监理工程师参加编制的，经监理单位技术负责人审核批准的，用来指导项目监理机构全面开展监理工作的纲领性文件。

1. 监理规划的作用

监理规划是项目监理机构全面开展监理工作的具有可操作性的指导性文件。监理规划是监理单位的主管部门对监理单位进行检查了解、考核评判的依据资料之一。监理规划是建设单位确认监理单位是否全面、认真履行监理合同的主要依据。监理规划是监理资料的重要组成部分。

2. 监理规划的编制原则

（1）监理规划应在签订委托监理合同及收到设计文件后开始编制，完成后必须经监理单位技术负责人审核批准，并应在召开第一次工地会议前报送建设单位。

（2）监理规划应由总监理工程师主持、专业监理工程师参加编制。

（3）监理规划的内容应有针对性，做到控制目标明确，控制措施有效，工作程序合理，工作制度健全，职责分工清楚，对监理实施工作有指导作用。

(4) 监理规划应有时效性，在项目实施过程中，视情况变化宜作必要的调整。在调整时应由总监理工程师组织监理工程师研究修改，按原报审程序经过批准后报建设单位。

3. 监理规划的编制依据

编制监理规划时，必须详细了解有关项目的下列资料：

(1) 建设工程的相关法律、法规及项目审批文件。

(2) 与建设工程项目有关的标准、设计文件、技术资料。

(3) 监理大纲、委托监理合同文件以及与建设工程项目相关的合同文件。

4. 监理规划的基本内容

监理规划包括工程项目特征（名称、建设地点、建设规模、工程特点等）及工程相关单位名录（建设单位、勘察单位、设计单位、施工单位、分包单位等），监理工作的主要依据、监理范围和目标、工程进度控制、工程质量控制、工程造价控制、合同其他事项管理、项目监理部人员构成及职责分工、项目监理部资源配置一览表、监理工作管理制度等。监理规划应由总监理工程师组织编制，并经监理单位和建设单位审核批准。

(1) 工程项目概况：工程项目概况包括工程名称、建设地址、工程项目组成及建设规模、主要建筑结构类型、建筑面积、工期及开竣工日期、工程质量等级、预计工程投资总额、主要涉及单位及工程总承包单位等。

(2) 监理工作范围：监理工作范围是指监理单位所承担任务的工程项目建设监理的范围。

(3) 监理工作内容：应根据监理工作界定的范围制订监理工作内容。在工程项目建设的不同阶段，监理的工作内容都不相同。

(4) 监理工作目标：监理工作目标是监理单位所承担工程项目的投资、工期、安全、质量等的控制目标，应按监理合同所确定的监理工作目标来控制。

(5) 监理工作依据：监理工作依据是指监理工作时应遵循的标准，包括与建设工程相关的法律、法规、规范、标准，建设项目设计文件，监理大纲，委托监理合同文件以及与建设工程项目相关的合同文件等。

(6) 项目监理机构的组织形式：按照项目监理机构的岗位设置内容采用的组织形式，用图或表的形式表示。

(7) 项目监理机构的人员配备计划：根据监理工作内容和工作复杂程度，配备相应层次和数量的总监理工程师、总监代表、专业监理工程师和监理员。

(8) 项目监理机构的人员岗位职责：项目监理机构各职能部门的职责以及各类监理人员的职责分工。

(9) 监理工作程序：指监理工作时的流程及顺序。

(10) 监理工作方法及措施：指针对监理工作内容的不同方面制订的详细的工作方法及相应措施。

(11) 监理工作制度：指监理会议制度、信息和资料管理制度、监理工作报告制度以及其他监理工作制度。

(12) 监理设施：指由建设单位按照监理合同约定提供的设施和监理单位自备的监理设施。当工程项目较为特殊时，还应增加其他必要的内容。

5. 监理规划封面示例

编号：××××

监 理 规 划

工程名称：________________________________

监理单位：________________________________

编制日期：__________年________月________日

3.1.2 监理实施细则

对于技术较复杂、专业性较强的工程建设项目，还应由专业监理工程师负责编制监理实施细则，并经总监理工程师审核批准。

1. 监理实施细则的编制原则

对中型及以上或专业性较强的工程项目，项目监理机构应编制监理实施细则。监理实施细则应符合监理规划的要求，并应结合工程项目的专业特点，做到详细具体、具有可操作性。

监理实施细则应在相应工程施工开始前编制完成，监理实施细则应由专业监理工程师编制，并必须经总监理工程师批准。

2. 编制监理实施细则的依据

(1) 已批准的监理规划。

(2) 与专业工程相关的标准、设计文件和技术资料。

(3) 施工组织设计。

3. 监理实施细则的主要内容

监理实施细则应包括的主要内容有：专业工程的特点、监理工作的流程、监理工作的控制要点及目标值、监理工作的方法及措施。

在监理工作实施过程中，监理实施细则应根据实际情况进行补充、修改和完善。

4. 监理实施细则的封面示例

编号：××××

监 理 细 则

工程名称：________________________________

专业名称：________专业监理工程师：________

监理单位：________________________________

编制日期：__________年________月________日

3.1.3 监理月报

监理月报是在工程施工过程中，监理单位就工程实施情况和监理工作，定期向建设单位所做的报告。

监理单位每月以监理月报的形式向建设单位报告本月的监理工作情况，使建设单位了解工程施工的基本情况，同时掌握工程进度、质量、投资及施工合同的各项目标完成的监理控制情况。

监理月报由总监理工程师组织专业监理工程师编制，签认后报送建设单位。

1. 监理月报的作用

(1) 向建设单位通报本月份工程各方面的进展情况，目前工程尚存在哪些待解决的问题。

（2）向建设单位汇报在本月中监理单位做了哪些工作，收到什么效果。

（3）监理单位通过编制监理月报总结本月份工作，为下一阶段工作做出计划与部署。

（4）为上级主管部门到监理单位检查工作时提供关于工程概况、施工概况及监理工作情况的说明文件。

2. 监理月报的编制依据

（1）《建设工程监理规范》（GB 50319—2013）。

（2）工程质量验收系列规范、规程和技术标准。

（3）监理单位的有关规定。

3. 监理月报的编制要求

（1）监理月报应由项目总监理工程师组织编制，签认后报送建设单位。

（2）监理月报的报送时间由监理单位和建设单位协商确定。一般来讲，监理月报的编制周期为上月 26 日到本月 25 日，在下月 5 日前发出。

（3）监理月报应真实反映工程现状和监理工作情况，做到数据准确、重点突出、语言简练，并附有必要的图表和照片。

（4）监理月报采用 A4 规格的纸编写。

（5）监理月报的封面由项目总监理工程师签字，并加盖监理单位图章。

4. 监理月报的基本内容

本月工程概况；本月工程形象进度；工程进度，本月实际完成情况与计划进度比较，对进度完成情况及采取措施效果的分析；工程质量，本月工程质量情况分析，本月采取的工程质量措施及效果；工程计量与工程款支付，工程量审核情况，工程款审批情况及月支付情况，工程款支付情况分析，本月采取的措施及效果；合同其他事项的处理情况，工程变更，工程延期，费用索赔；本月监理工作小结，对本月进度、质量、安全、工程款支付等方面的综合评价，本月监理工作情况，有关本工程的意见和建议，下月监理工作的重点。

5. 监理月报的封面示例

编号：××××

监 理 月 报

年　　度：__________月　　份：__________

工程名称：______________________________

监理单位：______________________________

编制日期：__________年__________月__________日

3.1.4　监理会议纪要

施工过程中，总监理工程师应定期主持召开工地会议，会议纪要应由项目监理机构负责起草，并经与会各方代表会签。监理例会是参建各方为了和谐相处、交流信息、协调处理、研究问题，解决各自在合同履约过程中存在的诸多问题而采取的一种行之有效的协调方式。

1. 监理会议的形式

监理会议包括第一次工地会议、工地例会及专题会议等。

（1）第一次工地会议

在单位工程开工前，总监理工程师应组织召开施工现场第一次工地会议，主要目的是了解施工准备工作的情况。主要内容包括例会的地点与时间；会议主持人；与会人员的姓名、单位、职务；上次会议议定事项的落实情况，分析事项未完的原因；分析工程项目进度计划的完成情况，提出下一阶段进度目标及其落实措施；分析工程项目的质量情况，针对存在的质量问题提出改进措施；工程量核定及工程款支付情况；解决需要协调的有关事项；其他有关事宜。

(2) 工地例会

在工程施工过程中，总监理工程师定期组织召开工地例会，会议纪要由项目监理机构负责起草，并经与会各方代表会签。工地例会应包括检查上次例会议定事项的落实情况，分析未完事项原因；检查分析工程项目的质量状况，针对存在的质量问题提出改进措施；检查分析工程项目进度计划的完成情况，提出下一阶段的进度目标及其落实措施；检查工程量核定及工程款支付情况；解决需要协调的有关事项；其他有关事宜。

(3) 专题会议

专题会议是为解决施工过程中的各种专项问题而召开的不定期会议，由总监理工程师或其授权的监理工程师主持，由工程项目各主要参建单位参加，会议应有主要议题。专题工地会议纪要的形成过程与工地例会相同。

2. 监理会议纪要的要求

会议纪要必须及时记录、整理，记录内容齐全，对会议中提出的问题记录准确，技术用语规范，文字简练明了。

会议纪要由监理单位起草，总监理工程师审阅，与会各方代表签字。

会议纪要必须有会议名称、主持人、参加人、会议时间、地点、会议内容、参加人员签章等。

3.1.5 监理工作日志

监理工作日志也称监理日记，是以项目监理工作为记载对象，自该项目监理工作开始起至该项目监理工作结束止。监理日记是一项重要的文件，应由专人负责逐日如实记载（表 3-1）。

监理工作日志的填写说明如下：

(1) 准确记录时间、气象。监理人员在书写监理日记时，往往只重视时间记录，而忽视了气象记录，其实气象记录的准确性和工程质量有直接的关系。

混凝土强度、砂浆强度在不同气温条件下的变化值有着明显的不同，监理人员可以根据混凝土浇捣时的温度及日后几天的气温变化，判断是否具备拆模条件等。

(2) 做好现场巡查，真实、准确、全面地记录工程的相关问题。

(3) 监理人员在做监理日记记录时，往往只记录工程进度、存在的问题，没有记录问题是怎样解决的。应该说，发现问题是监理人员经验和观察力的表现，解决问题是监理人员能力和水平的体现。因为在监理工作中，并不只是发现问题，更重要的是怎样科学合理地解决问题，所以监理日记应记录好发现的问题、解决的方法以及整改的过程和程度。

(4) 书写工整、规范用语、内容严谨是对工程监理日记的要求。工程监理日记充分展现了记录人对各项活动、问题及其相关影响的表达。文字如处理不当，例如错别字多、涂改明显、语句不通、不合逻辑、用词不当、用语不规范、采用日常俗语等都会产生不良后果。语言表达能力不足的监理人员在日常工作中要多熟悉图纸、规范，提高技术素质，积累经验，掌握写作要领，严肃认真地记录好监理日记。

（5）书写好监理日记后，要及时交总监理工程师审查，以便及时沟通和了解，从而促进监理工作正常、有序地开展。

表 3-1　监理日记

工程名称：　　　　　　　　　　日期：　　　　　　　　　　编号：××××

气象情况	最高温度	最低温度	风力
阴	*20℃*	*13℃*	*北风 2～3 级*
主要事项记载： *1. 对进场钢筋Ⅲ级钢，经取样检测抗拉强度××，符合设计质量要求（详见××号检测报告）。* *2. ××层框架混凝土柱浇筑后拆模，检查个别柱基部有烂根现象、个别柱表面有×××××尺寸范围的蜂窝麻面，要求施工方提出处理方案进行处理。* *3. ××部位 C40 商品混凝土施工，于××时浇筑完成。* *4. ××层顶板混凝土浇筑施工。* *存在问题：混凝土浇筑顺序不合理，易造成对已浇筑混凝土层面已进入初凝状态接槎部分的扰动，形成质量隐患。* *处理措施：要求施工方重新布置浇筑顺序，保证浇筑的接槎部位在已浇筑混凝土层面的初凝时间之前进行。* ……			

3.1.6　监理工作总结

监理工作总结就是把一个时间段的监理工作情况进行一次全面系统的检查、评价、分析研究，主要是分析成绩、不足、经验等。

监理工作总结的内容包括工程概况、监理组织机构、监理人员和投入的监理设施、监理合同履行情况、监理工作成效、施工过程中出现的问题及其处理情况和建议、工程照片（必要时）等。监理工作总结包括专题总结、月报总结、工程竣工总结及工程质量评估报告等。监理工作总结应由总监理工程师组织编写并报送建设和监理单位。

1. 专题总结

监理专题总结是在施工过程中监理单位就某项工作、某一问题、某一任务或某一事件向建设单位所作的报告。

监理专题总结的标题应清楚地表现问题的性质，主要内容应详尽地阐述发生问题的情况、原因分析、处理结果和建议。监理专题总结由报告人、总监理工程师签字，并加盖项目监理机构章。施工过程中的合同争议、违约处理等可采用监理专题报告，并附有关记录。

2. 工程竣工总结

施工阶段监理工作结束时，监理单位应向建设单位提交工程竣工总结。工程竣工总结是指监理单位对履行委托监理合同情况及监理工作的综合性总结。工程竣工总结由总监理工程师组织项目监理机构的有关人员进行编写。

（1）工程竣工总结的资料要求如下：

应能客观、公正、真实地反映工程监理的全过程。能对监理效果进行综合描述和正确评价。能反映工程的主要质量状况、结构安全、投资控制及进度目标实现的情况。工程竣工总结的内容应符合《建设工程监理规范》（GB 50319—2013）的规定。工程竣工总结由项目总监理工程师、监理单位负责人签字盖章，并在施工阶段监理工作结束时，由监理单位向建设单位提交。

（2）工程竣工总结的内容如下：

工程概况。监理组织机构、监理人员和投入的监理设施。监理合同的履行情况。监理工作的成效。施工过程中出现的问题及处理情况和建议。工程照片（有必要时）。

3.1.7　工作联系单

监理工作联系单用于工程有关各方之间传递意见、决定、通知、要求与信息（表3-2）。

监理工作联系单的填写说明如下：

监理工作联系单是在施工过程中与监理有关各方的工作联系用表，即与监理有关的某一方需向另一方或几方告知某一事项或督促某项工作或提出某项建议等，对方执行情况不需要书面回复时均用此表。

事由。它指需联系事项的主题。

内容。它指需联系事项的详细说明。要求内容完整、齐全，技术用语规范，文字简练明了。

单位。它指提出监理工作联系事项的单位。填写本工程现场管理机构名称的全称并加盖公章。

负责人。它指提出监理工作联系事项单位在本工程的负责人。

表3-2　监理工作联系单

工程名称：××置地·××湾三期工程1#楼　　　　编号：××××

致：______________（单位） 事由：*关于主楼厨卫间闭水试验施工事宜* 内容：*根据现场安装工程施工进度情况，厨卫间闭水试验现应展开进行，现就厨卫间成品闭水试验施工提出如下要求：* *各方均应在自检合格（不渗不漏）的基础上做成品闭水试验，存水时间不少于24h，地漏应堵死，中间时间安排专人及时检查，不能出现缺水现象，上完水之后报监理单位检查上水情况，期间做好检查记录，24h后进行验收，不渗不漏方为合格，没有此项检查验收记录，相关资料监理不予签认。* *望各总包单位负责人对施工人员做好技术交底，切实把此项工作落实好，不留后患。* （附件共　××　页） 项目监理机构（章）： 专业监理工程师： 总监理工程师： 日期：

3.1.8　监理工程师通知

监理工程师通知是监理工程师对施工单位在施工过程中存在的质量、进度问题，要求施工单位按设计文件、强制性标准及规范的要求进行整改的指令性文件（表3-3）。

监理工程师在签发监理工程师通知单时，对存在的问题的描述一定要详细、准确，对要求整改的范围及内容的描述一定要清晰、完整。

监理工程师通知填写说明如下：

在监理工作中，项目监理机构按委托监理合同授予的权限对承包单位发出指令、提出要求时，除另有规定外，均应采用此表。监理工程师现场发出的口头指令及要求也应采用此表予以确认。

承包单位应签收和执行监理工程师通知，并将执行结果用监理工程师通知回复单报监理机构复核。

事由。事由是指通知事项的主题，相当于标题。

内容。在监理工作中，项目监理机构按委托监理合同授予的权限对承包单位所发出的指令提出要求。针对承包单位在工程施工中出现的不符合设计要求、不符合施工技术标准、不符合合同约定的情况，偷工减料以及使用不合格的材料、构配件和设备等情况，纠正承包单位在工程质量、进度、造价等方面的违规、违章行为。

承包单位对监理工程师签发的监理工程师通知单中的要求有异议时，应在收到通知后24h内向项目监理机构提出修改申请，要求总监理工程师予以确认，但在未得到总监理工程师修改意见之前，承包单位还应执行专业监理工程师下发的监理工程师通知单。

表 3-3　监理工程师通知

工程名称	××置地·××湾三期工程 1# 楼	编　号	××××
致：________________（施工单位） 事由：*关于 1# 楼工程施工质量事宜* 内容：*经监理人员巡视发现如下问题：* *1）1# 楼一层电梯井隔墙存在连梁与混凝土主体无可靠连接现象；* *2）窗台压顶厚度达不到 12cm 厚，未按会审交底要求施工；* *3）存在墙体拉结筋漏放或放置不正确现象；* *4）存在现浇窗台压顶混凝土、现浇过梁混凝土与填充墙砌筑砂浆掺加杂料现象；* *5）存在建筑废料放置现场，未及时清运出场。* *针对以上问题，监理要求贵项目施工提高质量意识，严格按照设计及规范要求施工，积极整改存在的问题，现场的建筑垃圾及时清运出场，不得使用不合格的材料及其建筑废料，整改完毕自检合格后报监理复查，否则将给予经济上必要的处罚，以确保文明施工与施工质量。* 监理工程师（签字）： 年　月　日 监理单位名称：　　总监理工程师（签字）： 年　月　日			

3.1.9　监理工程师通知回复单

施工单位在接到监理工程师通知单后，应根据通知中提到的问题认真分析，制订措施，及时整改，并把整改的结果填写到监理工程师通知回复单中，经项目经理签字，项目经理部盖章后，报项目监理部复查（表 3-4）。

监理工程师通知回复单填写说明如下：

（1）承包单位落实监理工程师通知单后，报项目监理机构检查复核。

（2）承包单位完成监理工程师通知回复单中要求继续整改的工作后，仍用此表回复。

（3）涉及总监理工程师审批工作内容的回复单，应由总监理工程师审批。

（4）“我方收到编号为”处填写所回复的监理工程师通知单编号。

（5）“完成了工作”处按监理工程师通知单要求完成的工作填写。

（6）详细内容，指针对监理工程师通知单的要求简要说明落实的过程、结果及自检情况，必要时附有关证明资料。

（7）复查意见，指专业监理工程师应详细核查承包单位所报的有关资料，符合要求后，针对工程质量实体的缺陷整改进行现场检查，符合要求后填写“已按监理工程师通知单整改完毕，经检查符合要求”的意见，如不符合要求，应具体指明不符合要求的项目或部位，签署“不符合要求，要求承包单位继续整改”的意见。

表 3-4　监理工程师通知回复单

<table>
<tr><td>工程名称</td><td>××置地·××湾三期工程 1# 楼</td><td>编　号</td><td>××××</td></tr>
<tr><td colspan="4">致：________________（监理单位）
我方接到第（　××　）号监理工程师通知后，已按要求完成了 1# 砌体质量问题的整改 工作，特此回复，请予以复查。
详细内容：
1. 对于门垛部位组砌不合理部位，要求砌筑单位将墙体拆除重新砌筑。
2. 对于隔墙组砌不合理且未安放拉结筋部位，要求砌筑单位将墙体拆除，植筋重新砌筑处理。

施工单位名称：　　　　　　　　　　项目经理（签字）：
年　月　日</td></tr>
<tr><td colspan="4">复查意见：

监理工程师（签字）：
年　月　日

监理单位名称：　　　　　　　　　　总监理工程师（签字）：
年　月　日</td></tr>
</table>

3.1.10　工程暂停令表

工程暂停令是指施工过程中发生了需要停工处理的事件，由总监理工程师签发的暂时停止施工的指令性文件（表 3-5）。

1. 下发工程暂停令的要求

总监理工程师对工程施工中存在的重大质量隐患（可能造成质量事故或已经造成质量事故），应向施工单位下达工程暂停令。

总监理工程师在签发工程暂停令时应根据暂停工程的影响范围和影响程度，明确指出工程停工范围。

由于非施工单位的原因时，总监理工程师在签发工程暂停令前应就有关工期和费用等事宜与施工单位进行协商。

由于建设单位原因或非施工单位原因导致工程暂停时，监理单位应如实记录所发生的实际情况。

2. 签发工程暂停令时对相关问题的处理

工程暂停原因是由于施工单位的原因造成，施工单位申请复工时，除了填报工程复工报审表外，还应报送针对导致停工原因所进行的整改工作报告等有关材料。

工程暂停原因是由于非施工单位的原因造成，若是建设单位的原因（或应由建设单位承担责任的风险），则总监理工程师在签发工程暂停令之后，应尽快按施工合同的规定处理因工程暂停引起的工期、费用等有关问题。

施工中出现下列情况之一者，总监理工程师有权下达工程暂停令，要求施工单位停工整改、返工。

未经监理工程师审查同意，擅自变更设计或修改施工方案进行施工；未通过监理工程师审查的施工人员或经审查不合格的施工人员进入现场施工；擅自使用未经监理工程师审查认可的分包单位进入现场施工；使用不合格的或未经监理工程师检查验收的材料、构配件、设备或擅自使用未经审查认可的代用材料；工序施工完成后，未经监理工程师验收或验收不合格而擅自进行下一道工序施工；隐蔽工程未经监理工程师验收确认合格而擅自隐蔽；施工中出现质量异常情况，经监理工程师指出后，施工单位未采取有效改正措施或措施不力、效果不好仍继续作业；已发生质量事故，迟迟不按监理工程师要求进行处理；或发生质量隐患、质量事故，如不停工则质量隐患、质量事故将继续发展；或已发生质量事故，施工单位隐瞒不报，私自处理。

表3-5 工程暂停令

工程名称	××置地·××湾三期工程$1^{\#}$楼	编 号	××××
致：________________（施工单位） 由于 *设计单位提出的工程变更：一区二层吊顶内水电管线安装交叉抵触（《工程变更单》××号）* 原因，现通知你方必须于 *××* 年 *××* 月 *××* 日 *××* 时起，暂停本工程的 *一区二层吊顶内水电管线安装* 部位（工序）施工，并按下述要求做好各项工作： *1. 由监理工程师和承包单位有关人员共同对一区二层吊顶内水电管线安装施工进度进行记录；* *2. 按设计变更及附图要求，降低吊顶标高，调整管线安装平面布置，对相应专业有关施工人员进行技术交底；* *3. 组织施工班组按设计变更及附图要求，对一区二层吊顶内水电管线进行整改，安装处理完成后，项目部组织自检并报项目监理部重新验收。* 监理单位名称：　　　　总监理工程师（签字）： 年　月　日			

3. 填表注意事项

“由于________原因”应简明扼要地准确填写工程暂停原因。暂停原因主要有：建设单位要求暂停施工，且工程需要暂停施工；为了保证工程质量而需要进行停工处理；施工出现了安全隐患，总监理工程师认为有必要停工以消除隐患；发生了必须暂时停止施工的紧急事件；承包单位未经许可擅自施工，或拒绝项目管理机构的管理。

“部位（工序）”是指根据停工原因的影响范围和影响程度，填写本暂停指令所停工程的范围。

“做好各项工作”是指工程暂停后要求承包单位所做的有关工作，如对停工工程的保护措施，针对工程质量问题的整改、预防措施等。

签发工程暂停令时，必须注明是全部停工还是局部停工，不得含混。

建设单位要求停工的，且监理工程师经过独立判断，也认为有必要暂停施工时，可签发工程暂停令；反之，经过总监理工程师的独立判断，认为没有必要停工的，则不应签发工程暂停令。

任务 3.2 整理进度控制资料

3.2.1 工程开/复工报审表

施工单位在完成施工准备并取得施工许可证后，填写本表，向监理（建设）单位提出开工申请。经总监理工程师审批后报建设单位。无论由何方原因造成的工程暂停，在暂停原因消失具备复工条件时，施工单位应及时填写工程复工报审表（表 3-6）。

1. 填表相关规定及要求

开工报审表一般由施工总承包单位填写，并报监理单位审批。当工程直接从建设单位分包时，分包单位也要填写开工报审表。在具备了开工条件后，由施工单位的生产部门填写开工报审表，经施工单位（法人单位）的工程管理部门审核通过，法人代表或其委托人签字加盖法人单位公章，报请监理、建设单位审批，由监理单位的总监理工程师、建设单位的项目法人签字加盖公章，即可开工。

2. 表格填写说明

工程名称应填写全称，与施工合同上的单位工程名称一致。

开工条件说明应根据建设单位、监理单位、施工单位所做的开工准备工作情况来填写。例如，提供的施工图样能否满足施工要求，是否经过自审和会审；准备的材料能否满足施工需要和质量标准；施工现场的质量管理检查是否合格；施工现场是否具备“三通一平”条件；工程预算造价是否编制完成；施工队伍和施工机械是否进场，是否满足施工需要等。

“审核意见”栏内建设单位、监理单位、施工单位负责人均需签字，注明日期并加盖单位公章。

3. 开工前应具备的条件

建设单位应使施工现场具备“三通一平”条件，场地平整，道路畅通，水源、电源接引至工地；与施工单位签订建筑工程施工合同；并已向工程所在地的建设行政主管部门领取施工许可证。

总监理工程师应对施工单位的资质、劳务资质、质量保证体系、现场项目经理资质、技术负责人、质量员等管理人员的资质进行审查；对现场管理制度、质量责任制、工程质量检验制度、主要专业工种操作人员的上岗证、合格证、施工图审查情况、地质勘察资料、施工组织设计（专项施工方案）审批、施工技术标准引用、搅拌站及计量装置、现场材料设备的存放与管理等，进行认真核查，并填写《施工质量管理检查记录》的验收结论并签字认可。

施工单位应完成施工图样预审和参与会审；编制施工组织设计（专项施工方案），履行审批手续；编制工程预算；按施工材料需用量计划，准备钢材、水泥等主要材料和设备；按施工机具需用量计划，备好机械及工具；按劳动力需用量计划，组织施工队伍进场，并进行进场教育。

表3-6　工程开/复工报审表

<table>
<tr><td>工程名称</td><td>××置地·××湾三期工程1#楼</td><td>编 号</td><td>××××</td></tr>
<tr><td colspan="4">致：＿＿＿＿＿＿＿＿（监理单位）
根据合同约定，我方已完成了开/复工的各项准备工作，具备了开/复工条件，特此申请施工，请核查并批准开/复工。
附件：*具备的开/复工条件*

施工单位名称：　　　　项目经理（签字）：　　　　年　月　日</td></tr>
<tr><td colspan="4">审查意见：

监理工程师（签字）：
年　月　日</td></tr>
<tr><td colspan="4">审批结论：

监理单位名称：　　　　总监理工程师（签字）：
年　月　日</td></tr>
</table>

4. 复工申请的审查程序

承包单位按工程暂停令的要求，经自查后符合复工条件的可向项目监理机构报送工程复工报审表及其附件。

总监理工程师应及时指定监理工程师进行审查，当工程暂停是由非承包单位的原因引起时，在签认工程复工报审表时，只需要看引起暂停施工的原因是否还存在；当工程暂停是由承包单位的原因引起时，则在复工审查时不仅要审查其停工因素是否消除，还要审查其是否查清了导致停工的原因和是否制订了针对性的整改措施、预防措施，并要复核其各项措施是否得到了贯彻和落实。

总监理工程师根据审查情况，应当在收到工程复工报审表后48h内完成对复工申请的审批。项目监理机构未在收到承包人复工申请后48h（或施工合同规定时间）内提出审查意见，承包单位可自行复工。

3.2.2　施工进度计划报审表

该表为施工单位向项目监理机构报审工程进度计划的用表，由施工单位填报，项目监理机构审批。工程进度计划的种类有总进度计划，年、季、月、周进度计划及关键工程进度计划等，报审时均可使用本表（表3-7）。

1. 施工进度计划报审的程序

承包单位按施工合同要求的时间编制好施工进度计划，并填报施工进度计划报审表报监理机构审批。

总监理工程师指定专业监理工程师，对承包单位所报的施工进度计划报审表及有关资料进行审查，并向总监理工程师报告。

总监理工程师按施工合同要求的时间，对承包单位所报施工进度计划报审表予以确认或提出修改意见。

群体工程中单位工程分期进行施工的，施工单位应按照建设单位提供图纸及有关资料的时间，分别编制各单位工程的进度计划，并向项目监理机构报审。施工单位报审的总体进度计划必须经其企业技术负责人审批，且编制、审核、批准人员签字及单位公章齐全。

2. 施工进度计划报审表的填写要求

填写所报施工进度计划的工程名称及时间。

对施工进度计划主要进行如下审核：进度安排是否符合工程项目建设总进度，计划中总目标和分目标的要求是否符合施工合同中开、竣工日期的规定。施工总进度计划中的项目是否有遗漏，分期施工是否满足分批动用的需要和配套动用的要求。施工顺序的安排是否符合施工工艺的要求。劳动力、材料、构配件、施工机具及设备、施工水电等生产要素的供应计划是否能保证进度计划的实现，供应是否均衡，需求高峰期是否有足够能力实现计划供应。由建设单位提供的施工条件（资金、施工图纸、施工场地、采供的物资设备等），承包单位在施工进度计划中所提出的供应时间和数量是否明确、合理，是否有造成建设单位违约而导致工程延期和费用索赔的可能。工期是否进行了优化，进度安排是否合理。总、分包单位分别编制的各单项工程施工进度计划之间是否相协调，专业分工与计划衔接是否明确合理。

通过专业监理工程师的审核，提出审查意见报总监理工程师，总监理工程师审核后如同意承包单位所报计划，则应签署“本月编制的施工进度计划具有可行性和可操作性，与工程实际情况相符合，满足合同工期及总控制计划的要求，予以通过。同意按此计划组织施工”。如不同意承包单位所报计划，则签署“不同意按此进度计划施工”，并就不同意的原因及理由简要列明。

表 3-7　施工进度计划报审表

<table>
<tr><td>工程名称</td><td>××置地·××湾三期工程 1#楼</td><td>编 号</td><td>××××</td></tr>
<tr><td colspan="4">致：________________（监理单位）

现报上______年______月工程施工进度计划，请予以审批。

附件：1. ___施工进度计划（说明、图表、工程量、工作量、资源配备）__________份

施工单位名称：　　　　　　　　　　　　项目经理（签字）：
年　　月　　日</td></tr>
<tr><td colspan="4">审查意见：

监理工程师（签字）：
年　　月　　日</td></tr>
<tr><td colspan="4">审批结论：

监理单位名称：　　　　　　　　　　　　总监理工程师（签字）：
年　　月　　日</td></tr>
</table>

任务3.3　整理质量控制资料

3.3.1　质量事故报告及处理资料

当发生工程质量事故时，监理单位要以书面报告的形式，经监理单位技术负责人签署意见后，上报至建设单位和建设行政主管部门。

1. 事故处理程序

(1) 事故发生后，监理人员应及时向总监理工程师报告，总监理工程师应及时对事故发生的相关部位下达停工指令。

(2) 总监理工程师应及时向建设单位和本监理单位提交有关质量事故的书面（第一时间先口头报告）报告。

(3) 对需要返工处理或需要加固补强的质量事故，总监理工程师应责令施工单位报送质量事故调查报告和经设计等相关单位认可的处理方案。

(4) 监理单位应监督施工单位实施事故处理方案，并应对质量事故的处理过程和处理结果进行跟踪检查和验收，验收合格后应批准施工单位复工。

(5) 监理单位应将完整的质量事故处理记录整理归档。

(6) 监理单位应将事故的处理结果向工程质量监督部门反馈。

2. 书面报告内容

(1) 事故发生的时间、地点、工程名称、参建单位。

(2) 事故发生的简要经过、伤亡人数和直接经济损失。

(3) 事故发生的原因。

(4) 事故发生后采取的措施及事故控制情况。

(5) 事故的处理意见。

3.3.2　旁站监理记录

旁站是指监理人员在建设工程施工阶段监理中对关键部位、关键工序的施工质量实施全过程现场跟班的监督活动。

旁站监理记录是针对单项工程而言的，按照国家监理规范条例对其进行现场监督指导，并记录施工全过程的情况（表3-8）。旁站监理是监理工作的一个重要环节，必须认真切实地完成并做好记录。

1. 资料要求

(1) 旁站监理必须坚决执行并记录，记录应及时、准确，内容完整、齐全，技术用语规范，文字简练明了。

(2) 经监理工程师验收后，应当将旁站监理记录存档备查。

(3) 签字及盖章必须齐全，不得代签和加盖手章，不签字无效。

2. 旁站监理应记录的内容

(1) 记录旁站监理的部位或工序名称，说明该部位是关键部位或关键工序。

(2) 旁站监理的起止时间、地点、气候与环境（如冬期、酷夏、特殊天气）。

（3）旁站监理施工中执行规范、设计等的情况。例如，混凝土工程中的坍落度、和易性、浇筑厚度、施工缝处理、钢筋位移、保护层厚度、预埋件固定等控制情况。

（4）旁站监理工作中对所监理的关键部位、工序等的质量控制情况，对旁站监理系统的工程质量的总体评价。

（5）旁站监理工作中发现的操作、工艺、质量等方面的问题。

（6）旁站监理中有无突发性事故发生，如有，是什么内容，提出了哪些解决办法。

（7）旁站监理的工程质量结果如何。

（8）其他应记录的内容。

表 3-8　旁站监理记录

工程名称	××置地・××湾三期工程 1# 楼	日期及气候		编号	××××
旁站监理的部位或工序： *三层混凝土浇筑*					
开始时间	*2014 年 10 月 15 日 10：00*	结束时间	*2014 年 10 月 15 日 15：20*		
施工情况： *采用商品混凝土，强度等级为 C30，生产流水号为 HO30910250003，现场采用汽车泵 1 台。*					
监理情况： *检查混凝土坍落度 4 次，实际坍落度 150mm，符合混凝土配合比的要求。制作混凝土试块 2 组（编号：052、053，其中编号为 053 的试块为见证试块），混凝土浇筑过程符合施工验收规范要求。*					
发现问题： *1. 梁下边角振捣不到位，振捣时间不够；* *2. 存在板的面筋被踩下的现象，降低了板的抗弯强度。*					
处理意见： *1. 要求振捣棒插到位，振捣时间以该部位模板缝隙刚好露浆为宜；* *2. 要求施工员到现场指导浇筑，搭好工作桥，增加钢筋支架，及时整理钢筋。下监理通知书一份（接收人为施工单位×××）*					
备　注：					
施工单位名称： 质检员（签字）： 年　月　日			监理单位名称： 旁站监理人员（签字）： 年　月　日		

3.3.3　见证取样和送检见证人员备案表

见证取样和送检是指在工程监理单位人员或建设单位人员的见证下，由施工单位的现场试验人员对工程中涉及结构安全的试块、试件和材料在现场取样，并送至经省以上建设行政主管部门对其资质认可和省以上质量技术监督部门对其计量认证的当地建设工程质量检测机构进行检测。

每个单位工程应设定取样和送检见证人员，见证人员应由该工程的监理单位或建设单位具备岗位资格的专业技术人员担任，并由该工程监理单位或建设单位填写见证取样和送检见证人备案表，通知施工单位，检测、试验单位和负责该工程的质量监督机构（表 3-9）。取样员由施工单位任命，必须具备初级以上专业技术职称资格。

单位工程施工前，监理单位应根据施工单位报送的施工试验计划编制确定有见证取样和送检计划，内容包括单位工程应有见证取样和送检的项目；取样的原则与方式；应做试验、检验总数及见证试验、检验次数等。

1. 见证员开展见证工作的要求

见证员见证材料取样和试件、试块制作的全过程。送检前在试样包装上签名并做好标记。监护试样送到检测单位，向检测单位收样员出示见证员证件。出现不合格试验结果时，做好记录并及时上报项目总监和质监机构。对见证样品的代表性、真实性负责。

2. 取样员开展取样（送检）工作的要求

在见证员的见证下，按有关规范、标准制作和抽取试样。送检前在试样包装上签名并做好标记。在见证员的监护下，将试样送达检测单位，向检测单位收样员出示取样员证件。出现不合格试验结果时，做好记录并及时上报项目负责人及项目技术负责人。对送检样品的代表性、真实性负责。

表 3-9　见证取样和送检见证人备案书

<table>
<tr><td>工程名称</td><td>××置地·××湾三期工程 1#楼</td><td>编号</td><td>××××</td></tr>
<tr><td>质量监督站</td><td></td><td>日期</td><td></td></tr>
<tr><td>检测单位</td><td colspan="3"></td></tr>
<tr><td>施工总承包单位</td><td colspan="3"></td></tr>
<tr><td>专业承包单位</td><td colspan="3"></td></tr>
<tr><td rowspan="3">见证员签字</td><td></td><td rowspan="3">见证员取样和
送检印章</td><td></td></tr>
<tr><td></td><td></td></tr>
<tr><td></td><td></td></tr>
<tr><td>建设单位（章）</td><td></td><td>监理单位（章）</td><td></td></tr>
</table>

3.3.4　见证记录

见证人员应按照见证取样和送检计划，对施工现场的取样和送检进行见证。取样人员应在试样或其包装上做出标识、封志。标识和封志应标明工程名称、取样部位、取样日期、样品名称和样品数量，并由见证人员和取样人员签字。见证人员应制作见证记录，并将见证记录归入施工技术档案（表 3-10）。

见证取样的试块、试件和材料送检时，应由送检单位填写委托单，委托单应有见证员和送检员（一般由取样员担任）签字。

检测单位应进一步落实窗口收样人员的责任，严格对送检样品、见证记录和见证员、送检员资格进行查验，做好记录和签认，并妥善存档备查。

1. 必须实施见证取样和送检的试块、试件和材料

（1）用于承重结构的混凝土试块。

（2）用于承重结构的砌筑砂浆试块。

(3) 用于承重结构的钢筋及连接接头试件。

(4) 用于承重结构的砖和混凝土小型砌块。

(5) 用于拌制混凝土和砌筑砂浆的水泥。

(6) 混凝土、砂浆中使用的掺加剂。

(7) 防水材料。

(8) 建筑门窗及幕墙、暖卫材料、电气材料。

(9) 国家规定必须实行见证取样和送检的其他试块、试件和材料。

2. 不得作为见证取样和送检样品的情况

出现以下情况时，试块、试件和材料不得作为见证取样和送检样品。

(1) 见证员和送检员没有一起将试样送达的。

(2) 见证记录无见证人员、取样人员签字，或签字的见证人员、取样人员资格不符合要求的。

(3) 试样的数量、规格等不符合检测标准要求的。

(4) 封样标识和标志信息不全的。

(5) 封样标识和封志上无取样人员和见证人员签字的。

表 3-10　见证记录

工程名称	××置地·××湾三期工程 1# 楼		编号	××××	
样品名称	*绝热材料*	试件编号	*×××*	取样数量	*1 组*
取样部位/地点	*施工现场 B 段地下一层*		取样日期	*2014 年 9 月 15 日*	
见证取样说明	*材料品种：玻璃棉板 40mm 厚，进场 10000m²，按要求标识、封志。*				
见证取样和送检印章					
签字栏	取样人员		见证人员		

注：本表由监理单位填写，一式三份，建设单位、监理单位、施工单位各留存一份。

3. 见证记录样式及填表说明

“取样部位/地点”应写明所取试样的施工部位及试样的采样地点。

“见证取样说明”应详细写明试样的组成材料有哪些，试样的品种、规格、数量，试样的取样方法，试样的封存、标识、送检是否满足要求。

“见证取样和送检印章”应加盖见证员、取样员的取样和送检印章。

“签字栏”应由取样员、见证员本人签字。

任务 3.4　整理造价控制资料

3.4.1　工程款支付申请表

工程款支付申请表主要用于工程款支付申请（表 3-11）。表中附件是指和付款申请有关的资料，如已完成合格工程的工程量清单、价款计算及其他和付款有关的证明文件和资料。

工程款支付申请中包括合同内工作量、工程变更增减费用、批准的索赔费用、应扣除的预付款、保留金及合同中约定的其他费用。

表3-11　工程进度款支付申请表

工程名称：××置地·××湾三期工程1#楼　　　　编号：××××

致____________________（监理单位） 我方已完成了____________________工程工作，按施工合同规定，建设单位应在____年____月____日前支付该项目工程进度款共（大写）________（小写________），现报上________工程款申请表，请予以审查并开具工程款支付证书。 计算方式： 附件：1. 工程量清单 2. 计算方法 承包单位（章）________________ 项 目 经 理________________ 年　　月　　日

填表说明：

“我方已完成了工作”栏中填写经专业监理工程师验收合格的工程及本支付期内经专业监理工程师验收合格的工程的工作量。

工程量清单（工程量报审表），指本次付款申请中经过专业监理工程师确认已完成合格工程的工程量清单及专业监理工程师（分部须经总监理工程师）验收合格后签认的工程质量认可文件。计算方法：指本次付款申请中经过专业监理工程师确认已完成合格工程的工程量按施工合同约定采用的有关定额的工程价款计算。

根据施工合同约定，需建设单位支付工程预付款的，也可采用此表向监理机构申请支付。工程款申请中如有其他和付款有关的证明文件和资料时，应附有相关证明资料。

3.4.2　工程款支付证书

工程款支付证书是监理单位在收到施工单位的工程款支付申请表后，根据承包合同和有关规定审查复核后签署的，用于建设单位向施工单位支付工程款的证明文件，它是监理单位向建设单位转呈的支付证明书（表3-12）。

工程款支付证书填表要求如下：

（1）工程款支付证书是项目监理机构在收到承包单位的工程款支付申请表后，根据施工合同和有关规定审查复核后签署的应向承包单位支付工程款的证明文件。

（2）承包单位申报款。它指承包单位向监理机构申报工程款支付申请表中申报的工程款额。

表 3-12　工程款支付证书

<table>
<tr><td>工程名称</td><td>××置地·××湾三期工程 1#楼</td><td>编号</td><td>××××</td></tr>
<tr><td colspan="4">致：________________（监理单位）
根据施工合同的规定，经审核________________________（承包单位名称）的付款申请和报表，并扣除有关款项，同意本期支付工程款共（大写）____________，（小写：___）。请按合同规定及时付款。
其中：
1. 承包单位申报款为：
2. 经审核承包单位应得款为：
3. 本期应扣款为：
4. 本期应付款为：
附件：
1. 承包单位工程款支付申请表及附件
2. 项目监理机构审查记录

项目监理机构（章）：
总监理工程师：
日期：</td></tr>
</table>

（3）经审核承包单位应得款。它指承包单位向监理机构申报工程款支付申请表审核后核定的工程款额，包括合同内工程款、工程变更增减费用、经批准的索赔费用等。

（4）本期应扣款。本期应扣款指施工合同约定本期应扣除的预付款、保留金及其他应扣除的工程款的总和。

（5）本期应付款。本期应付款指经审核承包单位应得款额减本期应扣款额的余额。

（6）承包单位工程款支付申请表及附件。它指承包单位向监理机构申报的工程款支付申请表及其附件。

（7）项目监理机构审查记录。它指总监理工程师指定专业监理工程师对承包单位向监理机构申报的工程款支付申请表及其附件进行审查的记录。

（8）总监理工程师指定专业监理工程师对工程款支付申请中包括合同内工作量、工程变更增减费用、经批准的费用索赔、应扣除的预付款、保留金及施工合同约定的其他支付费用等项目逐项审核，并填写审查记录，提出审查意见报总监理工程师审核签认。

3.4.3　工程变更费用报审表

工程变更费用报审是承包单位收到总监理工程师签认的《工程变更单》后，在施工合同约定的期限（工程变更确认后 14 天）内就变更工程价款报项目监理机构审核确认（表 3-13）。

总监理工程师应在施工合同规定的期限（在收到《工程变更费用报审表》之日起 14 天）内签发《工程变更费用报审表》，在签认《工程变更费用报审表》前应与建设单位、承包单位协商。

工程变更费用报审表填写要求如下：

（1）施工单位根据工程变更单完成的工程量填写工程变更费用报审表并报项目监理部审查。工程变更，一般是指施工条件和设计的变更，根据国际咨询工程师联合会制定的《FIDIC 土木工程施工合同条件》，变更工程通常有下列几种情况：

① 增加或减少合同中所包括的任何工程的数量。

② 取消任何这类工程（不包括取消拟由业主或其他承包人的工程）。

③ 改变任何这类工程的性质或质量或种类。

④ 改变工程任何部分的标高、线形、位置和尺寸。

⑤ 实施工程完工所必要的任何种类附加工作。

⑥ 改变工程任何部分的任何规定的施工次序或时间安排。

（2）工程变更由业主单位提出要求的，相应费用由业主承担；由于客观条件的影响（如施工条件、天气等）而产生的，在合同规定范围内的，按合同规定处理，否则应由双方协商解决。在明确费用承担者的情况下，要尽可能准确地统计已造成的损失和变更后可能带来的损失。经双方协商同意的工程变更，应有书面材料作为正式文件；涉及设计变更的，还必须有设计单位的意见，以此作为工程价款结算的依据。

表 3-13　工程变更费用报审表

<table>
<tr><td>工程名称</td><td colspan="5">××置地·××湾三期工程 1# 楼</td><td>编 号</td><td>××××</td></tr>
<tr><td colspan="8">致：________________（监理单位）
根据第（　　）号工程变更单，申请费用如下表，请审核。</td></tr>
<tr><td rowspan="2">项目名称</td><td colspan="3">变更前</td><td colspan="3">变更后</td><td rowspan="2">工程款
增（+）减（-）</td></tr>
<tr><td>工程量</td><td>单价</td><td>合价</td><td>工程量</td><td>单价</td><td>合价</td></tr>
<tr><td></td><td></td><td></td><td></td><td></td><td></td><td></td><td></td></tr>
<tr><td></td><td></td><td></td><td></td><td></td><td></td><td></td><td></td></tr>
<tr><td></td><td></td><td></td><td></td><td></td><td></td><td></td><td></td></tr>
<tr><td></td><td></td><td></td><td></td><td></td><td></td><td></td><td></td></tr>
<tr><td>合　计</td><td></td><td></td><td></td><td></td><td></td><td></td><td></td></tr>
<tr><td colspan="8">施工单位名称：　　　　项目经理（签字）：
年　月　日</td></tr>
<tr><td colspan="8">审查意见：
监理工程师（签字）：
年　月　日
监理单位名称：　　　　总监理工程师（签字）：
年　月　日</td></tr>
</table>

3.4.4　费用索赔申请表

本表是由施工单位填写，报送项目监理机构，本表审批的索赔金额应作为结算依据（表 3-14）。

1. 费用索赔的报审程序

承包单位在施工合同规定的期限（索赔事件发生后 28 天）内向项目监理机构提交对建

设单位的费用索赔意向通知。

总监理工程师指定专业监理工程师收集与索赔有关的资料，如各项记录、报表、文件、会议纪要等。

承包单位在承包合同规定的期限（发出索赔意向通知后28天）内向项目监理机构提交对建设单位的费用索赔申请表。

总监理工程师根据承包单位报送的费用索赔申请表安排专业监理工程师进行审查，在符合《建设工程监理规范》（GB 50319—2013）规定的条件时，予以受理。但如果依法成立的施工合同中另有规定时，则按施工合同办理。

2. 费用索赔申请表的填写要求

费用索赔申请是指承包单位向建设单位提出费用索赔，报项目监理机构审查、确认和批复。

（1）“根据施工合同____________条款的规定”栏填写提出费用索赔所依据的施工合同条目。

（2）“由于________________________________的原因”栏填写导致费用索赔的事件。

（3）索赔的详细理由及经过，指索赔事件造成承包单位的直接经济损失，索赔事件是对由于非承包单位的责任而发生情况的详细理由及事件经过的描述。

（4）索赔金额的计算，指索赔金额计算书，索赔的费用内容一般包括人工费、设备费、材料费、管理费等。

（5）证明材料，指上述两项所需的各种证明材料，包括合同文件、监理工程师批准的施工进度计划、合同履行过程中的来往函件、施工现场记录、工地会议纪要、工程照片、监理工程师发布的各种书面指令、工程进度款支付凭证、检查和试验记录、汇率变化表、各类财务凭证、其他有关资料。

表3-14　费用索赔申请表

<table>
<tr><td>工程名称</td><td>××置地·××湾三期工程1#楼</td><td>编 号</td><td>××××</td></tr>
<tr><td colspan="4">致：______________________（监理单位）
根据施工合同__________条款的规定，由于______________________________的原因，我方要求索赔金额共计人民币（大写）　　　　　　　　元，请批准。
索赔的详细理由及经过：

索赔金额的计算：

附件：证明材料

施工单位名称：　　　　　　　　项目经理（签字）：
年　月　日</td></tr>
<tr><td colspan="4">审查意见：

监理工程师（签字）：
年　月　日

监理单位名称：　　　　　　　　总监理工程师（签字）：
年　月　日</td></tr>
</table>

监理单位需根据合同条款审查，还应注意索赔理由是否正确；索赔事件有无证据；索赔事件的措施是否得当，申报是否及时等。表中所列索赔金额的计算，应由各专业监理工程师根据索赔事件调查认可的事实，会同各方协商一致的款额给予认定。总监理工程师应在施工合同规定期限内签署本表，或在施工合同规定的期限内发出要求施工单位提交有关索赔报告的进一步详细资料的通知。

索赔费用只能是承包单位实际发生的费用，而且通常不包括利润，仅涉及直接费和管理费，只有遇到工程变更时，才有可能包括利润。

任务 3.5　工期管理文件

3.5.1　工程延期申请表

1. 工程延期报审的程序

(1) 承包单位在施工合同规定的期限内，向项目监理机构提交对建设单位的延期意向通知书。

(2) 总监理工程师指定专业监理工程师收集与延期有关的资料。

(3) 承包单位在承包合同规定的期限内向项目监理机构提交工程延期申请表（表 3-15）。

(4) 总监理工程师指定专业监理工程师初步审查工程延期申请表是否符合有关规定。

(5) 总监理工程师进行延期核查，并在初步确定延期时间后，与承包单位及建设单位进行协商。

(6) 监理工程师应在施工合同规定的期限内签署工程延期审批表，或在施工合同规定期限内发出要求承包单位提交有关延期的进一步详细资料的通知，待收到承包单位补交的详细资料后，按上述后两步程序进行。

2. 可能导致工程延期的原因

(1) 监理工程师发出的工程变更指令导致工程量增加。

(2) 施工合同中规定的任何可能造成工程延期的原因，如延期交图、工程暂停及不利的外界条件等。

(3) 异常恶劣的气候条件。

(4) 由建设单位造成的任何延误、干扰或障碍等，如未按施工合同及时提供场地、未及时付款等。

(5) 施工合同规定，承包单位自身以外的其他任何原因。

3. 工程延期申请表的填表要求

“根据施工合同条款______________条的规定”填写提出工期索赔所依据的施工合同条目。“由于__________的原因”填写导致工期拖延的事件。

“工程延期的依据及工期计算”指索赔所依据的施工合同条款、导致工程延期事件的事实、工程拖延的计算方式及过程。

“合同竣工日期”指建设单位与承包单位签订的施工合同中确定的竣工日期或已最终批准的竣工日期。“申请延长竣工日期”指合同竣工日期加上本次申请延长工期后的日期。

"证明材料"指本期申请延长的工期所有能证明非承包单位原因导致工程延期的材料。

表 3-15　工程延期申请表

<table>
<tr><td>工程名称</td><td>××置地·××湾三期工程 $1^{\#}$ 楼</td><td>编 号</td><td>××××</td></tr>
<tr><td colspan="4">致：________________（监理单位）

根据合同条款____________条的规定，由于____________________的原因，申请工程延期，请批准。
工程延期的依据及工期计算：

合同竣工日期：

申请延长竣工日期：

附：证明材料

施工单位名称：　　　　　　　　　　项目经理（签字）：
年　月　日</td></tr>
<tr><td colspan="4">审查意见：

监理单位名称：　　　　　　　　　　总监理工程师（签字）：
年　月　日</td></tr>
</table>

3.5.2　工程延期审批表

工程延期审批表是在影响工期事件全部结束后，项目监理机构在详细研究并评审影响工期的全部事件及其对工程总工期影响的基础上，批准承包单位最终有效延期时间的资料（表 3-16）。

总监理工程师在签认工程延期前应与建设单位、承包单位协商，宜与费用索赔一并考虑处理。

1. 工期延期批准的协商和时间确定

（1）延期批准的协商

项目监理机构在做出临时工程延期或最终工程延期批准之前，均应与建设单位和承包单位协商；项目监理机构审查和批准临时延期或最终工程延期的程序与费用索赔的处理程序相同。

（2）工程延期时间的确定

计算工程延期批准值的直接方法就是通过网络分析计算，对于一些工程变更或明显处于关键线路上的工程延误，也可以通过比例分析法或实测法得出结果。

2. 确定工程延期批准的时间和步骤

（1）项目监理机构在审批工程延期时，应依下列情况确定批准工程延期的时间：

施工合同中有关工程延期的约定；工期拖延和影响工期事件的事实和程度；影响工期事件对工程影响的量化程度。

（2）在确定各影响工期事件对工期或区段工期的综合影响程度时，可按下列步骤进行：

① 以事先批准的详细的施工进度计划为依据，确定假设工程不受影响工期事件影响时应该完成的工作或应该达到的进度；② 详细核实受该影响工期事件影响后，实际完成的工作或实际达到的进度；③ 查明因受该影响工期事件的影响而受到延误的作业工种；④ 查明实际的进度滞后是否还有其他影响因素，并确定其影响程度；⑤ 最后确定该影响工期事件对工程竣工时间或区段竣工时间的影响值。

3. 填表说明

“根据施工合同条款_____条的规定，我方对你方提出的_____工程延期申请……”分别填写处理本次延长工期所依据的施工合同条目和承包单位申请延长工期的原因。

“第______号”栏填写承包单位提出的最后一个工程临时延期报审表编号。

在影响工期事件结束，承包单位提出的最后一个工程临时延期申请表被批准后，总监理工程师应指定专业监理工程师复查工程延期及临时延期审批的全部情况，详细地研究、评审影响工期事件对工程总工期的影响程度及应由建设单位承担的责任和承包单位所采取的缩小延期事件影响的措施等。根据复查结果，提出同意工期延长的日历天数，或不同意延长工期的意见，报总监理工程师最终审批。若不符合承包合同约定的工程延期条款或计算不影响最终工期，项目监理机构在不同意延长工期前“□”内划“√”，需延长工期时在同意延长工期前“□”内划“√”。

“同意工期延长”的日历天数为由于影响工期事件原因使最终工期延长的总天数。

“原竣工日期”指承包合同签订的工程竣工日期或已批准修改的竣工日期。

“延迟到的竣工日期”指原竣工日期加上同意工期延长的日历天数后的日期。

“说明”栏应翔实说明本次影响工期事件和工期拖延的事实和程度，处理本次延长工期所依据的施工合同条款，工期延长计算所采用的方法及计算过程等。

表3-16　工程延期审批表

工程名称	××置地·××湾三期工程1#楼	编号	××××
致：____________（承包单位） 根据施工合同条款________条的规定，我方对你方提出的_______工程延期申请（第_____号）要求延长工期______日历天的要求，经过审核评估： □同意工期延长______日历天。使竣工日期（包括已指令延长的工期）从原来的___年___月___日延迟到___年___月___日。请你方执行。 □不同意延长工期，请按约定的竣工日期组织施工。 项目监理机构（章）： 总监理工程师： 日期：			

4. 资料要求

最终延期时间是指承包商对一次影响工期事件的终结或最终延期申请批准后的累计时间，但并不是每一项延期时间的累加。如果后面批准的延期内包含有前一个批准延期的内容，则前一项延期的时间以累计。

最终延期的提出应依据真实，审查批复必须严格，延时必须发生在关键线路上。

承包单位提出工程延期和批准延期均必须在规范限定的时间内。

工程最终延期审批项目监理机构必须加盖公章，经专业监理工程师签字，总监理工程师审核同意签字后发出，不得代签和加盖手章，不签字无效。

本表由项目监理机构填写，总监理工程师或专业监理工程师签字后下发。

任务 3.6　整理监理验收文件

3.6.1　工程质量评估报告

工程质量评估报告由监理单位填写，报告中各条存在的具体问题应予提出，填写每条内容时均可加附页（表 3-17）。

表 3-17　监理工程质量评估报告

<table>
<tr><td>单位工程名称</td><td colspan="3"></td></tr>
<tr><td>监理单位名称</td><td colspan="3"></td></tr>
<tr><td>监理单位地址</td><td colspan="3"></td></tr>
<tr><td>监理单位邮编</td><td></td><td>联系电话</td><td></td></tr>
<tr><td colspan="4">质量验收意见：
______________工程经过监理业务招投标，我中标后公司与业主签定了工程施工监理合同，按监理规范规定建立了以国家注册监理工程师______为项目总监的监理工作质量保证体系，配备各专业监理人员，落实岗位责任制，并长驻现场依法对本工程施工阶段实施了全过程监理。现其所含的各分部分项工程均已完工。
在监理过程中，本公司项目监理部主要做了以下工作：
1. 编制了监理规划、各分部工程施工监理实施细则、监理旁站方案、见证取样送检计划；按阶段编制了基础、主体监理小结和竣工监理总结；
2. 开工前审核了施工单位质量安全保证体系和施工组织设计、各专项施工方案；
3. 工程施工过程中严格按照设计文件、国家有关验收规范和强制性条文等要求，对关键的部位和隐蔽工程均实施了旁站并做好旁站记录，对所有分部分项工程均采取了巡视、平行检验和指令性文件等手段进行现场有效控制；
4. 严格执行工程材料设备进场报验和见证取样制度，按《取样送检计划》对每批进场钢筋、水泥、砖材、防水材料等原材料以及混凝土、砂浆试块、钢筋连接件均按要求进行了旁站取样和送检，用于工程的各项材料和设备均为检验合格；
5. 严格执行工程报验制度，对隐蔽工程和各分项检验批按施工工序跟班到位，在施工单位自检合格的基础上，按规定进行了检查和验收；
6. 在施工过程中监督施工单位对质监站提出的“质量问题整改通知单”及监理签发的“监理工程师通知单”等按要求和时限进行整改并组织了复查、消号；
经本公司核查，__________工程的___个分部工程质量评述如下：
1. 地基与基础分部：共___个子分部，___个分项，___个检验批；
地基静载试验三个承台均符合设计承载力要求。环刀法测试 7 组干密度均大于 90%，符合规范要求。
2. 主体结构分部：共___个子分部，___个分项，___个检验批；
基础及主体施工钢筋的规格、数量；钢筋的制作，安装；钢筋的搭接、锚固长度及钢筋的焊接质量均符合设计及验收要求。</td></tr>
</table>

续表

<table>
<tr><td colspan="2">

基础及主体验收混凝土表面平整，无蜂窝、露筋等缺陷。预应力大梁张拉合理，数据正确，资料齐全。砌体合理，其垂直度、平整度、灰缝饱满度符合施工验收及观感验收要求，砂浆试块抗压强度大于 M7.5 设计要求。各分部留置的混凝土试块组数符合规范要求，其抗压强度分别经数理、非数理统计合格。
3. 建筑装饰装修分部：共____个子分部，____个分项，____个检验批；
(1) 楼地面观感质量符合要求，强化木地板与墙面不紧贴，有松动，局部地面砖有空鼓；
(2) 抹灰工程总体线条平直，棱角清晰，表面平整，细部处理粗糙；
(3) 内外墙饰面砖材质符合要求，粘贴基本牢固，缝隙基本一致，色泽均匀，局部平整度不佳；
(4) 门窗工程：铝合金门窗、玻璃幕墙施工组织合理，观感质量一般；木门窗制作粗糙，安装缝隙不均匀，个别缝隙超标；
(5) 细部处理：吊顶材质及观感质量符合要求，栏杆安装牢固，玻璃安装个别仍有倾斜。
4. 建筑屋面分部：共____个子分部，____个分项，____个检验批；
屋面材质符合设计要求，施工程序基本合理，坡度基本符合设计要求。但生活楼屋面保温层下积水未处理，目前不影响使用。
5. 建筑安装分部：共____个子分部，____个分项，____个检验批；
出厂合格证、安装符合施工验收规范，并经水压测试、管道清洗、电气接地电阻、绝缘电阻测试均符合设计及施工验收要求。
经检查本工程各检验批及分项实体基本符合设计及验收规范要求，质量合格，各分部分项质量控制资料和有关安全及使用功能控制资料基本完整，各项抽查结果基本符合相关专业质量验收规范的规定。外观大角方正、顺直，面料均匀，无明显色差，细部处理略粗糙，局部较差需整改，观感质量评定一般。
本公司核定____________工程质量综合评价为合格。

</td></tr>
<tr><td>总监理工程师：
年　月　日</td><td rowspan="3">监理企业盖章</td></tr>
<tr><td>企业法人代表：
年　月　日</td></tr>
<tr><td></td></tr>
</table>

1. 编写依据

有关法律、法规以及技术标准和工程承包合同。

2. 编写内容

(1) 地基基础、主体结构、使用功能方面

施工是否符合设计要求；原材料、构配件及设备是否符合规定要求；规定的试验、检验项目是否全部完成、有效；所有隐蔽工程是否符合规定要求；对分部工程、分项工程和检验批工程是否进行了验收；对建设行政主管部门、质量监督机构及监理单位提出问题的整改情况是否仍存在有争议的问题；施工进度是否符合要求，工期是否合理；是否存在违法分包和转包现象。

(2) 单位工程质量验收

是否按照工程质量验收规范中单位工程质量验收的内容，对单位工程质量进行了主验收；是否完成工程承包合同规定的内容。

（3）质量事故处理情况

事故件数、发生日期、处理方案执行情况；事故处理是否还存在有争议的问题；是否尚存隐患。

（4）其他方面

指以上内容未包含，但需要在报告中提出的内容。

3.6.2 监理资料移交书

在工程竣工验收合格的2个月内，监理单位应将监理资料移交建设单位归档（表3-18）。归档的内容主要包括：监理合同，项目监理规划及监理实施细则，监理月报，会议纪要，分项、分部工程施工报验表，质量问题和质量事故的处理资料，造价控制资料，工程验收资料，监理通知，合同其他事项管理资料，监理工作总结。

监理资料的移交应符合下列条件：

（1）工程完工后，并具备竣工验收条件。

（2）除配合竣工结算审核、审计等以外，监理项目工作结束，无监理自身遗留问题。

（3）移交资料内容完整、真实，整理规范，符合相关要求。

表3-18 监理资料移交书

工程名称	××置地·××湾三期工程 $1^{\#}$ 楼	编号	××××
致：________________（监理单位） 我方已按合同要求完成了____________________工程监理资料的归档整理，经自检合格，请予以接收。 附件： 监理单位（章）： 总监理工程师： 日期：			
审核意见： 建设单位（章）： 建设单位代表： 日期：			

复习思考题

1. 监理规划应包括哪些主要内容？
2. 监理实施细则的编制要求是什么？
3. 简述事故处理的程序。
4. 简述旁站监理记录应记录的内容。
5. 简述费用索赔的报审程序。
6. 监理资料的移交应符合哪些条件？

项目4　工程施工资料管理

知识目标：

熟悉施工文件的管理流程。

能够规范填写施工过程中的文件表格。

能对施工管理文件、质量控制文件进行收集和分类整理。

能力目标：

完成各种施工文件表格的填写、报审和报批。

完成施工文件的分类和整理。

工程施工资料是工程建设施工过程的完整记录，是以文字、图、表等形式表述建成的工程，它应该准确地描述该工程全部的内在质量并可以随时再现给大家。本项目按照施工的主要控制环节将施工文件划分为施工管理文件、施工技术文件、进度造价文件、施工物资文件、施工记录文件、施工试验记录及检测文件、施工质量验收文件、施工验收文件八个方面。施工文件用大写英文字母“C”表示，即C类，按C1～C8共八小类排列编号。

任务4.1　整理施工准备资料

在建设项目施工的过程中，按照国家的有关规范规定，应该形成一整套工程施工资料。这套资料应该全面、完整地记录从施工准备开始直至竣工验收的整个施工过程的施工管理情况，所使用和安装的材料、设备的情况，施工的整个过程和工程内在质量状况。

4.1.1　工程概况表

工程概况表是对工程基本情况的简要描述，应包括单位工程的一般情况、构造特征等（表4-1）。

“工程名称”栏要填写全称，应与建设工程规划许可证、建设工程施工许可证、施工图纸中图签的名称一致。建筑面积、开竣工日期、结构类型、建筑层数等如实填写，建筑面积、结构类型、建筑层数与施工图中一致，开竣工日期应是实际开工、竣工的日期，建安工程量按施工合同如实填写。

“工程地址”栏应填写邮政地址，写明市区（县）、街道门牌号。

建设单位、勘察单位、设计单位、监理单位、施工单位的填写均用法人单位的名称全称，应与有关合同中的名称一致。

“结构及装修概况”栏应结合工程设计要求，按照设计文件简要描述基础、主体结构、屋面、楼地面、门窗、外装饰、内装饰、水、暖、卫、电气等主要项目及内容，应做到重点突出，描述全面扼要。安装工程应简要描述工程所含各安装系统名称及主要设备名称。

“附注”栏中可填写一个具体工程独自具有的某些特征或特殊需要说明的内容，还可以填写采用的新材料、新产品、新技术、新工艺。

表 4-1　工程概况表

工程名称	××置地·××湾三期工程 1# 楼		工程地址		
工程类型	□1. 建筑　□2. 设备安装　□3. 装修工程			预（概）算建安工作量	
	□1. 新建　□2. 扩建　□3. 改建			元	
投资类别	□1. 外资；□2. 合资；□3. 国有；□4. 集体；□5. 民营			其中：桩基	万元
建筑面积	m^2	层　数		土建	万元
结构类型		开工日期	年　月　日	安装	万元
完工日期	年　月　日	验收日期	年　月　日	装修	万元
单　位　名　称			资质等级	法人代表	项目负责人
建设单位					
勘察单位					
设计单位					
监理单位					
施工单位	总包				
	分包				
结构及装修概况	基　础	*地下室除注明外均为现浇钢筋混凝土底板，侧墙及顶盖（即±0.000 楼板面）厚度等均详见结构施工图，地下室底板、侧壁、顶板均采用混凝土掺加 UEA 自防水作法。*			
	主体结构	*±0.000 以上建筑外墙均采用 190mm×190mm×190mm 小孔承重空心砖 M5 混合砂浆砌筑。*			
	屋　面	*屋面防水等级为Ⅱ级，粘铺施工前应仔细检查基层是否平整，施工时应严格执行国家有关规范，屋面排水坡分水线应按图施工，按设计坡度坡向雨水口，雨水口落水口处用 JS-水泥基防水涂料施工。*			
	楼、地面	*卫生间、厨房、楼地面作 0.5%坡向地漏或排水沟。卫生间、厨房作 200mm 高同墙宽的 C20 混凝土墙脚，卫生间墙面、地面及厨房地面做 1.5mm 厚 JS-水泥基防水涂料。*			
	门　窗	*木门采用瓷漆一底二度，颜色奶黄色。本工程门窗所采用塑钢门窗，均为蓝色框，白色玻璃门窗，入户门采用成品乙级防火防盗门。*			
	外装饰	*裙房局部 1200mm×400mm 文化砖饰面，缝宽 20mm。*			
	内装饰				
	水、暖、卫				
	电　气				
附注：					

复核人：　　　　　　　　　　　　　　　　填表人：

4.1.2　施工现场质量管理检查记录

施工现场质量管理检查记录是健全的质量管理体系的具体体现，是承包单位在工程开工后提请项目监理机构对有关制度、技术组织与管理、质量管理体系等进行检查与确认（表4-2）。

1. 相关规定及要求

本表是考核施工单位施工控制条件准备情况，以保证开工后能持续施工，保证工程质量。本表由施工单位的现场负责人按规定填写，并附上有关资料，报项目监理机构总监理工程师审查。监理单位审查后应做出检查结论。本表应在施工单位进场后、开工前填写。

2. 表头部分的填写说明

参与工程建设各方责任主体的概况，由施工单位的现场负责人填写。

“工程名称”应填写工程的全称，与合同或招投标文件中的工程名称一致。

“施工许可证”应填写当地建设行政主管部门批准发给的施工许可证的编号。

“建设单位”应填写合同文件的甲方，单位名称写全称，与合同签章上的单位名称相同。建设单位“项目负责人”栏应填写合同书上签字人或签字人以文字形式委托的代表，即工程的项目负责人。工程完工后竣工验收备案表中的单位项目负责人应与此一致。

“设计单位”应填写设计合同中签章单位的名称，其全称应与印章上的名称一致。设计单位“项目负责人”栏应填写设计合同书签字人或签字人以文字形式委托的该项目负责人。工程完工后竣工验收备案表中的单位项目负责人应与此一致。

“监理单位”应填写单位全称，应与合同或协议书中的名称一致。

“总监理工程师”栏应填写合同或协议书中明确的项目监理负责人，也可以是监理单位以文件形式明确的该项目监理负责人（必须有监理工程师任职资格证书，专业要对口）。

“施工单位”应填写施工合同中签章单位的全称，与签章上的名称一致。“项目经理”、“项目技术负责人”栏的内容应与合同中明确的项目经理、项目技术负责人一致。

表头部分可统一填写，不需具体人员签名，只是明确相关人员的地位。

3. 检查项目部分的填写说明

现场质量管理制度：审查现场质量管理制度的种类及其内容是否齐全、有针对性、时效性，是否具备质量管理体系运行自行检查机制，各级专职质量检查人员的配备情况等。

质量责任制：审查其是否具备基本的质量管理制度，并能落实到位的情况。主要有岗位责任制、质量例会、检查制度、奖罚制度等。

主要专业工种操作上岗证书：审查主要专业工种上岗证书是否齐全和符合要求。起重司机、焊工、塔吊司机等必须要有证书。

分包方资质与分包单位管理制度：审查分包方资质是否符合工程规模要求；总包单位对分包单位管理的制度是否健全。主要有定期检查制度、分包单位的报验制度等是否健全。

施工图审查：施工图的设计交底是否完成，施工单位是否已确认。

地质勘察资料：设计单位出具的地质勘察报告及相应编号。

施工组织设计、施工方案及审批：检查施工组织设计编写的质量措施的可操作性，对工程的针对性，以及有关方案是否按规定的程序进行了审批。

施工技术标准：施工技术标准分两部分，一部分是相应的有关国家工程质量验收规范及标准；一部分是操作规程、企业标准等操作依据，审查其是否基本具备。

工程质量检验制度包括三个方面：一是材料、设备进场及使用前的抽样检验制度；二是施工过程的试验、调试检测制度；三是竣工工程有关功能、安全的抽查检测制度。

搅拌站及计量设置：一般采用商品混凝土，此项不检查。

现场材料、设备存放与管理：主要是指一些可变质材料的管理制度、存放设施及管理人员的配置情况。

表 4-2　施工现场质量管理检查记录

开工日期：

工程名称	××置地·××湾三期工程 1# 楼		施工许可证	
建设单位			项目负责人	
设计单位			项目负责人	
监理单位			总监理工程师	
施工单位		项目经理	项目技术负责人	

序号	项　目	内　容
1	现场质量管理制度	*质量例会制度；月评比及奖罚制度；三检及交接检制度；质量与经济挂钩制度。*
2	质量责任制	*岗位责任制；设计交底会制度；技术交底制度；挂牌制度。*
3	主要专业工种操作上岗证书	*测量工、钢筋工、超重工、电焊工、架子工证。*
4	分包方资质与对分包单位的管理制度	
5	施工图审查情况	*审查报告及审查批准书。*
6	地质勘察资料	*地质报告书。*
7	施工组织设计、施工方案及审批	*施工组织设计、编制、审核、批准齐全。*
8	施工技术标准	*模板、钢筋、混凝土灌注等 20 多种。*
9	工程质量检验制度	*有原材料及施工检验制度。*
10	搅拌站及计量设置	*有计量设施精确度及控制措施。*
11	现场材料、设备存放与管理	*钢材、砂、石、水泥及玻璃、地面砖的管理办法。*
12		

检查结论：

现场质量管理基本完整。

总监理工程师：

（建设单位项目负责人）：　　　　年　月　日

4.1.3　企业资质证书及相关专业人员岗位证书

施工单位承揽工程项目时，必须满足相应的资质要求，其项目经理及关键技术岗位的专业人员（包括施工员、预算员、质检员、安全员、材料员、机械员、测量员、资料员）也必须具备上岗资格。

施工单位的企业资质证书复印件、项目经理职业资格证书复印件及专业人员的上岗证书复印件需要存档。

4.1.4　分包单位资质报审表

分包单位资质报审表是施工总承包单位实施工程分包时提请监理单位对其分包单位资质审查确认的批复（表 4-3）。

监理单位对审查不合格的分包单位应予以否决，指令施工单位另外选择分包单位并重新报审。分包单位的资质审查是审查施工单位是否符合拟分包工程的实际情况，而不是亲自或直接选择分包单位。

1. 分包单位审核程序

（1）承包单位应在工程项目开工前或拟分包的分项、分部工程开工前，填写《分包单位资格报审表》，附上经其自审认可的分包单位的有关资料，报项目监理机构审核。

（2）项目监理机构在工程项目开工前或拟分包的分项、分部工程开工前审核完成。

（3）项目监理机构和建设单位认为必要时，可会同承包单位对分包单位进行实地考察，以验证分包单位有关资料的符合性。

（4）分包单位的资格符合有关规定并满足工程需要，由总监理工程师签发《分包单位资格报审表》，予以确认。

（5）分包合同签订后，承包单位应采用书面形式申请并附上分包合同，报送监理机构备案。

（6）项目监理机构发现承包单位存在转包、肢解分包、层层分包等情况，应签发《监理工程师通知单》予以制止，同时报告建设单位及有关部门。

（7）总监理工程师对分包单位资格的确认不解除总包单位应负的责任。

2. 分包单位资格报审内容

承包单位对部分分项、分部工程（主体结构工程除外）实行分包必须符合施工合同的规定；分包单位的营业执照、企业资质等级证书、特种行业施工许可证、国外（境外）企业在国内承包工程许可证；分包单位的业绩；拟分包工程内容和范围；专职管理人员和特种作业人员的资格证、上岗证。

建设单位与承包单位签定的施工合同中，如已明确分包单位，承包单位可不再对分包单位资格进行报审。

3. 分包单位资质报审表的填写要求

分包单位：按分包施工合同所列“分包单位”全称填写。

分包单位资质材料：指按原建设部第 159 号令颁布的《建筑业企业资质管理规定》，经建设行政主管部门进行资质审查核发的，具有相应专业承包企业资质和劳务分包企业资质的建筑业企业资质证书正、副本和企业法人营业执照副本。

分包单位业绩材料：填写分包单位近三年所承建的分包工程名称，质量等级证书（证明）附后。

分包工程名称（部位）：按分包施工合同书中发包单位提供的名称（部位）填写。

工程数量：指分包工程项目的数量。

拟分包工程合同款：指分包工程合同中实际签定的金额。

分包工程占全部工程：指分包工程的工程量占全部工程的工程量的百分比。

专业监理工程师审查意见：专业监理工程师应对承包单位所报材料逐一进行审查，主要审查内容：对取得施工总承包企业资质等级证书的分包单位，审查其核准的营业范围与拟承担的分包工程是否相符；对取得专业承包企业资质证书的分包单位，审查其核准的等级和范围与拟承担分包工程是否相符；对取得劳务分包企业资质的，审查其核准的资质与拟承担的分包工程是否相符，在此基础上，项目监理机构和建设单位认为必要时，会同承包单位对分包单位进行调查，主要核实承包单位的申报材料与实际情况是否属实。

在审查分包单位资格时，专业监理工程师应严格注意承包单位的发包性质，确认发包工程是否属于转包、肢解分包、层层分包等行为。对于工程的违法分包及转包行为一律禁止。

专业监理工程师在审查承包单位报送分包单位有关资料，调查核实的基础上，提出审查意见、调查报告（必要时）附报审表后，根据审查情况，如认定该分包单位具备分包条件，则批复“该分包单位具备分包条件，拟同意分包，请总监理工程师审核”；如认为不具备分包条件应简要指出不符合条件之处，并签署“拟不同意分包，请总监理工程师审核”的意见。

总监理工程师审查意见：总监理工程师对专业监理工程师的审查意见、调查报告进行审核，如同意专业监理工程师意见，签署“同意分包”；如不同意专业监理工程师意见，应简要指明与专业监理工程师的审查意见的不同之处，并签认是否同意分包的意见。

表 4-3　分包单位资格报审表

工程名称	××置地·××湾三期工程 1#楼	编 号	
致：＿＿＿＿＿＿＿＿＿＿（监理单位） 经考察，我方拟选择＿＿＿＿＿＿＿＿＿＿＿＿（分包单位）承担下列工程的施工。分包后，我方仍然承担总承包单位的全部责任。请予以审批。 附： 1. 分包单位营业执照、企业资质等材料 2. 分包单位业绩材料			
分包工程名称（部位）	工程数量	拟分包工程合同额	分包工程占全部工程
施工单位名称：　　　　项目经理（签字）：　　　　年　月　日			
监理工程师审查意见： 监理工程师（签字）： 年　月　日			
总监理工程师审批意见： 监理单位名称：　　　　总监理工程师（签字）： 年　月　日			

4.1.5　建设工程质量事故调查、勘查记录

建设工程质量事故是指在工程建设过程中或在交付使用后，由于建设、勘察、设计、施工、监理等单位违反工程质量的有关法律法规和工程建设标准，使工程产生结构安全、重要使用功能方面的质量缺陷，造成人身伤亡或者重大经济损失的事故。

工程质量事故发生后，事故现场的有关人员应当立即向工程建设单位负责人报告，工程建设单位负责人接到报告后，应于 1 小时内向事故发生地的县级以上人民政府建设行政主管部门及有关部门报告。

建设行政主管部门逐级上报事故情况时，每级上报时间不得超过 2 小时，并且应当按照有关部门的授权或委托有关部门组织事故调查组，对事故进行调查，核实事故基本情况，核查事故项目的基本情况，分析事故的直接原因和间接原因，认定事故的性质和事故责任（表 4-4）。

表 4-4　建设工程质量事故调（勘）查记录

编号：

<table>
<tr><td>工程名称</td><td colspan="3">××置地·××湾三期工程 1# 楼</td><td colspan="2">发生/发现日期</td><td>年　月　日</td></tr>
<tr><td>调（勘）查时间</td><td colspan="6">年　月　日　时　分至　时　分</td></tr>
<tr><td>勘查地点</td><td colspan="6"></td></tr>
<tr><td>参加人员</td><td>单　　位</td><td>姓　名</td><td>性　别</td><td>年　龄</td><td>职　务</td><td>电话等其他</td></tr>
<tr><td>被调查人</td><td></td><td></td><td></td><td></td><td></td><td></td></tr>
<tr><td rowspan="2">陪同调（勘）查人员</td><td></td><td></td><td></td><td></td><td></td><td></td></tr>
<tr><td></td><td></td><td></td><td></td><td></td><td></td></tr>
<tr><td colspan="7">2014 年 9 月 19 日在六层柱混凝土施工时，由于振捣工没有按照混凝土振捣操作规程操作，致使六层 1-A 轴交接处一根柱混凝土发生漏筋、漏石、孔洞等质量事故。</td></tr>
<tr><td>现场物证照片</td><td colspan="6">□有　　□无　　共　　张　　共　　页</td></tr>
<tr><td>事故证据资料</td><td colspan="6">□有　　□无　　共　　张　　共　　页</td></tr>
<tr><td>被调查人签字</td><td colspan="2"></td><td colspan="2">调（勘）查人</td><td colspan="2"></td></tr>
</table>

4.1.6　建设工程质量事故报告书

工程质量事故是指在工程建设过程中或在交付使用后，因勘察、设计、施工等过失造成工程质量不符合有关技术标准、设计文件以及施工合同规定的要求，需加固补强、返工、报废及造成人身伤亡或者重大经济损失的事故。对其发生情况及处理的记录形成工程质量事故报告和工程质量事故处理记录（表 4-5）。

填表要求如下：

工程质量事故的报告日期为填表日期，事故发生日期、事故部位、直接责任者按实际情况填写。

事故经过和原因分析包括设计原因（计算错误、构造不合理等）、施工原因（施工不符合规定，材料及构配件的质量不符合要求等）、不可抗力等。

事故性质按技术问题还是责任问题分类填写。

事故等级按重大事故或一般事故分类填写。

预计损失指因质量事故导致的材料、设备、建筑和人员伤亡等预计损失费用。

“事故初步处理意见”应填写事故发生后采取的紧急防护措施和需制定的事故处理方案，以及对责任单位、责任人的处理意见。

表 4-5　建设工程质量事故报告书

编号：

<table>
<tr><td>工程名称</td><td colspan="3">××置地・××湾三期工程 1# 楼</td><td>建设地点</td><td></td></tr>
<tr><td>建设单位</td><td colspan="3"></td><td>设计单位</td><td></td></tr>
<tr><td>施工单位</td><td colspan="3"></td><td>建筑面积（m²）
工程造价（元）</td><td></td></tr>
<tr><td>结构类型</td><td colspan="3"></td><td>事故发生地点</td><td></td></tr>
<tr><td>上报时间</td><td colspan="3"></td><td>经济损失（元）</td><td></td></tr>
<tr><td colspan="6">事故经过、后果与原因分析：
×年×月×日晚上 9：00 二层 A/1-3 轴梁混凝土浇筑过程中由于未按施工工艺标准操作致使框架梁 2 处漏筋，2 处出现 300mm 长×50mm 深，350mm 长×70mm 深的孔洞。</td></tr>
<tr><td colspan="6">事故发生后采取的措施：
经与各方协商研究决定对此处框架梁采取返工，重新按施工工艺标准进行混凝土浇筑。</td></tr>
<tr><td colspan="6">事故责任单位、责任人及处理意见：
对事故直接责任人进行质量教育，加强岗位操作规程的培训。对施工队伍罚款××元。</td></tr>
<tr><td>负责人</td><td></td><td>报告人</td><td></td><td>日 期</td><td>年　月　日</td></tr>
</table>

4.1.7　见证试验检测汇总表

见证试验检测汇总表是指核查用于工程的各种材料和预制构件的见证试验检测，通过汇总达到检查的目的（表 4-6）。

表 4-6　见证试验检测汇总表

<table>
<tr><td rowspan="2">工程名称</td><td colspan="2" rowspan="2">××置地・××湾三期工程 1# 楼</td><td>编号</td><td></td></tr>
<tr><td>填表日期</td><td></td></tr>
<tr><td>建设单位</td><td colspan="2"></td><td>检测单位</td><td></td></tr>
<tr><td>监理单位</td><td colspan="2"></td><td>见证人员</td><td></td></tr>
<tr><td>施工单位</td><td colspan="2"></td><td>取样人员</td><td></td></tr>
<tr><td>试验项目</td><td>应试验组/次数</td><td>见证试验组/次数</td><td>不合格次数</td><td>备注</td></tr>
<tr><td></td><td></td><td></td><td></td><td></td></tr>
<tr><td></td><td></td><td></td><td></td><td></td></tr>
<tr><td></td><td></td><td></td><td></td><td></td></tr>
<tr><td colspan="5">制表人：</td></tr>
</table>

汇总要求如下：

（1）对施工过程中所采用的所有材料和预制构件的见证试验检测全部汇总，不得缺漏，并以工程进度为序进行汇总。

（2）汇总时按各专业分别汇总。

（3）汇总时同种材料应在一起整理汇总，进场的时间顺序排列。

（4）备注应填写该批材料主要用于何部位及需要说明的事项。

（5）项目的资料员为制表人，签字有效。

4.1.8　施工日志

施工日志是施工企业现场的日常文件，是常规性的管理内容，但对考核施工现场管理和研究改进施工现场管理工作有重要作用。项目技术负责人应重视这项工作，如实填写，内容应详略得当（表4-7）。

表4-7　施工日记

日期：　　年　月　日　　星期

<table>
<tr><td></td><td>天气状况</td><td>风　力</td><td>最高/最低温度</td><td>备　注</td></tr>
<tr><td>白　天</td><td></td><td></td><td></td><td></td></tr>
<tr><td>夜　间</td><td></td><td></td><td></td><td></td></tr>
<tr><td colspan="5">生产情况记录（部位项目、机械作业、班组工作、生产存在问题等）：
今天施工部位为主体施工第12（可写明标高）层A～B轴线1～18轴线，柱子钢筋与模板。
今天由现场总监理工程师转发了“关于地下室部分墙体设计变更”的通知。变更通知号为××年××月××日第××号。具体内容详见该设计变更。目前该部位墙体未施工。
……</td></tr>
<tr><td colspan="5">技术质量安全工作记录（技术质量安全活动、技术质量安全问题、检查评定验收等）：
上午由现场钢筋工长和模板工长分别对钢筋班和模板班进行了质量、安全技术交底，主要就前期出现的一些影响质量的因素进行了分析并提出了具体控制措施。
公司质量安全处对工地进行了全面检查，主要针对目前现场材料堆放、主体混凝土质量提出了具体要求。
……</td></tr>
<tr><td colspan="5">材料、构配件进场记录：
今天购进江油R42.5普通水泥150t，由现场监理人员按规范进行了见证取样，并立即送到了试验室进行检测。下午进场支模钢管20t。
下午在试验室取回了5层混凝土报告6份，经查混凝土强度等级均达到了设计要求，已将报告送达监理。
……</td></tr>
<tr><td>工程负责人</td><td colspan="2"></td><td>记录人</td><td></td></tr>
</table>

1．填写说明

（1）当日工程进展情况，进行了哪些隐蔽工程，是哪个班组操作的，是谁验收的，隐蔽工程验收意见，出现的问题是如何处理等。

（2）当日施工项目有无变更，监理单位、设计单位在现场解决问题的记录。

（3）有关领导或部门对该项工程所做的决定或建议。

（4）当日原材料、施工试验、施工记录等资料，如混凝土、砂浆用的水泥强度等级；试块等制作组数、部位和编号。何时何人见证取样和送检。

(5) 质量、安装、设备等出现问题的原因、处理意见和处理方法记录。

(6) 施工中停水、停电和其他影响造成停工，应写明中断施工的起止时间。

(7) 新材料、新产品、新工艺使用和进展情况。

2. 相关规定及要求

(1) 施工日志应以单位工程为记载对象，从工程开工至工程竣工逐日记录。如工程施工期间有间断，应在日志中加以说明，可以在停工最后一天或复工第一天日志中描述。

(2) 按不同专业（建筑与结构、给排水、电气、通风与空调、智能）指定专业工长负责记录，保证内容真实、连续、完整。

(3) 遇到停水停电情况时一定要记录清楚起止时间，停水停电时正在进行什么工作，是否造成损失。

任务 4.2　整理施工技术文件

4.2.1　工程技术文件报审表

施工单位向监理单位报送的工程技术文件（包括施工组织设计、施工方案、质量处理措施、技术核定单等），应按规定填写工程技术文件报审表。

总监理工程师组织专业监理工程师对工程技术文件进行审查，并签署审查意见，对需要修改的内容，应签发书面意见，要求施工单位整改后重新报审，经总监理工程师审核后，填写审批意见并报送建设单位。

如果是分包单位编制的工程技术文件，应经总承包单位审核合格后报送监理单位。

4.2.2　施工组织设计（施工方案）报审表

施工组织设计（施工方案）是承包单位根据承接工程特点编制的指导施工的纲领性技术文件。施工组织设计（施工方案）报审表是施工单位提请项目监理机构对施工组织设计（施工方案）进行批复的文件资料（表 4-8）。施工组织设计（施工方案）分为单位工程施工组织设计和施工组织总设计，现阶段主要是单位工程施工组织设计（施工方案）。《建筑施工组织设计规范》（GB/T 50502—2009）中对单位工程施工组织设计的概念进行了明确的定义：以单位（子单位）工程为主要对象编制的施工组织设计，对单位（子单位）工程的施工过程起指导和制约作用。

1. 编制施工组织设计的基本要求

在认真进行图纸会审的基础上，开工前由预算、施工、技术、质量、安全、物资等管理部门共同编制施工组织设计，内容要齐全、科学、合理，对本工程特点要具有针对性。施工组织设计应由编制人、审批人签字和主管部门盖章。要求施工组织设计编制及时、审批及时，真正起到指导现场施工的作用。

2. 单位工程施工组织设计的基本内容

单位工程施工组织设计的基本内容包括工程概况，施工部署，施工进度计划及施工进度表，施工平面布置图，施工准备工作计划，施工方案（主要项目施工方法），季节性施工方案，质量、安全、文明施工的各项保证措施。

表4-8　施工组织设计、施工方案报审表

<table>
<tr><td>工程名称</td><td colspan="2">××置地·××湾三期工程1$^{\#}$楼</td><td>日期</td><td></td></tr>
<tr><td colspan="5">现报上下表中的技术管理文件，请予以审批。</td></tr>
<tr><td>类　　别</td><td>编制人</td><td colspan="2">册　数</td><td>页　数</td></tr>
<tr><td>施工组织设计</td><td></td><td colspan="2"></td><td></td></tr>
<tr><td>施 工 方 案</td><td></td><td colspan="2"></td><td></td></tr>
<tr><td colspan="5">内容附后</td></tr>
<tr><td colspan="5">申报简述：
本×××方案是按照施工图纸以及现场实际情况编制的，符合法律法规及规范要求，请上级领导审核。
申报部门（分包单位）：　　　　申报人：</td></tr>
<tr><td colspan="5">审核意见：
□有　　□无　附页
总承包单位名称：　　　审核人：　　　审核日期：　年　月　日</td></tr>
<tr><td colspan="5">审批意见：
审批结论：　　　□同意　　□修改后报　　□重新编制
审批部门（单位）：　　　审批人：　　　日期：　年　月　日</td></tr>
</table>

注：附施工组织设计、施工方案。

3. 施工组织设计（施工方案）报审表

承包单位提请施工组织设计（施工方案）报审表时，应满足以下条件：

（1）承包单位提送报审的施工组织设计（施工方案）时，文件内容必须具有全面性、针对性和可操作性，编制人、单位技术负责人必须签字，报送单位必须加盖公章。

（2）施工组织设计（施工方案）报审表必须加盖承包单位项目部公章，项目经理必须签字。

（3）施工组织设计（施工方案）报审必须在工程项目开工前完成。

（4）施工组织设计（施工方案）报审表由施工单位填报，由项目监理机构的专业监理工程师审核，由总监理工程师签发。给总监理工程师审查同意后的施工组织设计（方案）应报送建设单位确认。

（5）承包单位应按审定的施工组织设计（施工方案）组织施工。在施工过程中，如需对其内容进行调整、补充或作较大变更，则应在实施前将其内容书面报送项目监理机构，按程序重新审定。

4.2.3　危险性较大的分部分项工程施工方案专家论证表

当工程中存在危险性较大的分部分项工程时，为确保工程质量安全，应该在施工前单独编制专项施工方案，超过一定规模的危险性较大的分部分项工程施工方案，还应由专家进行论证。

施工单位负责编制危险性较大的分部分项工程施工方案，并组织召开专家认证会，填报危险性较大分部分项工程施工方案专家论证表，经专家签字确认后存档（表4-9）。

1. 危险性较大的分部分项工程

（1）基坑支护与降水工程。

土方开挖工程：土方开挖工程是指开挖深度超过5m（含5m）的基坑、槽的土方开挖。

模板工程：各类工具式模板工程，包括滑模、爬模、大模板等，水平混凝土构件模板支撑系统及特殊结构的模板工程。

（2）起重吊装工程。

脚手架工程：高度超过24m的落地式钢管脚手架、附着式升降脚手架（包括整体提升与分片式提升）、悬挑式脚手架、门型脚手架、挂脚手架、吊篮脚手架、卸料平台。

拆除、爆破工程：采用人工、机械拆除或爆破拆除的工程。

（3）其他危险性较大的工程。

包括建筑幕墙的安装施工；预应力结构张拉施工；隧道工程施工；桥梁工程施工（含架桥）；特种设备施工；网架和索膜结构施工；6m以上的边坡施工；大江、大河的导流、截流施工；港口工程；航道工程；采用新技术、新工艺、新材料可能影响建设工程质量安全，已经行政许可，尚无技术标准的施工。

2. 需要专家组进行论证审查的分部分项工程

（1）深基坑工程。开挖深度超过5m（含5m）或地下室三层以上（含三层）；或深度虽未超过5m（含5m），但地质条件和周围环境及地下管线极其复杂的工程。

（2）地下暗挖工程。地下暗挖及遇有溶洞、暗河、瓦斯、岩爆、涌泥、断层等地质复杂的隧道工程。

（3）高大模板工程。水平混凝土构件模板支撑系统高度超过8m；或跨度超过18m，施工总荷载大于10kN/m²；或集中线荷载大于15kN/m²的模板支撑系统。

（4）30m及以上高空作业的工程。

（5）大江、大河中深水作业的工程。

（6）城市房屋拆除爆破和其他土石大爆破工程。

表4-9　危险性较大的分部分项工程施工方案专家论证表

<table>
<tr><td>工程名称</td><td colspan="4">××置地·××湾三期工程1#楼</td><td>编号</td><td></td></tr>
<tr><td>施工总承包单位</td><td colspan="4"></td><td>项目负责人</td><td></td></tr>
<tr><td>专业承包单位</td><td colspan="4"></td><td>项目负责人</td><td></td></tr>
<tr><td>分项工程名称</td><td colspan="6"></td></tr>
<tr><td colspan="7">专家一览表</td></tr>
<tr><td>姓名</td><td>性别</td><td>年龄</td><td>工作单位</td><td>职务</td><td>职称</td><td>专业</td></tr>
<tr><td></td><td></td><td></td><td></td><td></td><td></td><td></td></tr>
<tr><td></td><td></td><td></td><td></td><td></td><td></td><td></td></tr>
<tr><td colspan="7">专家论证意见：
基坑周长约721m，开挖深度为8.54～9.76m，整个基坑底由西向东放坡2%，标高高差东、西面两端3.36m，根据勘察报告，东北角存在约7.6m的淤泥质土，土层较差，且存在流泥，采用“灌注桩＋锚索”的支护方案。其他区域均有较大的放坡空间，采用“大放坡＋锚杆”的支护方案。

日期：</td></tr>
<tr><td>签字栏</td><td colspan="6">组长：
专家：</td></tr>
</table>

4.2.4　技术交底记录

技术交底是使参与项目施工的技术人员与工人熟悉和了解所承担项目的设计意图、特点、技术要求及施工工艺应注意的问题（表 4-10）。技术交底有三个层次：一是设计人员向施工单位交底；二是施工单位的技术负责人向有关技术人员交底；三是有关技术人员向施工班组操作人员交底。

表 4-10　技术交底记录

<table>
<tr><td>工程名称</td><td colspan="3">××置地·××湾三期工程 1# 楼</td><td>施工单位</td><td></td></tr>
<tr><td>交底部位</td><td colspan="3">基础土方开挖</td><td>工序名称</td><td>土方开挖</td></tr>
<tr><td colspan="6">交底内容：
一、土方开挖质量要求
1. 主控项目
（1）标高的允许偏差（单位：mm）：桩基、基坑、基槽的允许偏差值＋0、－50。
（2）长度、宽度（由设计中心线向两边量）允许偏差值（单位：mm）：桩基、基坑、基槽的允许偏差值＋200、－50。
（3）土方开挖前，人工先将场地内的植被、腐殖土铲除，统一堆积到安全范围内进行掩埋。
（4）测出高程控制点并做出明确的记录符号，以备检查和控制土方开挖质量。
（5）边坡：土方开挖时按设计及规范要求进行放坡。不少于 1：0.75，现场特殊情况另行决定。
2. 一般项目
（1）表面平整度（单位：mm）：桩基、基坑、基槽的允许偏差值 20。
（2）基底土性：挖至设计要求的持力层。
二、工艺流程
土方开挖的工艺流程为：测量放线、验线、开挖、修坡、验槽
三、操作工艺
本工程采用机械开挖：
1. 机械开挖时，要配合少量人工清土，将机械挖不到的地方运到机械作业半径内，由机械运走。机械开挖在接近槽底时，用水准仪控制标高，预留 20～30cm 土层人工开挖，以防止超挖。
2. 开挖到距槽底 50cm 以内后，测量人员抄出距槽底 50cm 的水平标志线，然后在槽帮上或基坑底部钉上小木橛，清理底部土层时用它们来控制标高。根据轴线及基础轮廓检验基槽尺寸，修整边坡和基底。
3. 雨季施工时，要加强对边坡的保护。可适当放缓边坡或设置支撑，同时在坑外侧围以土堤或开挖水沟，防止地面水流入。
4. 注意事项
（1）开挖过程中，严格控制开挖尺寸，基坑底部的开挖宽度要考虑工作面的增加宽度，并在开挖过程中试打钎，避免大面积的二次开挖。
（2）尽量减少对基土的扰动。
（3）开挖基坑时，有场地条件的，一次留足回填需要的好土，多余土方运到弃土处，避免二次搬运。
……</td></tr>
<tr><td>技术负责人</td><td></td><td>交底人</td><td></td><td>接受交底人</td><td></td></tr>
</table>

1. 填表要求

（1）工程名称填写合同上的工程全称。

（2）施工单位填写合同文件上的全称。

（3）分项工程名称填写分项工程全称及所在分部工程全称。

（4）交底摘要要明确交底保证的质量、安全重点以及工作难点。

（5）交底日期很重要，一定要实事求是。

（6）实际交底必须在施工前进行。

2. 交底内容

对于不同的施工阶段、不同的工程特性，都必须保证实施该工程的技术管理人员和操作人员始终了解其管理的操作重点。

技术交底包括施工组织设计交底、专项施工方案技术交底、分项工程施工技术交底、“四新”（新材料、新产品、新技术、新工艺）技术交底和设计技术交底，各项交底应有文字记录，交底双方签字应齐全。

重点和大型工程施工组织设计交底应由施工企业的技术负责人对项目主要技术管理人员进行交底；其他工程施工组织设计交底应由项目技术负责人进行交底。施工组织设计交底的内容包括：工程特点、难点、工程质量要求、主要施工工艺及施工方法、进度安排、组织机构协调与分工、质量安全技术措施、质量重点、安全重点。

专项施工方案技术交底应由专业技术负责人负责，根据专项施工方案对专业工长进行交底，如关键、特殊工序的作业指导书及特殊环境、特种作业的指导书，必须向施工作业人员交底，交底内容为该专业工程工序的施工工艺、操作方法、质量控制、安全措施等。

分项工程施工技术交底由专业工长对专业施工班级（或专业分包）进行交底，内容为该专业工程工序的施工工艺、操作方法、质量控制、安全措施等。

“四新”技术交底应由项目技术负责人组织向有关专业人员交底，以便落实到管理及操作人员。

设计技术交底应由项目技术负责人根据变更要求，并结合具体施工步骤、措施及注意事项等对专业工长进行交底。

3. 技术交底注意事项

（1）技术交底必须在该交底对应项目施工前进行，应为施工留足够的准备时间。技术交底不得后补。

（2）技术交底应以书面形式进行，并辅以口头讲解。交底人和被交底人应履行交接签字手续。技术交底文件应及时归档。

（3）技术交底应根据施工过程变化，及时补充新内容。施工方案、方法改变时也要及时进行重新交底。

（4）分包单位应负责其分包范围内技术交底资料的收集整理，并应在规定时间内向总包移交。总包负责对各分包单位技术交底工作进行指导监督和检查。

4.2.5 图纸会审记录

图纸会审记录是图纸会审过程中各方达成一致的意见、决定、标准、变更等的原始记录（表 4-11）。经各方签字认可的图纸会审记录应视为设计文件的一部分或补充，与正式设计文件具有同等效力。

1. 图纸会审的要求

所有建筑工程均应按要求组织图纸会审，重点工程还应有设计单位对工程质量的技术交底记录，应有对重要部位的技术要求和施工程序要求等技术交底资料。

会审的时间应在工程正式施工前，由建设单位组织，设计单位、监理单位、施工单位的相关人员参加，共同进行图纸会审，将施工图中的问题提前予以解决。

凡参与该工程建设的施工、监理各单位，在会审前均应对施工图设计进行学习；各工种先对施工图初审，然后各专业对施工图进行会审；总、分包单位之间要进行专业间的协作、配合。

2. 图纸会审的目的

通过事先认真地熟悉图纸，了解设计意图、工程质量标准以及新结构、新技术、新材料、新工艺的技术要求，了解图纸间尺寸的关系、相互要求与配合等内在的联系，以便采用正确的施工方法。

在熟悉图纸的基础上，通过有设计、建设、监理、施工单位的土建及安装等专业人员参加的会审，将有关问题解决在施工之前，给施工创造良好的条件。

在图纸会审时解决图纸中存在的土建、水、电、通风、空调、设备安装中各类管道敷设过程中出现的矛盾；对在图纸中发现的尺寸、坐标、标高、说明、索引等错误，加以改正。

3. 图纸会审的方法

（1）由建设单位组织，设计单位、施工单位、监理单位参加，以会议的形式进行。

（2）会审分内部预审和会审两个阶段进行。

内部预审。由施工单位的有关人员负责在一定期限内完成，提出施工图纸中的问题，并进行整理归类，会审时一并提出；监理单位同时也应进行类似工作，为正确开展监理工作奠定基础。

会审。由建设单位组织，设计单位交底，施工、监理单位提出预审中的问题，设计单位逐一给予解决。

（3）对提出问题的处理。一般问题经设计单位同意的，可在图纸会审记录中注释并进行修改，并办理签字、盖章手续；较大的问题由建设、监理、设计、施工单位洽商，由设计单位修改，经监理单位同意后向施工单位签发设计变更图或设计变更通知单。

表4-11　图纸会审记录

编号：

<table>
<tr><td>工程名称</td><td colspan="4">××置地·××湾三期工程1#楼</td><td colspan="3">共　页　第　页</td></tr>
<tr><td>地点</td><td colspan="2"></td><td>记录整理人</td><td></td><td>日期</td><td colspan="2">年　月　日</td></tr>
<tr><td>参加人员</td><td colspan="7"></td></tr>
<tr><td>图纸编号</td><td colspan="5">提出图纸问题</td><td colspan="2">图纸修订意见</td></tr>
<tr><td>01建筑设计说明</td><td colspan="5">商铺±0.00图纸标注与住宅一致：
（1）如果一致，整个商铺需回填压实超桩顶标高。桩顶标高为－1.45，而现场原土标高为－2.3左右，需回填土1m左右。（2）如标高不变，室外为－0.3，比××路高1.8m左右，则商铺室外台阶、散水、无障碍坡道需重新设计。</td><td colspan="2"></td></tr>
<tr><td>1#结施05</td><td colspan="5">地下室混凝土墙除有抗渗要求外，是否增加抗裂措施。</td><td colspan="2"></td></tr>
<tr><td>结施33</td><td colspan="5">1-R～1-S/21轴BL5a（1）</td><td colspan="2">修改为BL5</td></tr>
<tr><td>结施35</td><td colspan="5">V-W/20-21轴位于LT上口的梁RL4（1）</td><td colspan="2">取消</td></tr>
<tr><td>结施7</td><td colspan="5">1-P～1-Q/24-25轴电梯坑标高</td><td colspan="2">修改为建筑标高向下2050mm</td></tr>
<tr><td>结施36</td><td colspan="5">8/E以及8/F轴两条框架梁无编号</td><td colspan="2">KL3，400×600</td></tr>
<tr><td></td><td colspan="5"></td><td colspan="2"></td></tr>
<tr><td></td><td colspan="5"></td><td colspan="2"></td></tr>
<tr><td colspan="2">技术负责人：
建设单位盖章</td><td colspan="2">技术负责人：
设计单位盖章</td><td colspan="2">技术负责人：
监理单位盖章</td><td colspan="2">技术负责人：
施工单位盖章</td></tr>
</table>

4. 图纸会审的注意事项

图纸会审前，各方应先进行内部预审，目的有两个：一是熟悉施工图纸，二是将提出的问题整理归类，以便会审时一并提出。

图纸会审应由建设单位组织设计、监理和施工单位的技术负责人及有关人员参加。设计单位对各专业问题进行交底，施工单位负责将设计交底内容按专业汇总、整理，形成图纸会审记录。

监理、施工单位应将各自提出的图纸问题及意见按专业整理、汇总后报建设单位，由建设单位提交设计单位做交底准备。

图纸会审记录应由建设、设计、监理和施工单位的项目相关负责人签认，形成正式的图纸会审记录。任何一方不得擅自在会审记录上涂改或变更其内容。

图纸会审记录应根据专业（建筑、结构、给排水及采暖、电气、通风空调、智能系统等）进行汇总、整理。图纸会审记录一经各方签字确认后即成为设计文件的一部分，并可作为现场施工的依据。

4.2.6　设计变更通知单

设计变更是施工过程中由于设计图纸本身出现差错，设计图纸与实际情况不符，施工条件变化，原材料的规格、品种、质量不符合设计要求等原因，需要对设计图纸的部分内容进行修改而办理的变更设计文件（表 4-12）。

1. 设计变更要求及说明

建设单位、监理单位、设计单位、施工单位均应维护设计的完整性。施工单位应按图施工，不得随意更改设计，如需更改，必须取得设计单位同意并具有设计变更通知单。

凡涉及主体结构及使用功能的设计变更，建设单位应报原施工图审批机构批准。

表 4-12　设计变更通知单

编号：

<table>
<tr><td colspan="2">工程名称</td><td colspan="2">××置地·××湾三期工程 1# 楼</td><td>日期</td><td>年　月　日</td></tr>
<tr><td colspan="6">记录内容：
应甲方要求做以下变更：
1. 原设计中地 14 改为地 15。
2. 一层阳台窗窗台高度为 90cm，其阳台窗宽度不变，高度减小。
3. 原设计中楼梯栏杆 06J403-1 中 A4 型改为不锈钢楼梯栏杆。
4. 原设计中阳台固定窗改为塑钢中空推拉窗，尺寸不变，详见图集 L99J605。
……</td></tr>
<tr><td rowspan="2">签字盖章栏</td><td>建设单位</td><td>监理单位</td><td colspan="2">设计单位</td><td>施工单位</td></tr>
<tr><td></td><td></td><td colspan="2"></td><td></td></tr>
</table>

2. 设计变更通知单的填写要求

在施工过程中，建设单位、承包单位提出工程变更要求报项目监理机构的审核确认。

附件应包括工程变更的详细内容和变更的依据，工程变更对工程造价及工期的影响分析和影响程度，对工程项目功能、安全的影响分析，以及必要的附图等。

4.2.7　工程洽商记录（技术核定单）

工程洽商记录是建筑工程施工过程中一种协调业主和施工方、施工方和设计方的记录，它是工程施工、验收、改扩建及维修的基本且重要的资料，也是作竣工图的重要依据（表 4-13）。

填写要求如下：

洽商可以分为技术洽商和经济洽商两种，由施工方提供。

应附有图纸及说明文件等。

本表由施工单位、建设单位或监理单位其中一方发出，经各方签认后存档。

表 4-13　工程洽商记录

编号：

<table>
<tr><td>工程名称</td><td colspan="2">××置地·××湾三期工程 1# 楼</td><td>日期</td><td>年　月　日</td></tr>
<tr><td colspan="5">洽商内容：
现场情况说明：W14 坑在 10 月末进入现场时，发生渗水现象，在顶进 W16 方向时，距管道下部 1/3（直径）处，出现渗流，并有流水声，造成管下基础原始土层浸、泡扰动。施工单位做如下处理，在作业坑内设置积水坑（1m×1m×1m）一处，用污水泵抽水保证顶管工程正常施工，管下原始土因浸泡，基础须加固，采用钢筋混凝土垫块基础处理，稳定基础。
在 2014 年 11 月 19 日下午，经建设单位、设计单位、监理单位、施工单位开会认定，W14 至 W15 之间须基础处理，开槽施工。经建设单位同意对施工 W14 至 W15 的工程量做如下认定：
1. 进场 2014 年 11 月 1 日开始至 2014 年 11 月 22 日使用 5.5kW 泥浆泵进行积坑抽水。
2. 进场 2014 年 11 月 1 日开始至 2014 年 11 月 22 日使用工程车进行污水倒运。
3. 2014 年 11 月 1 日开始至 2014 年 11 月 22 日每天四人（二个一组）进行抽水倒运。
4. W14 至 W15 现以加固钢筋混凝土垫块方式进行顶进，钢筋混凝土规格（800mm×500mm×200mm）已顶进 17 节管（计 34m）。
5. 清掏淤泥 34×（3.14×0.75×0.75+0.15×0.8）=64.13m^3。</td></tr>
<tr><td rowspan="2">签字盖章栏</td><td>建设单位</td><td>监理单位</td><td>设计单位</td><td>施工单位</td></tr>
<tr><td></td><td></td><td></td><td></td></tr>
</table>

工程洽商记录应分专业办理，内容翔实，必要时应附图，并逐条注明应修改图纸的图号。工程洽商记录应由设计专业负责人以及建设、监理和施工单位的相关负责人签认。

不同专业的洽商应分别办理，不得办理在同一份上。签字应齐全，签字栏内只能填写人员姓名，不得另写其他意见。

设计单位如委托建设（监理）单位办理签认，则应办理委托手续。

任务 4.3　整理施工进度造价文件

进度造价文件包括工程开工报审表、工程复工报审表、施工进度计划报审表、施工进度计划、人机料动态表、工程延期申请表、工程款支付申请表、工程变更费用报审表、费用索赔申请表。其中部分文件在监理资料中已经叙述，此处不再重复。

4.3.1 施工进度计划

施工进度计划是施工组织设计的中心内容，是建设工程按合同规定的期限交付使用的保证，施工中的其他工作必须围绕并适应施工进度计划的要求安排。

施工进度计划的种类和施工组织设计相适应，分为总进度计划和单位工程施工进度计划。

施工总进度计划包括建设项目（企业、住宅区等）的施工进度计划和施工准备阶段的进度计划，按生产工艺和建设要求，确定投产建筑群的主要和辅助的建筑物与构筑物的施工顺序，相互衔接开竣工时间，以及施工准备工程的顺序和工期。

单位工程施工进度计划是总进度计划有关项目施工进度的具体化，一般土建工程的施工组织设计还考虑了专业和安装工程的施工时间。

施工进度计划由施工单位负责编制，经监理单位审核合格后实施，并应存档。

4.3.2 人、机、料动态表

施工单位应定期向监理单位上报工程施工所需的劳动力、机械设备、主要材料的使用情况，并填报人、机、料动态表，由监理单位进行审核（表 4-14）。施工单位每月 25 日前报《（　）月人、机、料动态表》；主要施工设备进场并调试合格后填写本表报项目监理部。塔吊、外用电梯等的安检资料及计量设备检定资料应于开始使用前作为本表的附件，监理单位留存备案。

填表要求如下：

（1）“劳动力”栏应按施工现场的实际工种情况填写并进行合计。

（2）“主要机械”栏应按施工现场实际使用的主要机械填写，核准其生产厂家、规格型号、数量。

（3）“主要材料”栏应填写工程使用的主要材料，并核准相应材料的库存量、进场量、消耗量。

表 4-14　（　　）月人、机、料动态表

<table>
<tr><td colspan="2">工程名称</td><td colspan="5">××置地·××湾三期工程 1# 楼</td><td>编　号</td><td colspan="2"></td></tr>
<tr><td rowspan="3">人工</td><td>工　种</td><td></td><td></td><td></td><td></td><td></td><td></td><td>其他</td><td>合计</td></tr>
<tr><td>人　数</td><td></td><td></td><td></td><td></td><td></td><td></td><td></td><td></td></tr>
<tr><td>持证人数</td><td></td><td></td><td></td><td></td><td></td><td></td><td></td><td></td></tr>
<tr><td rowspan="3">主要材料</td><td>名　称</td><td>单　位</td><td colspan="2">上月库存量</td><td>本月进场量</td><td colspan="2">本月消耗量</td><td colspan="2">本月库存量</td></tr>
<tr><td></td><td></td><td colspan="2"></td><td></td><td colspan="2"></td><td colspan="2"></td></tr>
<tr><td></td><td></td><td colspan="2"></td><td></td><td colspan="2"></td><td colspan="2"></td></tr>
<tr><td rowspan="3">主要机械</td><td>名　称</td><td colspan="4">生产厂家</td><td colspan="2">规格型号</td><td colspan="2">数　量</td></tr>
<tr><td></td><td colspan="4"></td><td colspan="2"></td><td colspan="2"></td></tr>
<tr><td></td><td colspan="4"></td><td colspan="2"></td><td colspan="2"></td></tr>
<tr><td colspan="10">附件：</td></tr>
<tr><td colspan="5">施工单位名称：</td><td colspan="3">项目经理（签字）：</td><td colspan="2">年　月　日</td></tr>
</table>

注：本表由施工单位于每月 25 日填报。人、机、料情况应按不同施工阶段填报主要项目。

任务 4.4　整理施工物资文件

施工物资资料是反映工程所用物资质量和性能指标的各种证明文件和相关配套文件的统称。它包括建筑材料、成品、半成品、构配件、器具、设备及附件等的出厂证明文件，材料、构配件进厂检验记录，试验委托单及试验报告，设备开箱检验记录等。

4.4.1　工程物资的分类

工程物资按验收管理的要求分为三类。

（1）Ⅰ类物资。Ⅰ类物资指仅须有质量证明文件的工程物资，如防火涂料、管材等。

（2）Ⅱ类物资。Ⅱ类物资指到场后除必须有出厂质量证明文件外，还必须通过复试检验（试验）才能认可其质量的物资，如水泥、钢筋等。此类物资主要是涉及安全、功能的物资，因此物资出厂后应按规定进行复试。验收批量的划分及必试项目按有关规定进行，也可根据工程的特殊需要另外增加试验项目。水泥出厂超过三个月，快硬性硅酸盐水泥出厂一个月后必须进行复试并提供复试检验（试验）报告，复试结果的有效期限同出厂有效期限。在钢筋混凝土结构、预应力混凝土结构中，严禁使用含氯化物的水泥；在工程物资试验中按规定允许进行重新取样加倍复试的物资，两次试验报告要同时保留。

根据《混凝土结构工程施工质量验收规范》(GB 50204—2015) 的要求，对有抗震设防要求的结构，其纵向受力钢筋的强度应满足设计要求；当设计无具体要求时，对一、二、三级抗震等级设计的框架和斜撑构件中的纵向受力钢筋的强度实测值应符合以下规定：钢筋的抗拉强度实测值与屈服强度实测值的比值不应小于 1.25；钢筋的屈服强度实测值与强度标准值的比值不应大于 1.30。

（3）Ⅲ类物资。Ⅲ类物资指除须有出厂质量证明文件、复试检验（试验）报告外，在施工完成后，还需通过规定龄期后再经检验（试验）方能认可其质量的物资，如混凝土、砌筑砂浆等。

4.4.2　出厂质量证明文件及检测、复试报告

施工物资资料应包括半成品钢筋出厂合格证、预制混凝土构件出厂合格证、钢构件出厂合格证、预拌混凝土出厂合格证、钢材试验报告、水泥试验报告、砂试验报告、碎（卵）石试验报告、混凝土外加剂试验报告、混凝土掺合料试验报告、防水材料试验报告、砖（砌块）试验报告和轻集料试验报告等。

1. 钢材合格证和复试报告汇总表（表 4-15）

钢材进场量超过批量半数的，最好要收集钢材质量证明书原件，如不严格要求，允许使用复印件时，复印件中要注明原件存放地，说明供应内容、数量，经办人签字，物资供应商单位盖章及日期等。另外，物资供应商提供的物资证明材料中，要对供应商送来的资料进行核对，及时发现证明材料内容是否存在缺陷。

出厂质量证明文件与钢材进场外观检查合格后，项目试验员方可按照有关规定对钢筋及钢材取样做力学性能复试，复试合格后方可在工程中使用。做到先复试后使用，严禁先施工后复试。钢筋取样应按四同状态（同一厂别、同一炉罐号、同一规格、同一交货状

态）每≤60t为一验收批；或不是在同一批不同捆上随机抽取2根，每根先截取端部500mm后，截取2段，其中一段做试弯，另一段做冷弯。

表4-15　钢材合格证和复试报告汇总表

序号	钢材、品种、级别	生产厂家	进场数量	合格证编号	复试报告	主要使用部位及有关说明
1						
2						
3						

技术负责人：　　　　　　　　　　　　　　　　　　　　质量检查员：

钢材质量证明书及检测报告应一一对应，每批钢材使用的部位应详细写明，不得随意写“基础”或“主体”。对抗震要求（一、二级）纵向受力筋强度满足以下要求：强屈比（抗拉强度与屈服强度实测值）不应小于1.25；屈强比（屈服强度实测值与强度标准值）不应大于1.3；如检测不能满足此项指标的，该钢材应予以处理，不得用于工程上（表4-16）。

钢筋进场复试报告应由施工单位的项目试验员负责收集，项目资料员汇总整理。

表4-16　钢材检验报告

委托单位：　　　　　　　　　　　　　　　　　　送样日期：　年　月　日

报告编号：　　　　　　　　　　　　　　　　　　报告日期：　年　月　日

<table>
<tr><td>工程名称</td><td colspan="4">××置地·××湾三期工程1#楼</td><td colspan="2">使用部位</td><td colspan="4"></td></tr>
<tr><td>试件编号</td><td colspan="2">种类名称</td><td>牌号</td><td>等级</td><td colspan="2">规格</td><td colspan="4">生产厂名</td></tr>
<tr><td>1#</td><td colspan="2">热轧带肋钢筋</td><td>HRB335</td><td>Ⅱ级</td><td colspan="2">12</td><td colspan="4"></td></tr>
<tr><td>质量证明书号</td><td colspan="2">代表数量</td><td colspan="2">检验日期</td><td colspan="2">检验依据</td><td colspan="4">检验条件</td></tr>
<tr><td></td><td colspan="2"></td><td colspan="2"></td><td colspan="2">GB 1499.2—2007</td><td colspan="4">标准条件</td></tr>
<tr><td>检验项目</td><td>直径厚度（mm）</td><td>屈服点强度（MPa）</td><td>抗拉强度（MPa）</td><td>伸长率（%）</td><td>总伸长率（%）</td><td>冷弯弯心直径 d=弯曲角度</td><td>结果</td><td>强屈比</td><td>屈强比</td><td>重量偏负差（%）</td></tr>
<tr><td>标准要求</td><td></td><td>≥335</td><td>≥455</td><td>≥17</td><td>≥9</td><td>180° $d=3a$</td><td>合格</td><td>≥1.25</td><td>≤1.30</td><td>≤8%</td></tr>
<tr><td rowspan="3">试验结果</td><td></td><td></td><td></td><td></td><td></td><td></td><td></td><td></td><td></td><td></td></tr>
<tr><td></td><td></td><td></td><td></td><td></td><td></td><td></td><td></td><td></td><td></td></tr>
<tr><td></td><td></td><td></td><td></td><td></td><td></td><td></td><td></td><td></td><td></td></tr>
<tr><td>检验项目</td><td colspan="2">碳（C）(%)</td><td>硅（Si）(%)</td><td>锰（Mn）(%)</td><td colspan="2">磷（P）（%）</td><td colspan="2">硫（S）（%）</td><td colspan="2">氧（O）（%）</td></tr>
<tr><td>标准要求</td><td colspan="2"></td><td></td><td></td><td colspan="2"></td><td colspan="2"></td><td colspan="2"></td></tr>
<tr><td>检验结果</td><td colspan="2"></td><td></td><td></td><td colspan="2"></td><td colspan="2"></td><td colspan="2"></td></tr>
<tr><td>结论</td><td colspan="10">该样品所检项目符合 GB 1499.2—2007、GB 50204—2015 规定</td></tr>
<tr><td>备注</td><td colspan="10"></td></tr>
<tr><td>施 工 单 位：
建设监理单位：</td><td colspan="10"></td></tr>
<tr><td colspan="11">试验单位：　　　　负责人：　　　　审核：　　　　试验：</td></tr>
</table>

实行见证取样和送检的试验报告单应加盖有见证试验专用章。试件编号应按照单位工程和取样时间的先后顺序连续编号。通常情况下，试件编号为连续，只有在复试结果不合格钢筋退场的情况下，试件编号可能会不连续。

2. 水泥出厂合格证和复试报告汇总表（表4-17）

表4-17　水泥出厂合格证、复试报告汇总表

技术负责人：　　　　　　　　　　　　　　　　　　　　　质量检查员：

序号	水泥品种及等级	合格证编号	生产厂家	进场数量	进场日期	复试报告编号	报告日期	主要使用部位及有关说明
1								
2								
3								

（1）资料准备

水泥进场时应有出厂质量证明文件（合格证），内容应包括厂别、产品出厂日期、出厂编号和必要的试验数据；水泥生产单位在出厂7d内提供28d强度以外的各项试验结果，32d内补报水泥的28d强度报告。

水泥进场后应及时按规定见证取样和送检（袋装水泥批量：100t；散装水泥批量：500t；白水泥批量：50t）。如果是连续施工的工程，其相邻两次水泥试验的时间不得超过三个月，且应在该批水泥的有效期之内。

（2）注意事项

用于承重结构的水泥、用于使用部位有强度等级要求的水泥、出厂超过三个月的水泥（快硬硅酸盐水泥为一个月）和进口水泥在使用前必须进行复试，应具有试验报告；混凝土和砌筑砂浆用水泥应实行有见证取样和送检。用于钢筋混凝土结构、预应力混凝土结构中的水泥，其检测（验）报告中应包括有害物含量检测内容。

（3）水泥试验报告

常用水泥的必试项目有水泥的抗压强度与抗折强度、水泥安定性、水泥初凝时间等。必要时的试验项目有细度、凝结时间（表4-18）。

凡初凝时间和安定性中任一项指标不符合标准规定的指标值，均判定为废品。凡细度、终凝时间、不溶物中的任一项指标不符合技术要求中规定的指标值判定为不合格。混合材料掺合量超过最大限量和强度（包括抗压强度、抗折强度）低于商品强度等级所规定的指标时，判为不合格。水泥包装标识中水泥品种、强度等级、生产者名称和出厂编号不全的判为不合格。经试验被判定为不合格的水泥，应做退货处理。

表4-18　水泥试验报告

委托编号		试验编号		
委托单位		委托日期		2014.6.15
工程名称		试验日期		2014.6.20
使用部位	主体	出厂日期		
品种强度等级	P·C32.5	强度试验日期	3d	2014.6.23
			28d	2014.7.21

续表

生产厂家						代表批量		200t		
主要仪器设备	雷氏夹、雷氏夹膨胀测定仪、沸煮箱、量水器、电子天平、水泥净浆搅拌机、胶砂搅拌机、恒应力抗折抗压试验机、水泥稠度凝结时间测定仪、水泥胶砂流动度测定仪									
见 证 员	单位：					姓名：			编号：	
执行标准	GB 176—2007									
试验项目			标准规定	试验结果						平均值
强度（MPa）	3d	抗折	2.5	3.0		3.5		3.1		3.2
		抗压	10.0	14.6	16.3	16.1	14.7	15.0	15.2	15.2
	28d	抗折	5.5	6.3		6.5		6.9		6.6
		抗压	32.5	37.6	36.5	34.3	37.1	36.5	37.2	36.5
凝结时间（min）	初凝		＞45min	200						
	终凝		＜600min	240						
安定性	试饼或雷氏法		合格	试饼法合格						
细度（%）	负压筛析法		＜10.0	3.0						
结论	经试验均符合检测的各项指标要求 试验单位（章）： 年 月 日						备注	见证送检		
试验人：			审核人：			技术负责人：				
施工技术负责人：				监理工程师（建设单位代表）：						

3. 砖（砌块）检验报告汇总表（表 4-19）

表 4-19 砖（砌块）检验报告汇总表

序号	品种级别	生产厂家	进场数量	进场日期	合格证或试验报告编号	报告日期	主要使用部位及有关说明
1							
2							

技术负责人： 质量检查员：

常用砖种类：烧结普通砖、烧结多孔砖、蒸压灰砂砖、粉煤灰砖等。

砌体结构工程所用的材料应有产品的合格证书、产品性能检测报告，质量应符合国家现行有关标准的要求。抽检数量：每一生产厂家，烧结普通砖、混凝土实心砖每 15 万块，烧结多孔砖、混凝土多孔砖、蒸压灰砂砖及蒸压粉煤灰砖每 10 万块各为一验收批，不足上述数量时按 1 批计，抽检数量为 1 组。承重墙体使用的小砌块应完整、无缺损、无裂缝。砖（砌块）的必试项目为抗压强度（表 4-20）。

表 4-20　砖（砌块）试验报告

编号：

<table>
<tr><td colspan="2">工程名称</td><td colspan="4">××置地·××湾三期工程 $1^{\#}$ 楼</td><td colspan="2">试样编号</td><td></td></tr>
<tr><td colspan="2">委托单位</td><td colspan="4"></td><td colspan="2">试验委托人</td><td></td></tr>
<tr><td colspan="2">种类</td><td colspan="4"></td><td colspan="2">生产厂家</td><td></td></tr>
<tr><td colspan="2">强度等级</td><td colspan="2"></td><td>密度等级</td><td></td><td colspan="2">代表数量</td><td></td></tr>
<tr><td colspan="2">试件
处理日期</td><td colspan="2">年　月　日</td><td>来样日期</td><td></td><td colspan="2">试验日期</td><td></td></tr>
<tr><td rowspan="13">试
验
结
果</td><td colspan="8">烧结普通砖</td></tr>
<tr><td colspan="3" rowspan="2">抗压强度平均值
（MPa）</td><td colspan="2">变异系数 δ≤0.21</td><td colspan="3">变异系数 δ>0.21</td></tr>
<tr><td colspan="2">强度标准值（MPa）</td><td colspan="3">单块最小强度值（MPa）</td></tr>
<tr><td colspan="3"></td><td colspan="2"></td><td colspan="3"></td></tr>
<tr><td colspan="8">轻集料混凝土小型空心砌块</td></tr>
<tr><td colspan="5">砌块抗压强度（MPa）</td><td colspan="3" rowspan="2">砌块干燥表观密度
（kg/m³）</td></tr>
<tr><td colspan="2">平均值</td><td colspan="3">最小值</td></tr>
<tr><td colspan="2"></td><td colspan="3"></td><td colspan="3"></td></tr>
<tr><td colspan="8">其他种类</td></tr>
<tr><td colspan="6">抗压强度（MPa）</td><td colspan="2">抗折强度（MPa）</td></tr>
<tr><td rowspan="2">平均值</td><td rowspan="2">最小值</td><td colspan="2">大面</td><td colspan="2">条面</td><td rowspan="2">平均值</td><td rowspan="2">最小值</td></tr>
<tr><td>平均值</td><td>最小值</td><td>平均值</td><td>最小值</td></tr>
<tr><td></td><td></td><td></td><td></td><td></td><td></td><td></td><td></td></tr>
<tr><td colspan="9">结论：</td></tr>
<tr><td colspan="2">批准</td><td colspan="2"></td><td>审核</td><td></td><td colspan="2">试验</td><td></td></tr>
<tr><td colspan="2">试验单位</td><td colspan="7"></td></tr>
<tr><td colspan="2">报告日期</td><td colspan="7">年　　月　　日</td></tr>
</table>

4. 混凝土外加剂（及其他材料）产品合格证、出厂检验报告和进场复试报告汇总表（表 4-21）

表 4-21　混凝土外加剂（及其他材料）产品合格证、出厂检验报告和进场复试报告汇总表

外加剂品种（材料名称）	生产厂家（厂 名）	产品合格证及出厂检验报告编号	进场复验编　号	使用部位

技术负责人：　　　　　　　　　　　　　　　　　　　　　　　　　质量检查员：

外加剂主要包括减水剂、早强剂、缓凝剂、防水剂、防冻剂、膨胀剂、引气剂、速凝剂和砌筑砂浆增塑剂等。

外加剂在使用前应按照现行产品标准和检测方法标准进行规定的取样复试，应具有复试报告；承重结构混凝土使用的外加剂应实行有见证取样和送检（表 4-22）。

表 4-22　混凝土外加剂试验报告

<table>
<tr><td>委托单位</td><td colspan="3"></td><td>报告编号</td><td></td></tr>
<tr><td>工程名称</td><td colspan="3">××置地·××湾三期工程 1# 楼</td><td>委托日期</td><td></td></tr>
<tr><td>生产厂家</td><td colspan="3"></td><td>试验日期</td><td></td></tr>
<tr><td>产品名称</td><td colspan="3"></td><td>报告日期</td><td></td></tr>
<tr><td>代表数量</td><td colspan="3"></td><td>产品批号</td><td></td></tr>
<tr><td rowspan="6">试
验
结
果</td><td colspan="3">试验项目</td><td colspan="2">试验结果</td></tr>
<tr><td colspan="3">一、密度（g/cm³）</td><td colspan="2"></td></tr>
<tr><td colspan="3">二、固含量（%）</td><td colspan="2"></td></tr>
<tr><td colspan="3">三、坍落度增加值（mm）</td><td colspan="2"></td></tr>
<tr><td colspan="3">四、坍落度保留值（mm）60min</td><td colspan="2"></td></tr>
<tr><td colspan="3">五、其他</td><td colspan="2"></td></tr>
<tr><td>依据标准</td><td colspan="5"></td></tr>
<tr><td>结　论</td><td colspan="5"></td></tr>
<tr><td>批准</td><td></td><td>审核</td><td></td><td>试验</td><td></td></tr>
</table>

5. 防水和保温材料合格证、复试报告汇总表（表 4-23）

表 4-23　防水和保温材料合格证、复试报告汇总表

序号	材料品种 牌号、标号	合格证 编号	生产 厂家	进场 数量	进场 日期	复试报 告编号	报告 日期	主要使用部位及 有关说明

技术负责人：　　　　　　　　　　　　　　　　　　质量检查员：

防水材料主要包括防水涂料、防水卷材、胶粘剂、止水带、膨胀胶条、密封膏、密封胶、水泥基渗透结晶型防水材料等。

防水材料必须有出厂质量合格证、法定相应资质等级检测部门出具的检测产品性能和使用说明书。防水材料的证明材料必须做到“双控”，即各验收批的出厂合格证和试验报告单二者缺一不可，而且材质的证明资料和实物做到物证相符，如有防伪认证标志的防水材料，还应在确认其产品与出厂质量合格证和物证相符合之后，摘取一份防伪认证标志，贴在产品出厂质量合格证上，一并存档。

防水材料进场后应先进行外观检查，全部指标达到标准规定时即为合格，若其中一项指标达不到要求时，则应在受检产品中加倍取样复试，只有全部达到标准时才为合格。复验时，凡规定项目中有一项不合格者为不合格产品，则应在受检产品中重复加倍复验，直到全部项目达到要求时方为合格，若仍有未达到要求的，则应由原生产单位进行退货或调换（表 4-24）。

表 4-24　防水材料试验报告

单位工程名称：××置地·××湾三期工程 1#楼

试验编号			报告编号		
委托单位			送检日期		
样品厂家			检验日期		
送样人			样品名称		
见证单位·人			型号规格		
检验依据			送检方式		
使用部位			检测环境		
序号	检测项目	计量单位	技术要求	检测结果	单项结论
1	压缩强度	kPa	≥250		
2	导热系数 （平均温度 25℃）	W/(m·K)	≤0.030		
3	吸水率 浸水 96h	%	≤1.0		
4	尺寸稳定性 (70±2)℃，48h	%	≤1.5		
5	其他				
结论					
备注					

6.（其他）建筑材料合格证、复试报告汇总表（表 4-25）

主要指一些混凝土界面剂、粘结剂以及装饰物资等的合格证及检测报告。在建筑装饰材料方面应对有隔声、隔热、防火阻燃、防水防潮和防腐等特殊要求的物资有相应的性能试验报告。室内装饰装修用的花岗石应有放射性试验报告，人造木板及饰面人造板应有甲醛含量试验报告。

表 4-25　（其他）建筑材料合格证、复试报告汇总表

序号	产品名称	生产厂家	进场数量	合格证编号	复试报告	主要使用部位及有关说明

技术负责人：　　　　　　　　　　　　　　　　　　　　质量检查员：

4.4.3　进场检验通用表格

1. 材料构配件进场检验记录（表 4-26）

(1) 进场检验

材料、构配件进场后，应由建设、监理会同施工单位对进场物资进行检查验收，填写材料、构配件进场检验记录。主要检验内容包括以下几点：物资出场质量证明文件及检验报告是否齐全；实际进场物资的数量、规格和型号等是否满足设计和施工计划要求；物资的外观质量是否满足设计要求或规范规定；按规定必须抽检的材料、构配件是否被及时抽检等。按规定应进场复试的工程物资，必须在进场检查验收后取样复试。

表 4-26　材料、构配件进场检验记录

工程名称	××置地·××湾三期工程 1# 楼				编号		
施工单位				检验日期			
序号	名称	规格型号	进场数量	生产厂家 合格证号	外观检验项目 检验结果	试件编号 复验结果	备注
检验意见（施工单位）：							
验收意见（监理/建设单位）：							
签字栏	施工单位			专业质检员	专业工长	检验员	
	建设（监理）单位				专业工程师		

（2）填表要求

材料、构配件进场后，应由建设、监理单位会同施工单位共同对进场物资进行检查验收。

对进场物资进行检查验收主要有以下检验项目：物资出厂质量证明文件及检测报告是否齐全；实际进场物资数量、规格和型号等是否满足设计和施工计划要求；物资外观质量是否满足设计要求或规范规定；按规定须抽检的材料、构配件是否及时抽检。

建筑工程采用施工总承包管理模式的，签字人员应为施工总承包单位的相关人员。

按规定应进场复试的工程物资必须在进场检查验收合格后取样复试。

2. 设备开箱检验记录（表 4-27）

表 4-27　设备开箱检查记录

工程名称	××置地·××湾三期工程 1# 楼		
施工单位		分部工程	
设备名称		装箱单号	
型号规格		总数量	
出厂编号		出厂日期	
制造厂名		检查日期	
设备主要技术性能			

续表

<table>
<tr><td rowspan="3">技术文件</td><td>装箱单</td><td>____份____张</td><td>合 格 证</td><td colspan="2">____份____张</td></tr>
<tr><td>说明书</td><td>____份____张</td><td>装箱图纸</td><td colspan="2">____份____张</td></tr>
<tr><td>其　它</td><td colspan="4"></td></tr>
<tr><td rowspan="4">设备检查情况</td><td>包　装</td><td colspan="4"></td></tr>
<tr><td>设　备
外　观</td><td colspan="4"></td></tr>
<tr><td>零部件</td><td colspan="4"></td></tr>
<tr><td>其　它</td><td colspan="4"></td></tr>
<tr><td colspan="2">存在问题及处理意见</td><td></td><td>处理情况</td><td colspan="2"></td></tr>
<tr><td colspan="2">结　论</td><td colspan="4"></td></tr>
<tr><td colspan="2" rowspan="2">专业监理工程师（建设单位项目专业技术负责人）</td><td rowspan="2"></td><td rowspan="2">施工单位</td><td>质 检 员</td><td></td></tr>
<tr><td>施 工 员</td><td></td></tr>
</table>

设备进场后，由建设（监理）单位、施工单位、供货单位共同开箱检验。设备必须具有中文质量合格证明文件，规格型号及性能检测报告应符合国家技术标准或设计要求，进场时应进行检查验收。主要器具和设备必须有完整的安装使用说明书。在运输、保管和施工过程中，应采取有效措施防止设备被损坏或腐蚀。对于检验结果中出现的缺损附件、备件要列出明细，待供应单位更换后重新验收。测试情况的填写应依据专项施工及验收规范的相关条目。

任务 4.5　整理施工记录

施工记录是对在施工过程中形成的，确保工程质量与安全的各种检查记录的统称，包括对重要工程项目或关键部位的施工方法、使用材料、构配件、操作人员、时间、施工情况等进行的记载，并经有关人员签字。施工记录的内容应达到满足检验批验收的需要。

4.5.1　工程定位测量记录

工程定位测量记录不仅是工程开工前的一项重要记录，而且是施工过程中保证工程位置、标高正确的必须程序。本表要求对建筑总平面、基础平面、各楼层平面进行测量并形成记录（表 4-28）。

1. 工程定位测量记录包括

校核标准轴线桩点、平面控制网；校核引进现场施工用水准点；检查计算资料及成果，填写《工程定位测量记录》报监理审核；工程定位测量完成（经内部检查）后，应由建设单位报请具有相应资质的测绘部门验线。

表 4-28　工程定位测量记录

<table>
<tr><td>建设单位</td><td colspan="2"></td><td>设计单位</td><td colspan="2"></td></tr>
<tr><td>工程名称</td><td colspan="2">××置地·××湾三期工程 1# 楼</td><td>图纸依据</td><td colspan="2"></td></tr>
<tr><td>引进水准点位置</td><td></td><td>水准高程</td><td></td><td>单位工程±0.00</td><td></td></tr>
<tr><td colspan="6">工程位置草图</td></tr>
<tr><td>施工单位</td><td colspan="2">放线人：　　　复核人：
技术负责人：
年　月　日</td><td>监理（建设）单位</td><td colspan="2">监理工程师：
（建设单位项目负责人）：
年　月　日</td></tr>
<tr><td>设计单位</td><td colspan="5">项目负责人：
年　月　日</td></tr>
</table>

2. 表格填写要求

工程名称、建设单位、施工单位均应填写全称，并与图纸相符。

图纸依据填写施工图纸编号，如总平面图、基础平面图，以及测绘院出具的测量成果资料编号。

水准点位置、水准高程、单位工程±0.00 应按建设单位提供的测绘资料如实填写。

工程位置草图应将建筑物位置线、重要控制线、尺寸及指北针方向、现场标准水准点、坐标点等采用适当比例绘制在此栏内。坐标、高程依据要标注引出位置，并标出它与建筑物的关系。此栏内必须填写复检结果的具体数字，并同时要求采用电脑打印，复测的结果必须符合设计要求及《工程测量规范（附条文说明）》(GB 50026—2007）的规定。

4.5.2　隐蔽工程验收记录

隐蔽工程是指施工过程中，上一工序的工作结果将被下一工序所掩盖，无法再次进行检查的工程部位。隐蔽工程检查是保证工程质量与安全的重要过程控制检查，是检验批质量验收的重要依据。凡未经隐蔽工程验收或验收不合格的工程，不得进行下道工序的施工。隐蔽工程验收必须在被隐蔽工程的施工全部完成，且各项检查、检验、测试、试验亦全部合格后进行。

隐蔽检查记录即通过文字或图形等形式，将工程隐检项目的隐检内容、质量情况、检查意见、复查意见等记录下来，作为以后建筑工程的维护、改造、扩建等重要的技术资料。

隐蔽工程验收记录是通用表格，适用于各隐蔽工程项目，所有隐蔽工程项目均应在隐蔽前进行检查验收并填写此表（表 4-29）。

1. 在编制隐蔽工程验收记录时，应注意以下项目

(1) 隐蔽部位

隐蔽部位是被隐蔽工程在工程具体位置的描述，这个位置在这项工程中应是唯一的。要达到隐蔽验收记录唯一性的要求，必须准确描述被隐蔽工程的详细位置，应以楼层、轴线和在楼层中的相对标高对被隐蔽工程的空间位置进行准确的定位。

隐蔽工程检查、验收的依据：

既然是验收，就必须有依据，隐蔽工程的验收依据首先就是设计的要求，其次是施工质量验收规范的规定。

（2）检查内容

各分部分项工程的隐蔽工程检查内容是不同的，基本要求是隐蔽工程的材料是否符合设计要求、隐蔽材料的性能是否符合设计及质量验收规范的规定、隐蔽工程材料的数量是否符合设计要求、隐蔽工程的位置是否符合设计要求、隐蔽工程的施工方法是否正确、隐蔽前应进行的各项检测试验是否已经完成并已合格等。

表4-29　隐蔽工程验收记录

工程名称	××置地·××湾三期工程 $1^{\#}$ 楼	项目经理	
分项工程名称	卷材防水层分项	专业工长	
隐蔽工程项目	卷材防水层	施工单位	
施工标准名称及代号	《建筑装饰装修工程质量验收规范》GB 50210—2001	施工图名称及编号	
隐蔽工程部位	质量要求	施工单位自查记录	监理（建设）单位验收记录
卫生间	隔离层的材料，其材质必须符合设计要求和国家产品标准的规定。	隔离层材质符合设计和国家规定要求。	
	在水泥类找平层上铺设防水隔离层时，其表面应坚固、洁净、干燥。铺设前应涂刷基层处理剂。基层处理剂应采用同类涂料的底子油。	基层找平层表面坚固、洁净、干燥，铺设前采用配套的基层处理剂涂刷基层。	
	铺设防水隔离层时，在靠近墙面处应高出面层200～300mm。阴阳角应增加铺涂附加防水隔离层。	在靠近墙面处铺设隔离层高出面层500mm，安装浴房的墙面高出面层2000mm，阴阳角处增加铺涂附加铺涂防水隔离层两遍。	
	防水材料铺设后，必须蓄水试验。蓄水深度应为20～30mm，24h内无渗漏为合格，并做记录。	防水材料铺设后已进行24h蓄水试验。蓄水深度为30mm。试验合格无渗漏，且已做记录。	
	隔离层与下一层粘结牢固，不得有空鼓；防水涂层应平整均匀无脱皮起壳裂缝鼓泡等缺陷。	隔离层与基层水泥找平层粘结牢固无空鼓，防水涂层应平整均匀无脱皮起壳裂缝鼓泡等缺陷。	
施工单位自查结论	经检查，本分项工程符合设计及国家相关规定要求。 施工单位项目技术负责人：　　　　年　月　日		
监理（建设）单位验收结论	监理工程师（建设单位项目负责人）：　　　　年　月　日		

2. 通常需做隐蔽的部位

（1）地基工程有：槽底打钎，槽底土质情况，基槽尺寸和槽底标高，槽底坟、井、坑和橡皮土等的处理情况，地下水的排除情况，排水暗沟、暗管的设置情况，土的更换情况，试桩和打桩情况等。

（2）钢筋混凝土工程有：基础所配置的规格、形状、数量、接头位置及预埋件；装配式结构构件的接头；钢材焊接的焊缝、接头形式、焊缝长度、宽度、高度及焊缝外观质量；沉降缝及伸缩缝处理情况等。

（3）砌体工程有：基础及砌体中的钢筋配置及有关预埋件情况。

（4）地面工程有：地面下的地基、各种防护层以及经过防腐处理的结构或配件处理情况。

（5）保温、隔热工程有：保温层和隔热层铺设情况。

（6）防水工程有：将被土、水、砌体或其他结构所覆盖的防水部位及管道、设备穿过防水层处。找平层的厚度、平整度、坡度及防水构造节点处理的质量情况。组成结构或各种防水层的原材料、制品及配件质量，各种防水层的抗渗、强度和耐久性等情况。

以钢筋隐蔽为例，其检查内容应有以下项目：

钢筋的规格、品种是否符合设计要求；钢筋数量、间距是否符合设计要求；钢筋锚固长度是否符合设计要求；钢筋复试结果是否符合钢材质量标准和混凝土工程施工质量验收规范的规定；钢筋保护层厚度是否符合混凝土工程施工质量验收规范的规定；钢筋外观质量是否符合混凝土工程施工质量验收规范的规定；钢筋接头的位置及同一截面内的接头率是否符合混凝土工程施工质量验收规范的规定；钢筋接头质量是否符合混凝土工程施工质量验收规范的规定；钢筋绑扎是否符合混凝土工程施工质量验收规范的规定。

3. 检查结果

检查结果应由施工单位根据检查内容进行逐项检查并将结果按实际状况填写，不应仅填写“符合设计要求、符合规范要求”。

以某梁钢筋隐蔽为例，其检查结果应填写：主筋××上下各××根；架力筋为××在梁两侧××布置；箍筋为××加密区为××在梁两端××mm 范围。主筋定位采用工具式定位卡，钢筋间距均匀。下部主筋锚固长度伸入支座××mm，上部主筋为××布置。钢筋进场复试合格，主筋拉屈比××，屈屈比××，复试报告编号××××，复试时间××年××月××日。梁主筋保护层厚度××mm，采用××垫块，交错布置间距××mm，无遗漏。上部主筋接头位置均在距梁端××mm 至××mm 范围内，且同一截面内的接头率均最多为××根。接头试验报告编号××××，试验日期××年××月××日。钢筋绑扎牢固，各交点均采用双丝绑扎，丝头全部向内。经与设计要求及规范规定核对，上述各项均符合要求，提请监理验收。

4. 验收结论

验收结论必须由监理作出明确结论意见，结论意见应说明一下内容：

（1）施工单位的自检情况是否与实际相符。

（2）是否符合设计要求、是否符合规范规定。

（3）是否同意验收。

4.5.3　基坑（槽）工程施工验收记录

建筑物基坑开挖至设计标高后，应对坑底进行保护，施工单位与设计、建设、勘察、监理单位共同现场验槽，通过后五方签认形成《基坑（槽）工程施工验收记录》（表 4-30）。验槽合格后，方可进行垫层施工。

1. 验槽内容

（1）基坑（槽）的几何尺寸、槽底标高（绝对标高或相对标高）、挖土深度（最小埋置深度）是否符合设计要求。如有局部加深、加宽者，应附图说明其原因及部位。

（2）观察检查槽底土层的情况，地基土的颜色是否均匀，地基土严禁受到扰动。

（3）检查地基持力层是否与勘察设计资料相符。

（4）表层土的坚硬程度有无局部软硬不均，并对地基匀质性作出评价。

（5）对照地基的钎探点平面图，核查钎探布孔和孔深是否满足要求；打钎记录的锤重、落距、钎径是否符合规范规定要求；钎探完毕后是否作出打钎记录分析，钎探异常部位应在钎探平面图中注明。

（6）采用桩基的，应核查桩位偏差、数量、桩顶标高；桩基检测结果、桩基施工记录是否符合设计要求和规范规定。

（7）基底形成超挖的，是否已按照设计要求进行处理。

2. 验槽部位

按实际检查部位填写。若分段进行验槽的，则应按轴线注明验槽部位。

3. 验槽依据

施工图纸、设计变更/洽商、施工质量验收规范、施工组织设计和施工方案。

4. 检查意见

应由勘察、设计单位出具，对验槽内容是否符合勘察、设计文件要求作出评价，是否同意通过验收。对需要地基处理的基槽，应注明质量问题并提出具体的地基处理意见。

地基验槽属于重要的施工检查记录，由建设、监理、设计、勘察、施工单位各保存一份。

表 4-30　基坑（槽）工程施工验收记录

<table>
<tr><td>工程名称</td><td colspan="2">××置地·××湾三期工程 $1^{\#}$ 楼</td><td colspan="2">编号</td><td></td></tr>
<tr><td>验槽部位</td><td colspan="2"></td><td colspan="2">验槽日期</td><td></td></tr>
<tr><td>验槽依据</td><td colspan="5">设计图纸</td></tr>
<tr><td>验槽内容</td><td colspan="5">位置及尺寸，槽底标高，土质情况，地下水情况，槽底是否有异物情况，排降水方式，支护位移情况。</td></tr>
<tr><td>检查意见</td><td colspan="5">尺寸 220m×84m，标高底板－6.8m、－8.1m、－7.3m、排水沟－6.95m、集水坑－7.9、柱帽－7.1m，土质较均匀，槽底表层无水，设 30mm×30mm 盲沟，槽底无异物，集中排水用水泵排水，无位移情况。</td></tr>
<tr><td>检查结论</td><td colspan="5">检查符合设计及规范要求。</td></tr>
<tr><td rowspan="2">签字栏</td><td>建设单位</td><td>设计单位</td><td>勘察单位</td><td>施工单位</td><td>监理单位</td></tr>
<tr><td></td><td></td><td></td><td></td><td></td></tr>
</table>

4.5.4 地基处理工程验收记录

基槽开挖施工中遇到坟穴、废井等局部异常现象，或地基验槽中发现问题的，应各方共同商定地基处理意见，由施工单位依据处理意见进行地基处理并办理工程洽商。

地基处理完成后，由监理单位组织勘察、施工单位进行复查，合格后形成地基处理工程验收记录，其内容包括地基处理依据、方式、处理部位、深度及处理结果等（表 4-31）。当地基处理范围较大，处理方式较复杂，用文字描述较困难时，应附简图示意处理部位、深度、特征及处理方法等。

处理依据可以是地基验槽记录、地基处理的工程洽商或勘察设计单位出具的正式书面意见。

处理部位和深度应尽可能采用简图的形式描述地基处理的平面范围、深度等。

检查意见应由勘察设计单位填写。如勘察设计单位委托监理单位进行地基处理检查的，应有书面的委托记录。

地基处理记录由建设、监理、设计、勘察、施工单位各保存一份。

表 4-31 地基处理工程验收记录

工程名称	××置地·××湾三期工程 1# 楼	编号		日期	
处理依据及方式	*处理依据：(1)《建筑地基基础工程施工质量验收规范》(GB 50202—2002)； (2)《建筑地基处理技术规范》(JGJ 79—2002)； (3) 本工程《地基基础施工方案》； (4) 设计变更/洽商（编号××）及钎探记录。 方式：填级配石厚 200mm。*				
处理范围示意图					
处理结果	*填级配石厚 200mm 1. 先将基底松土及橡皮土清至老土层。 2. 按设计要求两侧钉好水平桩，标高控制在−2.2m 为回填级配石上平。 3. 回填级配石的粒径不大于 10cm，且无草根、垃圾等有机物。 4. 填好基配石后用平板振动器振捣遍数不少于三遍。 5. 排水沟内填卵石，不含有砂子，标高至基底上表面。 6. 级配石的运输方法：用钉好的溜槽投料，严禁将配石由上直接投入槽中。*				
检查意见	*经复验，已按洽商要求施工完毕，符合质量验收规范要求，可以进行下道工序施工。*				
签字栏	建设单位	设计单位	勘察单位	施工单位	监理单位

4.5.5 沉降观测记录

沉降观测记录是为保证建（构）筑物的质量满足设计对建筑使用年限的要求而对该建筑物进行的沉降观测的记录资料（表 4-32）。

1. 水准基点的设置

建筑物的沉降观测是根据建筑物附近的水准点进行的，所以这些水准点必须坚固稳定。

为了对水准点进行相互校核，防止其本身产生变化，水准点的数目应尽量不少于3个，以组成水准网。对水准点要定期进行高程检测，以保证沉降观测成果的正确性。

在布设水准点时应考虑下列因素：

（1）水准点应尽量与观测点接近，其距离不应超过100m，以保证观测的精度；

（2）水准点应布设在受振区域以外的安全地点，以防止受到振动的影响；

（3）离开公路、铁路、地下管道和滑坡至少5m。避免埋设在低洼易积水处及松软土地带；

（4）为防止水准点受到冻胀的影响，水准点的埋设深度至少要在冰冻线下0.5m；

（5）在一般情况下，可以利用工程施工时使用的水准点，作为沉降观测的水准基点。如果由于施工场地的水准点离建筑物较远或条件不好，为了便于进行沉降观测和提高精度，可在建筑物附近另行埋设水准基点。

2. 观测点的布置和要求

观测点的位置和数量，应根据基础的构造、荷重以及工程地质和水文地质的情况而定。高层建筑物应沿其周围每隔15～30m设一点，房角、纵横墙连接处以及沉降缝的两旁均应设置观测点。工业厂房的观测点可布置在基础、柱子、承重墙及厂房转角处。点的密度视厂房结构、吊车起重量及地基土质情况而定。厂房扩建时，应在连接处两侧布置观测点。大型设备基础及较大动荷载的周围、基础形式改变处及地质条件变化之处，皆容易产生沉降，必须布设适量的观测点。烟囱、水塔、高炉、油罐、炼油塔等圆形构筑物，则应在其基础的对称轴线上布设观测点。总之，观测点应设置在能表示出沉降特征的地点。

表4-32　建筑物沉降观测记录

工程名称＿＿＿＿＿＿＿＿＿＿＿＿

结构型式＿＿＿＿＿＿＿＿＿＿＿＿　层次＿＿＿＿＿＿　仪　器＿＿＿＿＿＿＿

水准点号数及高程＿＿＿＿＿＿＿＿＿＿＿＿

测点	日期	日期		年　月　日			年　月　日			年　月　日		
	初次高程（m）	高程（m）	本次下沉（mm）	高程（m）	本次下沉（mm）	累计下沉（mm）	高程（m）	本次下沉（mm）	累计下沉（mm）	高程（m）	本次下沉（mm）	累计下沉（mm）
形象进度												
沉陷观测点布置图												

观测单位：　　　　观测人：　　　　技术负责人：

3. 沉降观测的方法和一般规定

沉降观测的时间和次数，应根据工程性质、工程进度、地基土质情况及基础荷重增加情况等决定。

（1）在施工期间沉降观测次数

较大荷重增加前后（如基础浇灌、回填土、安装柱子、房架、砖墙每砌筑一层楼、设备安装、设备运转、工业炉砌筑期间、烟囱每增加 15m 左右等)，均应进行观测；如施工期间中途停工时间较长，应在停工时和复工前进行观测；当基础附近地面荷重突然增加，周围大量积水及暴雨后，或周围大量挖方等，均应观测。

(2) 工程投产后的沉降观测时间

工程投入生产后，应连续进行观测，观测时间的间隔，可按沉降量大小及速度而定，在开始时间隔短一些，以后随着沉降速度的减慢，可逐渐延长，直到沉降稳定为止。

4.5.6　混凝土有关记录

1. 预拌混凝土运输交接记录

预拌混凝土供应单位应随车向施工单位提供预拌混凝土运输交接记录。

应检查提供运输单的混凝土等级等指标与委托单合同是否相符，实际坍落度是否符合要求。冬期施工时应测量现场出罐温度。

2. 混凝土开盘鉴定（表 4-33）

表 4-33　混凝土开盘鉴定

工程名称	××置地 · ××湾三期工程 1#楼				鉴定编号			
部位					搅拌方式			
施工单位					要求坍落度（mm）			
强度等级					试验单位			
配合比编号								
材料名称	水泥	砂子	石子	水	外加剂 1	外加剂 2	掺合料 1	掺合料 2
品种规格								
级别								
原材料来源								
设计每 m^3 用料（kg）								
调整后每盘用料（kg）								
鉴定结果	鉴定项目	混凝土拌合物性能			混凝土试块抗压强度		原材料与申请单是否相符	
		坍落度（mm）	保水性	粘聚性				
鉴定结论								
监理工程师（建设单位项目技术负责人）	混凝土试配单位负责人			施工单位负责人（专业技术负责人）		搅拌机组负责人		
鉴定日期								

首次使用的自拌混凝土，在使用前应对混凝土的配合比进行开盘鉴定，以检验其工作性能是否能满足设计配合比的需要。

混凝土开盘鉴定是根据混凝土的强度等级、配合比、混凝土一次浇筑量以及浇筑部位确定的。

混凝土开盘鉴定表由施工单位填写。按照试验室提供的混凝土配合比在现场首次配制使用时，应由施工单位、监理单位、搅拌机组、混凝土试配单位共同进行开盘鉴定，保证现场施工所用材料、拌合物性能与试验条件相符，以满足设计要求和施工需要。预拌混凝土由混凝土供应单位进行开盘鉴定并保存相应资料。

3. 混凝土工程施工记录

由施工单位填写。在混凝土工程施工过程中应对混凝土施工情况，包括搅拌过程、浇筑过程、试块留置情况、材料使用情况、监理单位旁站见证情况进行记录。

4. 混凝土浇灌、拆模申请单

本表由施工单位填写（表4-34）。

表4-34　混凝土拆模申请单

<table>
<tr><td>工程名称</td><td colspan="5">××置地·××湾三期工程1#楼</td></tr>
<tr><td>申请拆模部位</td><td colspan="2"></td><td>申请人</td><td colspan="2"></td></tr>
<tr><td>混凝土强度等级</td><td></td><td>混凝土浇筑
完成时间</td><td></td><td>申请
拆模日期</td><td></td></tr>
<tr><td colspan="6">构件类型（注：在所选择构件类型的□内划“√”）</td></tr>
<tr><td rowspan="3">□墙</td><td rowspan="3">□柱</td><td rowspan="3">板：□跨度≤2m　□2m<跨度≤8m　□跨度>8m</td><td rowspan="3">梁：□跨度≤8m
□跨度>8m</td><td rowspan="3">□悬臂构件</td><td></td></tr>
<tr><td></td></tr>
<tr><td></td></tr>
<tr><td colspan="2">拆模时混凝土强度要求</td><td>龄期
（d）</td><td>同条件混凝土
抗压强度（MPa）</td><td>达到设计强度
等级（%）</td><td>强度报告编号</td></tr>
<tr><td colspan="2">应达到设计
强度的%或（MPa）</td><td></td><td></td><td></td><td></td></tr>
<tr><td colspan="6">致：＿＿＿＿＿＿（监理单位）
我方申请＿＿＿＿＿＿＿＿＿＿＿＿＿＿＿＿的模板拆除，请予以审查。
附件：
1. 混凝土试块抗压强度报告
2. 拆模施工方案
项目（专业）技术负责人：
年　月　日</td></tr>
<tr><td colspan="6">监理单位（建设单位）审批意见：
监理工程师：
年　月　日</td></tr>
</table>

在浇筑混凝土前，施工单位应对要隐蔽的钢筋工程、模板工程、水电安装工程进行检查验收，合格后填写混凝土浇灌申请书，报监理单位审批同意后方可浇筑混凝土。

在拆除现浇混凝土结构板、梁、悬臂构件等底模前，混凝土强度应满足设计要求；当设计无要求时，应满足现行规范要求。应填写混凝土拆模申请批准单，并附混凝土强度等级报告，报项目专业负责人审批后报监理单位审核，通过后方可拆模。

5. 混凝土养护测温记录

（1）混凝土拌制期间测温的要求（表 4-35）

混凝土拌制期间，应控制混凝土的出罐温度不低于+10℃，入模温度不低于+5℃。混凝土出罐温度、入模温度每间隔 1h 测量 1 次，且每一工作台班不应少于 4 次。混凝土出罐温度应在混凝土出料口处测定，如果是泵送混凝土，应在混凝土输送泵入口测定；入模温度应在将混凝土倒入模板内时测定，如果是泵送混凝土，应在混凝土输送泵出口处测定。室外环境温度（即大气温度）每昼夜测量 4 次，测温时间分别为 2:00、8:00、14:00、20:00。

（2）混凝土养护期间测温的要求

混凝土入模后 1h 第一次测温，在强度未达到混凝土受冻临界强度（4.0MPa）以前，每隔 2h 测量 1 次；达到混凝土受冻临界强度后，每 6h 测温 1 次，应连续测温 48h。混凝土的测温孔应预先留设并编号，其位置应在平面图中标出，记录表中的编号要与平面图编号对应。测温孔可采用预埋内径 12mm 的金属套管制作，留孔时要有专人看管，以防施工踩（压）实测温孔。测温孔的位置应选择在温度变化大、容易散失热量及易于遭受冻结的部位，西北部或前阴的地方应多设置。测温孔的口不宜迎风设置且临时封闭。

表 4-35　混凝土养护测温记录

<table>
<tr><td colspan="3">工程名称</td><td colspan="19">××置地·××湾三期工程 1# 楼</td></tr>
<tr><td colspan="3">部　位</td><td colspan="8"></td><td colspan="4">养护方法</td><td colspan="3"></td><td colspan="3">测温方式</td><td></td></tr>
<tr><td colspan="3">测温时间</td><td rowspan="2">大气温度（℃）</td><td colspan="14">原材料温度（℃）</td><td rowspan="2">平均温度（℃）</td><td rowspan="2">间隔时间（h）</td><td colspan="2">成熟度</td></tr>
<tr><td>月</td><td>日</td><td>时</td><td>1#</td><td>2#</td><td>3#</td><td>4#</td><td>5#</td><td>6#</td><td>7#</td><td>8#</td><td>9#</td><td>10#</td><td>11#</td><td>12#</td><td>13#</td><td>14#</td><td>本次</td><td>累计</td></tr>
<tr><td></td><td></td><td></td><td></td><td></td><td></td><td></td><td></td><td></td><td></td><td></td><td></td><td></td><td></td><td></td><td></td><td></td><td></td><td></td><td></td><td></td><td></td></tr>
<tr><td></td><td></td><td></td><td></td><td></td><td></td><td></td><td></td><td></td><td></td><td></td><td></td><td></td><td></td><td></td><td></td><td></td><td></td><td></td><td></td><td></td><td></td></tr>
<tr><td></td><td></td><td></td><td></td><td></td><td></td><td></td><td></td><td></td><td></td><td></td><td></td><td></td><td></td><td></td><td></td><td></td><td></td><td></td><td></td><td></td><td></td></tr>
<tr><td colspan="5">审核意见</td><td colspan="17"></td></tr>
<tr><td colspan="5">专业技术负责人</td><td colspan="12">专业质检员</td><td colspan="5">记录人</td></tr>
<tr><td colspan="5"></td><td colspan="12"></td><td colspan="5"></td></tr>
</table>

（3）填表要求

本表由施工单位填写。混凝土冬季施工养护测温应根据冬期施工方案的要求进行测温记录，记录内容包括大气温度、各测温孔的实测温度、同一时间测得的各测温孔的平均温度和间隔时间等，并绘制测温点布置图，内容包括测温点的部位、深度等。

6. 大体积混凝土养护测温记录

本表应由施工单位填写。大体积混凝土施工应对混凝土入模时的大气温度、养护温度、内外温差和裂缝进行检查并记录，并附测温点布置图和温度曲线分析图。

4.5.7　构件吊装记录

本表应由施工单位填写（表 4-36）。在安装预制混凝土结构构件，钢结构，大型钢、木构件吊装时，应对构件的型号、名称、安装位置、外观、楼板堵孔、清理、锚固、构件支点的搁置与搭接长度、接头处理、固定方法、标高、垂直偏差等进行检查，检查记录应符合设计和现行标准、规范要求。

表 4-36　构件吊装记录

<table>
<tr><td>工程名称</td><td colspan="3">××置地 · ××湾三期工程 1# 楼</td><td colspan="2">编号</td><td colspan="2"></td></tr>
<tr><td>使用部位</td><td colspan="3"></td><td colspan="2">吊装日期</td><td colspan="2"></td></tr>
<tr><td rowspan="2">序号</td><td rowspan="2">构件名称及编号</td><td rowspan="2">安装位置</td><td colspan="4">安装检查</td><td rowspan="2">备注</td></tr>
<tr><td>搁置与搭接尺寸</td><td>接头（点）处理</td><td>固定方法</td><td>标高检查</td></tr>
<tr><td></td><td></td><td></td><td></td><td></td><td></td><td></td><td></td></tr>
<tr><td></td><td></td><td></td><td></td><td></td><td></td><td></td><td></td></tr>
<tr><td colspan="8">结论：</td></tr>
<tr><td colspan="8">施工单位：　　　　　　　　专业技术负责人：　　　　　　　　专业质检员：</td></tr>
</table>

任务 4.6　整理施工试验记录及检测文件

4.6.1　建筑与结构工程施工试验记录

建筑与结构工程施工试验记录主要包括：钢筋连接试验报告，回填土试验报告，砂浆配合比申请单，砂浆配合比通知单，砂浆抗压强度试验报告，砌筑砂浆试块强度统计、评定记录，混凝土配合比申请单，混凝土配合比通知单，混凝土抗压强度试验报告，混凝土试块强度统计、评定记录，混凝土抗渗试验报告，饰面砖粘接强度试验报告，钢结构工程施工试验记录，木结构工程施工试验记录，幕墙工程施工试验记录等。

1. 钢筋连接试验报告

钢筋连接试验报告由具备相应资质等级的检测单位出具后随相关资料进入资料流程（表 4-37）。用于焊接、机械连接钢筋的力学性能和工艺性能应符合现行国家标准的规定。在正式焊（连）接工程开始前及施工过程中，应对每批进场钢筋在现场条件下进行工艺检验，工艺检验合格后方可进行焊接或机械连接的施工。对承重结构工程中的钢筋连接接头应按规定实行有见证取样和送检的管理。采用机械连接接头型式施工时，技术提供单位应提交有相应资质等级的检测机构出具的型式检验报告。焊（连）接工人必须持有效的岗位证书上岗。试验报告中应写明工程名称、钢筋级别、接头类型、规格、代表数量、检验形式、试验数据、试验日期以及试验结果。

表 4-37　钢筋连接试验报告

委托单位：　　　　　　　　　　　　　　　　　试验编号：

工程名称	××置地·××湾三期工程 $1^{\#}$楼			委托日期	
使用部位				报告日期	
钢材类型		原材料试验编号		检验类型	
接头类型		代表数量		操作人	
公称直径（mm）	屈服点（MPa）	抗拉强度（MPa）	断口特征及位置	冷弯条件	冷弯结果
依据标准：					
检验结论：					
备注：					
试验单位：	技术负责人：	审核：	试（检）验：		

2. 回填土试验报告

回填土试验报告应附图，其具体填写要求如下：

由具备相应资质等级的检测单位出具后随相关资料进入资料流程。土的干密度试验报告表中的委托单位、工程名称、施工部位、回填土种类，要求最小干密度应由施工单位填写清楚、齐全。取样位置由取样单位填写清楚。施工部位一定要写清楚。回填土种类，具体填写素土、灰土（如 3：7 灰土）、砂或级配石等。土质分为黏质粉土、粉质黏土、黏土等。要求最小干密度，对设计图纸有要求的，应填写设计要求值；设计图纸无要求的，应符合下列标准：

素土，一般情况下其干密度应不小于 1.65g/cm^3，黏土不小于 1.49g/cm^3；灰土，黏质粉土要求最小干密度应不小于 1.55g/cm^3，粉质黏土要求最小干密度应不小于 1.50g/cm^3，黏土要求最小干密度应不小于 1.45g/cm^3；砂不小于在中密度状态时的干密度，中砂应不小于 1.55～1.60g/cm^3；级配砂石要求最小干密度应不小于 2.1～2.2g/cm^3。回填土必须分层夯压密实，并分层、分段取样做干密度试验。施工试验资料主要是取样平面位置图和回填土干密度试验报告。

3. 砂浆配合比申请单、通知单

在砌体结构施工前，施工单位应根据设计要求的砂浆强度等级，填写砂浆配合比申请单，提请具有资质的试验单位进行砂浆试配。试验单位根据试配结果出具砂浆配合比通知单（表 4-38）。

（1）砂浆试配要求如下：

不论砂浆工程量大小、强度等级高低，均应进行试配，并按配合比通知单拌制砂浆，严禁使用经验配合比；申请试配应提供砂浆的技术要求、原材料的有关性能、砂浆的搅拌、施工方法及养护方法，设计有特殊要求的砂浆，还应特别予以详细说明；进行砂浆配合比设计时，砂浆稠度、分层度、强度为必检项目，实验室在进行砂浆试配中应进行此三项试验。

（2）砂浆配合比申请单填写要求如下：

砂浆配合比申请单由施工单位根据设计图纸要求填写，所有项目必须填写清楚、明了，不得有遗漏、空项；水泥、砂子尚未做试验的，应先进行试验，试验合格后再做试配，试验编号必须填写准确、清楚。

（3）砂浆配合比通知单填写要求如下：

配合比通知单是由试验单位根据试配结果选取最佳配合比填写签发的；施工中要严格按配比计量施工，施工单位不能随意变更；配合比通知单应字迹清晰、无涂改、签字齐全；施工单位应验看配合比通知单，并注意通知单上的备注说明。

表4-38　砂浆配合比通知单

工程名称	××置地·××湾三期工程1#楼		委托单位	
配合比编号			试配编号	
砂浆种类			水泥品种	
强度等级			报告日期	年　月　日
材料名称	配合比			
	水泥	砂	水	掺合料	外加剂
每1m³用量（kg）					
比例					
注：砂浆稠度为70～100mm，白灰膏稠度为120mm					
负责人	审核	计算	试验	

4. 砂浆抗压强度试验报告

砂浆抗压强度试验报告的具体填写要求如下：

砂浆试块试压报告中的上半部项目应由施工单位填写齐全、清楚。施工中有的项目应画斜杠或填写“无”。工程名称及部位要填写详细、具体，配合比要依据配合比通知单填写，水泥品种及强度等级、砂子产地、细度模数、掺合料及外加剂要据实填写，并和原材料试验单、配合比通知单对应。作为强度评定的试块，必须是标准养护28d的试块，龄期28d不能迟或者早，要推算准确试压日期，填写在“要求试压日期”栏内，交试验室试验。领取试压报告时，应验看报告中是否字迹清晰，有无涂改，签章是否齐全，结论是否明确，试压日期与要求试压日期是否符合。同组试块抗压强度的离散性和达到设计强度的百分数是否符合规范要求，合格的进行存档，否则应通知有关部门和单位进行处理或更正后再归档保存。

5. 砌筑砂浆试块强度统计、评定记录

砌筑砂浆试块强度统计、评定记录的填写要求如下：

由具备相应资质等级的检测单位出具后，随相关资料进入资料流程。应有按规定留置的龄期为28d标准养护试块的抗压强度试验报告。应有配合比申请单和试验室签发的配合比通知单。承重结构的砌筑砂浆试块应按规定实行有见证取样和送检。砂浆试块的留置数量及必试项目应符合规程要求。应有单位工程砌筑砂浆试块抗压强度统计、评定记录，按同一类型、同一强度等级砂浆为一验收批进行统计。

6. 混凝土配合比申请单、通知单

在混凝土工程施工前，施工单位应根据设计要求的混凝土强度等级，填写混凝土配合比申请单（表 4-39），提请具有资质的试验单位进行混凝土试配，试验单位根据试配结果出具混凝土配合比通知单（表 4-40）。

（1）混凝土配合比申请单填写要求如下：

混凝土配合比申请单中的项目都应填写，不要有空项，没有的项目填写“无”或画斜杠。混凝土配合比申请单至少一式三份。工程名称要具体，施工部位要注明。承重结构所用水泥必须进行复试，如尚未做试验，须等试验合格后再做试配。进场日期指水泥运到施工单位的时间。混凝土用砂、石应先做试验，配合比申请单中的砂、石各项目要依照砂、石试验报告填写。一般高于或等于 C30 和有抗冻、抗渗或其他特殊要求的混凝土用砂，其含泥量按重量计不大于 3%，石子含泥量不大于 1%；低于 C30 的混凝土用砂含泥量不大于 5%，石子含泥量不大于 2%。其他材料、掺合料、外加剂有则按实际填写，没有则写“无”或画斜杠，不应空缺。

表 4-39　混凝土配合比申请单

工程名称	××置地·××湾三期工程 1$^{\#}$楼				
施工单位			试验委托人		
委托单位			委托编号		
要求坍落度			设计强度等级		
搅拌方法			振捣方法		
养护方法			试验编号		
水泥品种		生产厂家		试验编号	
砂 产 地		粗细级别		试验编号	
石子产地		最大粒径（mm）		试验编号	
掺合料种类			外加剂种类		
申请日期	年　月　日		要求使用日期	年　月　日	

（2）混凝土配合比通知单填写要求如下：

配合比通知单是由试验室经试配，选取最佳配合比填写签发的。施工中要严格按此配合比计量施工，不得随意修改。施工单位领取配合比通知单后，要验看是否字迹清晰、签章齐全、无涂改并与申请要求吻合，并注意配合比通知单上的备注说明。混凝土配合比申请单及通知单是混凝土施工试验的一项重要资料，要归档妥善保存，不得遗失、损坏。

表 4-40　混凝土配合比通知单

报告日期：

工程名称	××置地·××湾三期工程 1$^{\#}$楼	委托单位	
配合比编号		试配编号	
水胶比		水灰比	
砂率		强度等级	

续表

材料名称	配合比				
	水泥	砂	水	掺合料	外加剂
每 $1m^3$ 用量（kg）					
比例					
说明：					

负责人	审核	计算	试验

7. 混凝土抗压强度试验报告

混凝土抗压强度试验报告填写要求如下：

表中上半部分的栏目由施工单位填写，其余部分由试验室负责填写。所有栏目应根据实际情况填写，不应空缺，加盖试验室试验章后方可生效。工程名称与部位要写具体。填写实测坍落度值。水泥、砂、石及配合比，依据其原材料试验单、配合比通知单填写齐全。按施工要求龄期填写，作为评定结构或构件混凝土强度质量的试块必须是28d的龄期。要求试验日期＝制模日期＋龄期。标准养护或同条件养护按实际情况填写。

8. 混凝土试块试压报告汇总表、标准养护混凝土强度评定、同条件养护混凝土强度评定

混凝土试块强度统计、评定记录是对单位工程混凝土强度进行综合核查的评定用表，它既是混凝土抗压强度试验报告的汇总表，也是单位工程评定混凝土强度是否符合设计要求的核查记录。

混凝土抗压强度评定采用28d标准养护试件和同条件养护试件的抗压强度共同评定，以标准养护的为准，同条件养护的为辅。混凝土试块试压后，应将试压报告按时间的先后顺序装订在一起并编号，及时登记在混凝土试块试压报告汇总表中（表4-41）。

表4-41　混凝土试块试压报告汇总表

工程名称：××置地·××湾三期工程1#楼　　　　该验收批设计等级：

序号	$f_{cu,i}$（MPa）	龄期	代表部位	养护条件	序号	$f_{cu,i}$（MPa）	龄期	代表部位	养护条件

技术负责人：　　　　质量检查员：

注：1. $f_{cu,i}$——第 i 组混凝土抗压强度代表值；

2. 不同验收批的混凝土、标准养护和与结构实体同条件养护的混凝土应分别汇总评定。试验报告分别附本汇总表后。

同条件养护试块的留置和养护：一般每浇筑一次混凝土，同一配合比、同一部位留置一组。同条件养护试块和构件在同样温湿度环境下进行养护，其龄期的确定必须根据每日平均温度累计确定，有两个控制要素：600度×1d和60d，但等效龄期不应小于14d。

现行国家标准《混凝土强度检验评定标准》（GB/T 50107—2010）中规定了评定混凝土强度的方法，包括方差已知统计方法、方差未知统计方法以及非统计方法三种。工

程中可根据具体条件选用，但应优先选用统计方法。对 C50 及以上的高强混凝土，当混凝土方量较少时，宜留取不少于 10 组的试件，采用方差未知的统计方法评定混凝土强度（表 4-42）。

表 4-42　混凝土强度评定

单位工程：

<table>
<tr><td>验收批名称</td><td colspan="6"></td><td colspan="2">混凝土强度等级</td><td colspan="2"></td></tr>
<tr><td rowspan="2">水泥品种及强度等级</td><td colspan="6">配　合　比（重量比）</td><td rowspan="2">坍落度（cm）</td><td rowspan="2">养护条件</td><td rowspan="2">同批混凝土代表数量（m^3）</td><td>结构部位</td></tr>
<tr><td>水</td><td>水泥</td><td>砂</td><td>石子</td><td>外加剂</td><td>掺合料</td><td></td></tr>
<tr><td></td><td></td><td></td><td></td><td></td><td></td><td></td><td></td><td></td><td></td><td></td></tr>
<tr><td colspan="11">验收组数 $n=$　　合格判定系数　$\lambda_1=$　$\lambda_2=$</td></tr>
<tr><td colspan="11">同一验收批强度平均值　$m_{f_{cu}}=$　　最小值 $f_{cu,min}=$</td></tr>
<tr><td colspan="11">同一验收批强度标准差　$s_{f_{cu}}=$</td></tr>
<tr><td colspan="11">验收批各组试件强度（MPa）</td></tr>
<tr><td colspan="11"></td></tr>
<tr><td>非统计方法评定</td><td colspan="5">评定条件：
$m_{f_{cu}} \geqslant 1.14 f_{cu,k}$
$f_{cu,min} \geqslant 0.95 f_{cu,k}$
计算：</td><td>统计方法评定</td><td colspan="4">评定条件：
$m_{f_{cu}} - \lambda_1 s_{f_{cu}} \geqslant 0.9 f_{cu,k}$
$f_{cu,min} \geqslant \lambda_2 f_{cu,k}$
计算：</td></tr>
<tr><td colspan="11">验收评定结论：</td></tr>
</table>

技术负责人：　　　　质量检查员：　　　　年　月　日

9. 混凝土抗渗试验报告

混凝土抗渗试验报告的填写要求如下：

由具备相应资质等级的检测单位出具该试验报告后，随相关资料进入资料流程。混凝土试块强度统计、评定记录由施工单位填写并报送建设单位、监理单位备案。现场搅拌混凝土应有配合比申请单和配合比通知单，预拌混凝土应有试验室签发的配合比通知单。应有按规定留置龄期为 28d 的标准养护试块和相应数量同条件养护试块的抗压强度试验报告，冬季施工还应有由受冻临界强度试块和转常温试块的抗压强度试验报告。抗渗混凝土、特种混凝土除应具备上述资料外，还应有专项试验报告。统计、评定方法及合格标准应符合规范要求。抗压强度试块、抗渗性能试块的留置数量及必试项目应符合规范要求。承重结构的混凝土抗压强度试块，应按规定实行有见证取样和送检。结构由有不合格批混凝土组成的，或未按规定留置试块的，应有结构处理的相关资料；需要检测的，应有相应资质检测机构的检测报告，并有设计单位出具的认可文件。处于潮湿环境并直接与水接触的混凝土工程和外部有供碱环境并处于潮湿环境的混凝土工程，应预防混凝土碱集料反应，并按有关规定执行，有相关检测报告。

10. 钢结构工程施工试验记录

钢结构工程施工试验记录填写要求如下：

由具备相应资质等级的检测单位出具该试验记录后，随相关资料进入资料流程。高强度螺栓连接应有摩擦面抗滑移系数检测报告及复试报告，并实行有见证取样和送检。对施工中首次使用的钢材、焊接材料、焊接方法、焊后热处理等应进行焊接工艺评定，有焊接工艺评定报告。建筑安全等级为一级、跨度在40m及以上的公共建筑钢网架结构，且设计有要求的，应对其焊（螺栓）球节点进行节点承载力试验，并实行有见证取样和送检。设计要求为一、二级的焊缝应做缺陷检验，并由有相应资质等级的检测单位出具超声波、射线探伤检验报告或磁粉探伤报告。钢结构工程中所使用的防腐、防火涂料应做涂层厚度检测，其中防火涂层应有相应资质检测单位的检测报告。焊（连）接工人必须持有效的岗位证书。

11. 木结构工程施工试验记录

木结构的专业承包单位应填写木结构施工记录，上报施工总承包单位，并由监理单位审核，经各相关人员签字认可后存档备查。

木结构工程施工试验记录的填写要求如下：

由具备相应资质等级的检测单位出具该试验记录后，随相关资料进入资料流程。胶合木工程中的层板胶缝应有脱胶试验报告、胶缝抗剪试验报告和层板抗弯曲强度试验报告。轻型木结构工程中的木基结构板材应有力学性能试验报告。木构件防护剂的保持量和透入度应有试验报告。

12. 幕墙工程施工试验记录

幕墙工程施工实验记录填写要求如下：

由具备相应资质等级的检测单位出具该试验记录后，随相关资料进入资料流程。幕墙中使用双组分硅酮结构胶时应有混匀性及拉断试验报告。后置埋件应有现场拉拔试验报告。

4.6.2　整理给排水及采暖工程施工试验记录

建筑给水、排水及采暖工程施工试验记录包括灌（满）水试验记录、通水试验记录、强度严密性试验记录、吹（冲）洗（脱脂）试验记录、排水管道通球试验记录、补偿器安装记录、消火栓试射记录、安全附件安装检查记录、锅炉封闭及烘炉（烘干）记录、锅炉煮炉试验记录、锅炉试运行记录、安全阀调试记录。

1. 灌（满）水试验记录

灌（满）水试验记录填表要求如下：

依据设计要求和规范规定，适用条目要准确。根据试运转调试的实际情况填写实测数据，数据要准确，内容要齐全，不得漏项。工程采用施工总承包管理模式的，签字人员应为施工总承包单位的相关人员。

屋面泼水、淋水、蓄水试验记录见表4-43。

屋面淋水试验一般在防水完成后及单位工程竣工后做。

沿屋脊方向布置与屋脊同长度的花管（钢管直径38mm左右，管上部钻3～5mm的孔，布置两排，孔距80～100mm左右），用有压力的自来水管接通进行淋水（呈人工降水状）。高出屋面的烟道、风道、出气管、女儿墙、出入孔等突出屋面的部分泛水，防水层上口布设淋水管。

表 4-43 屋面泼水、淋水、蓄水试验记录

工程名称：××置地·××湾三期工程 1# 楼　　　　　　　　　　　　验收日期：

试水方法	*A 区平屋面蓄水*	图 号	
工程试验部位及检查情况	*检验过程及结果：* *1. 检查依据：《屋面工程质量验收规范》（GB 50207—2012）。* *2. 试验部位：屋面蓄水。* *3. 检查方法：蓄水检查。* *4. 蓄水试验时间：共计 24h。* *5. 排水设计坡度：1%。* *6. 检验过程及结果：屋面蓄水试验前，对地漏严密且不影响试水后，10 月 13 日早上 7：00 开始放水，蓄水深度约为 30cm 左右，10 月 14 日早上 7：00，经 24h 对下层房间进行逐套检查，未发现渗漏现象，排水坡向正确。厕所间无积水、排水畅通。*		
试验结果	*对所有顶层房间进行逐套检查，无渗漏现象，符合设计及规范要求，试验合格。*		
施工单位	专职质检员： 试验员： 年　月　日	监理（建设）单位	监理工程师： （建设单位项目负责人） 年　月　日

2. 通水试验记录

通水试验记录填写要求如下：

依据设计要求和规范规定，适用条目要准确。根据试验的实际情况填写实测数据，数据要准确，内容要齐全，不得漏项。通水试验为系统试验，一般在系统完成后统一进行。工程采用施工总承包管理模式的，签字人员应为施工总承包单位的相关人员。表格中通水流量（m^3/h）按卫生器具供水管径核算获得（表 4-44）。

表 4-44 通水试验记录

工程名称	××置地·××湾三期工程 1# 楼				试验日期		编号	
试验部位					依据标准			
通水压力(MPa)					通水流量(m^3/h)			
编号	规范或设计要求				试验记录			备注
	规格	材质	允许渗水量	计量时间	灌水情况	实际渗水量	试验时间	
评定意见								
参加人员	监理（建设）单位		施工单位					
			专业技术负责人		质检员		试验员	

3. 强度严密性试验记录

强度严密性试验记录填写要求如下：

依据设计要求和规范规定，适用条目要准确。对单项试验和系统性试验，强度和严密度试验有各自不同的要求，在试验和验收时要特别留意。系统性试验、严密度试验的前提条件应充分满足，如自动喷水灭火系统水压严密度试验应在水压强度试验和管网冲洗合格后才能进行。常见做法是先根据区段验收或隐检项目验收的要求完成单项试验，在系统形成后进行系统性试验，再根据系统特殊要求进行严密度试验。根据试验的实际情况填写实测数据，数据要准确，内容要齐全，不得漏项。工程采用施工总承包管理模式的，签字人员应为施工总承包单位的相关人员。

4. 吹（冲）洗（脱脂）试验记录

吹（冲）洗（脱脂）试验记录的填写要求如下：

依据设计要求和规范规定，适用条目要准确。根据试验的实际情况填写实测数据，数据要准确，内容要齐全，不得漏项。吹（冲）洗（脱脂）试验为系统试验，一般在系统完成后统一进行。工程采用施工总承包管理模式的，签字人员应为施工总承包单位的相关人员。

5. 排水管道通球试验记录

排水管道通球试验记录填写要求如下：

以设计要求和规范规定为依据，适用条目要准确。根据试验的实际情况填写实测数据，数据要准确，内容要齐全，不得漏项。通水试验为系统试验，一般在系统完成后统一进行。通球试验所用球宜为硬质空心塑料球，投入时做好标记，以便同排出的试验球核对。工程采用施工总承包管理模式的，签字人员应为施工总承包单位的相关人员。

6. 消火栓试射记录

消火栓试射记录的填表要求如下：

依据设计要求和规范规定，适用条目要准确。试验前应对消火栓组件、栓口安装（含减压稳压装置）等进行系统检查。根据试验的实际情况填写实测数据（测试栓口动压、静压，应填写实测数值，要符合消防检测要求，不能超压或压力不足），数据要准确，内容要齐全，不得漏项。消火栓试射为系统试验，一般在系统完成后及消防水泵试运行合格后进行。工程采用施工总承包管理模式的，签字人员应为施工总承包单位的相关人员。

7. 安全附件安装检查记录

安全附件安装检查记录填表要求如下：

依据设计要求和规范规定，适用条目要准确。根据试验的实际情况填写实测数据，数据要准确，内容要齐全，不得漏项。工程采用施工总承包管理模式的，签字人员应为施工总承包单位的相关人员。

8. 安全阀调试记录

安全阀调试记录填表要求如下：

锅炉安全阀在投入运行前应由有资质的试验单位按设计要求进行调试，并出具调试记录。锅炉上装有两个安全阀时，其中的一个按规范规定的较高值定压，另一个按较低值定压。装有一个安全阀时，按较低值定压。定压工作完成后，应做一次安全阀自动排气试验，启动合格后应加锁或铅封。记录正确的开启压力、回座压力。

4.6.3　建筑电气工程施工试验记录

建筑电气工程施工试验记录包括电气接地电阻测试记录、绝缘电阻测试记录、电气防雷接地装置隐检与平面示意图、电气器具通电安全检查记录、电气设备空载试运行记录、建筑物照明通电试运行记录、大型照明灯具承载试验记录、大容量电气线路节点测温记录等。

1．电气接地电阻测试记录

电气接地电阻测试记录的填表要求如下：

电气接地电阻测试记录应由建设（监理）单位及施工单位共同进行检查。检测阻值结果和结论齐全。电气接地电阻测试应及时，测试必须在接地装置敷设之后，隐蔽之前进行。应绘制建筑物及接地装置的位置示意图表。编号栏的填写应参照隐蔽工程检查记录表的编号编写，但因其表示不同的顺序号，所以须重新编号。

2．绝缘电阻测试记录

绝缘电阻测试记录的填写要求如下：

绝缘电阻测试记录应由建设（监理）单位及施工单位共同进行检查。编号栏的填写应参照隐蔽工程检查记录表的编号编写，但因其表示不同的顺序号，所以须重新编号，一、二次测试记录的顺序号应连续编写。当同一配电箱（盘、柜）内支路很多，又是同一天进行测试时，一张表格填不下，可续表格进行填写，但编号应一致。阻值必须符合规范、标准的要求，若不符合规范、标准的要求，则应查找原因并进行处理，直到符合要求方可填写此表。检测阻值结果和测试结论应齐全。

3．电气防雷接地装置隐检与平面示意图

电气防雷接地装置隐检与平面示意图的填写要求如下：

电气接地装置隐检与平面示意图应由建设（监理）单位及施工单位共同进行检查。绘制接地装置平面示意图时，应把建筑物轴线、各测试点的位置及阻值标出。检验日期应与电气接地电阻测试记录日期一致。检测结论齐全。编号栏的填写应与电气接地电阻测试记录编号一致。

4．电气器具通电安全检查记录

电气器具通电安全检查记录的填表要求如下：

电气器具通电安全检查记录的填写应由施工单位的专业技术负责人、质检员、工长参加。编号栏的填写应参照隐蔽工程检查记录表的编号填写，但因其表示不同的顺序号，所以须重新编号。检查正确、符合要求时画“√”，反之则画“×”。当检查不符合要求时，应进行修复，并在检查结论中说明修复结果。当检查部位为同一楼门单元（或区域场所），同一天又检查了很多检查点时，一张表格填不下，可续表格进行填写，但编号应一致，检查结论应齐全（表4-45）。

表4-45　电气器具通电安全检查记录

<table>
<tr><td>工程名称</td><td colspan="7">××置地·××湾三期工程1#楼</td><td colspan="3">检查日期</td><td colspan="5"></td></tr>
<tr><td>部位或区域场所</td><td colspan="15"></td></tr>
<tr><td rowspan="2">部位</td><td colspan="5">开关</td><td colspan="5">灯具</td><td colspan="5">插座</td></tr>
<tr><td>1</td><td>2</td><td>3</td><td>4</td><td>5</td><td>1</td><td>2</td><td>3</td><td>4</td><td>5</td><td>1</td><td>2</td><td>3</td><td>4</td><td>5</td></tr>
<tr><td></td><td></td><td></td><td></td><td></td><td></td><td></td><td></td><td></td><td></td><td></td><td></td><td></td><td></td><td></td><td></td></tr>
<tr><td></td><td></td><td></td><td></td><td></td><td></td><td></td><td></td><td></td><td></td><td></td><td></td><td></td><td></td><td></td><td></td></tr>
<tr><td colspan="16">检查结论：
施工单位：　　　　　　　　专业技术负责人：
专业质检员：　　　　　　　专业工长：</td></tr>
</table>

5. 电气设备空载试运行记录

电气设备空载试运行记录的填表要求如下：

电气设备空载试运行记录应由建设（监理）单位及施工单位共同进行检查和填写。试运行情况记录应详细。

记录成套配电（控制）柜、台、箱、盘的运行电压、电流情况，各种仪表指示情况。记录电动机转向和机械转动有无异常情况。机身和轴承的温升、电流、电压及运行时间等有关数据。记录电动执行机构的动作方向及指示是否与工艺装置的设计要求相一致。当测试设备的相间电压时，应把相对零电压划掉。编号栏的填写应参照隐蔽工程检查记录表的编号编写，但因其表示不同的顺序号，所以须重新编号。

6. 建筑物照明通电试运行记录

建筑物照明通电试运行记录的填表要求如下：

建筑物照明通电试运行记录应由建设（监理）单位及施工单位共同进行检查。编号栏的填写应参照隐蔽工程检查记录表的编号填写，但因其表示不同的顺序号，所以须重新编号。试运行情况记录应详细。

照明系统通电，灯具回路控制应与照明配电箱及回路的标识一致。开关与灯具的控制顺序应相对应，风扇的转向及调速开关应正常。记录电流、电压、温度及运行时间等有关数据。应在配电箱内电气线路的连接节点处进行温度测量，且温升值稳定（不大于设计值）。对配电箱内电气线路的连接节点进行测温时应使用远红外摇表测量仪，并应在检定有效期内。当测试线路相对零电压时，应把相间电压划掉。表格中凡须填空的地方，若实际已发生的，应如实填写；未发生的，则应在空白处画“/”。对于选择框的内容，若有此项内容，则在选择框处画“√”；若无此项内容，可空着，不必画“×”。除签字栏必须亲笔签字外，其余项目栏均须打印（表 4-46）。

表 4-46　建筑物照明通电试运行记录

<table>
<tr><td colspan="2">工程名称</td><td colspan="3">××置地·××湾三期工程 1# 楼</td><td colspan="2">编　号</td><td colspan="2"></td></tr>
<tr><td colspan="2">额定电流</td><td colspan="2"></td><td>额定电压</td><td></td><td>填写日期</td><td colspan="2"></td></tr>
<tr><td colspan="2">试运时间</td><td colspan="7">由　　日　　时　　分开始，至　　日　　时　　分结束</td></tr>
<tr><td rowspan="4">运行负荷记录</td><td rowspan="2">运行时间</td><td colspan="3">运行电压（V）</td><td colspan="3">运行电流（A）</td><td rowspan="2">温度（℃）</td></tr>
<tr><td>L_1-N（L_1-L_2）</td><td>L_2-N（L_2-L_3）</td><td>L_3-N（L_3-L_1）</td><td>L_1相</td><td>L_2相</td><td>L_3相</td></tr>
<tr><td></td><td></td><td></td><td></td><td></td><td></td><td></td><td></td></tr>
<tr><td></td><td></td><td></td><td></td><td></td><td></td><td></td><td></td></tr>
<tr><td colspan="9">试运行情况记录：</td></tr>
<tr><td rowspan="3">签字栏</td><td rowspan="2">施工单位</td><td colspan="3" rowspan="2"></td><td colspan="2">专业技术负责人</td><td colspan="2">专业质检员</td></tr>
<tr><td colspan="2"></td><td colspan="2"></td></tr>
<tr><td>监理或建设单位</td><td colspan="3"></td><td colspan="2">专业工程师</td><td colspan="2"></td></tr>
</table>

7. 大型照明灯具承载试验记录

大型照明灯具承载试验记录填写要求如下：

照明灯具承载试验记录应由建设（监理）单位及施工单位共同进行检查。编号栏的填写应参照隐蔽工程检查记录表的编号填写，但因其表示不同的顺序号，所以须重新编号。检查结论应齐全。

8. 大容量电气线路节点测温记录

大容量电气线路节点测温记录填写要求如下：

大容量电气线路节点测温记录应由建设（监理）单位及施工单位共同进行检查。对于选择框内容，若有此项内容，则在选择框处画“√”；若无此项内容，可空着，不必画“×”。表格中凡须填空的地方，若实际已发生的，应如实填写；未发生的，则应在空白处画“/”。测试结论应齐全。

4.6.4 通风与空调工程施工试验记录

通风与空调工程施工试验记录包括风管漏光检测记录，风管漏风检测记录，现场组装除尘器，空调机漏风检测记录，各房间室内风量温度测量记录，管网风量平衡记录，空调系统试运转调试记录，空调水系统试运转调试记录，制冷系统气密性试验记录，净化空调系统测试记录，防排烟系统联合试运行记录。

1. 风管漏光检测记录

风管漏光检测记录的填表要求如下：

漏光检测时为便于观察，应选择地下室管道或在晚间进行。检测时应重点对板材拼缝和管段间的连接处进行检查。所使用的照明设备应为低压电源。工程名称应与施工文件一致，且各专业应统一。应根据试验情况真实填写，内容要齐全，不得漏项。应以规程规范为依据，结论要准确。签字栏必须本人手签，不得打印或由他人代签（表 4-47）。

表 4-47 风管漏光检测记录

编号：

<table>
<tr><td>单位工程名称</td><td colspan="3"></td><td>分部工程名称</td><td></td></tr>
<tr><td>分项工程名称</td><td colspan="3"></td><td>光源功率</td><td></td></tr>
<tr><td>设计风压（MPa）</td><td colspan="3"></td><td>检测日期</td><td></td></tr>
<tr><td colspan="2">施工图号（系统名称）</td><td colspan="4"></td></tr>
<tr><td colspan="6">实　测　记　录</td></tr>
<tr><td>部　位</td><td>风管缝长（m）</td><td>检测结果</td><td>部　位</td><td>风管缝长（m）</td><td>检测结果</td></tr>
<tr><td></td><td></td><td></td><td></td><td></td><td></td></tr>
<tr><td></td><td></td><td></td><td></td><td></td><td></td></tr>
<tr><td colspan="6">检测结果：</td></tr>
<tr><td colspan="3">监理（建设）单位：
（公章）
监理工程师：
(建设单位代表)：
年　月　日</td><td colspan="3">施工单位：
班组长：
（公章）
专业施工员：
专业质检员：
年　月　日</td></tr>
</table>

2. 风管漏风检测记录

风管漏风检测记录的填表要求如下：

系统的工作压力不能简单地用风机、空调机组等设备出口处的静压、余压值进行判断，而应由设计来确定。试验时注意应缓慢升压。分段表面积应为实测的面积值，未测到的支管等不计在内，但应包括临时设置的盲板、消声器等阀部件的表面积。在进行系统的分段试压时，不能因某段的漏风量超标就判定整个系统不合格，而应将各测试段的漏风量平均后与允许值比较再判断。数值的计算详见《通风与空调工程施工质量验收规范》(GB 50243—2002)。工程名称应与施工文件一致，且各专业应统一。应根据试验的情况真实填写，内容要齐全，不得漏项。应以规程规范为依据，结论要准确。签字栏必须本人手签，不得打印或由他人代签（表4-48）。

表4-48　风管漏风检测记录

编号：

单位工程名称		分部工程名称		
分项工程名称		检测日期		
施工图号（系统名称）		风管级别		
系统总面积（m^2）		试验总面积（m^2）		
试验压力（Pa）		系统测定分段数		
允许单位面积漏风量［$m^3/(m^2\cdot h)$］		实测单位面积漏风量［$m^3/(m^2\cdot h)$］		
分段实测数值				
序号	分段表面积（m^2）	工作压力（Pa）	试验压力（Pa）	实测漏风量（m^3/h）
1				
2				
检测区图示：				
检测结果：				
监理（建设）单位： （公章） 监理工程师： （建设单位代表）： 年　月　日		施工单位： 班组长： （公章） 专业施工员： 专业质检员： 年　月　日		

3. 各房间室内风量温度测量记录

各房间内的风量可在风管内或风口处测量。实测风量与设计风量的相对偏差不应大于10%，所在房间内温度应填写风口所在房间室内温度。房间室内温度应符合设计要求及规范规定。

应根据试验的情况真实填写，内容要齐全，不得漏项。应以规程规范为依据，结论要准确。签字栏必须由本人手签，不得打印或由他人代签。

4. 管网风量平衡记录

管网风量平衡记录填表要求如下：

应根据试验的情况真实填写，内容要齐全，不得漏项。应以规程规范为依据，结论要准确。管网风量平衡记录的最终目的是比较出实测风量与设计值之差。因此，应采用风速-风量法则测量风压值。随着科技的不断进步，测量仪器也在不断地改进，各种风量测试仪正逐渐应用到工程中。若风量测试仪能够直接、有效、准确地测试出风口风量，则风压值一栏可空白不填。签字栏必须由本人手签，不得打印或由他人代签。

5. 空调系统试运转调试记录

空调系统试运转调试记录填表要求如下：

应根据试验的情况真实填写，内容要齐全，不得漏项。应以规程规范为依据，结论要准确。签字栏必须由本人手签，不得打印或由他人代签。

6. 空调水系统试运转调试记录

空调水系统试运转调试记录填表要求如下：

通风及空调工程在进行无生产负荷联合试运转及调试时，应对空调冷（热）水、冷却水总流量、供回水温度进行测量、调整，并作记录。空调冷（热）水、冷却水总流量的实际流量与设计流量的相对偏差不大于10%时为调试合格。空调冷（热）水、冷却水进出水温度应符合设计要求及规范规定。工程名称应与施工文件一致，且各专业应统一。应根据试验的情况真实填写，内容要齐全，不得漏项。应以规程规范为依据，结论要准确。签字栏必须由本人手签，不得打印或由他人代签。

7. 制冷系统气密性试验记录

制冷系统气密性试验记录的填表要求如下：

应对制冷系统的工作性能进行试验，并作记录。对组装式制冷机组和现场充注制冷剂的机组，必须进行吹污、气密性试验、真空试验和充注制冷剂检漏试验，其相应技术数据必须符合产品技术文件和有关现行国家标准、规范的规定。应根据试验的情况真实填写，内容要齐全，不得漏项。应以规程规范为依据，结论要准确。签字栏必须由本人手签，不得打印或由他人代签。

8. 净化空调系统测试记录

净化空调系统测试记录的填表要求如下：

净化空调系统无生产负荷试运转时，应对系统中的高效过滤器进行泄露测试，并对室内洁净度进行测定，并作记录。应根据试验的情况真实填写，内容要齐全，不得漏项。应以规程规范为依据，结论要准确。签字栏必须由本人手签，不得打印或由他人代签。

9. 防排烟系统联合试运行记录

防排烟系统联合试运行记录的填表要求如下：

在防排烟系统联合试运行和调试过程中，应对测试楼层及其上下两层的排烟系统中的排烟风口、正压送风系统的送风口进行联动调试，并对各风口的风速、风量进行测量调整，对正压送风口的风压进行测量调整，并做记录。防排烟系统联合试运行与调试的结果（风量及正压）必须符合设计与消防的规定。本表由施工单位填写，建设单位、施工单位、城建档案馆各保存一份。应根据试验的情况真实填写，内容要齐全，不得漏项。应以规程规范为依据，结论要准确。签字栏必须由本人手签，不得打印或由他人代签。

10. 烟气（风道）工程检查验收记录

本表主要用于烟道、风道、主风道、副风道的通风情况、尺寸及严密性情况的检查记录（表 4-49）。

烟道、通风道都应 100％地做通风试验，并做好自检记录。

通风试验可在烟（风）道口处划根火柴，观察火苗的朝向和烟的去向，即可判别是否通风。烟起（风道）除做通风试验外，还应进行观感检查。两项检验都合格后，才可验收。

表 4-49　烟气（风）道工程检查验收记录

工程名称		结构层次		建筑面积	
施工单位		项目经理		项目技术负责人	
烟道生产安装单位		烟道企业负责人		工地项目经理	

序号	检测项目		允许偏差或标准值	实测值	评定结果
1	外观质量		光滑平直，不得有凹凸不平、麻面、裂缝，拐角倒圆。		
2	尺寸允许偏差	端部平面	方正		
		截面对角线	≤3mm		
		壁厚	≤±2mm		
		侧向弯曲	≤4mm		
		长度	≤4mm		
3	强度	轴压承载力 p	≥20kN		
		抗弯承载力 P_f	4kN		
		壁厚冲动力 f_t	≥0.4N/mm		
4	耐火极限		1.0h		

检查结论：	验收意见：
项目专业质量检查员： 年　月　日	监理工程师（建设单位项目负责人）： 年　月　日

任务 4.7　施工质量验收文件

4.7.1　检验批质量验收记录

检验批是工程验收的最小单位，是分项工程乃至整个建筑工程质量验收的基础。

检验批是施工过程中条件相同并有一定数量的材料、构配件或安装项目。由于其质量基本均匀一致，因此可作为检验的基础单位，并按批验收（表 4-50）。

1. 主控项目和一般项目

主控项目包括重要原材料、成品、半成品、设备及附件的材质证明或检验报告；结构强度、刚度等检验数据，工程质量性能检测。一些重要的允许偏差项目，必须控制在允许偏差限值之内。

一般项目是指允许有一定的偏差或缺陷，以及一些无法定量的项目，但又不能超过一定数量的项目。

表 4-50　检验批质量验收记录表

<table>
<tr><td colspan="3">工程名称</td><td colspan="13"></td></tr>
<tr><td colspan="3">分项工程名称</td><td colspan="8">屋面工程</td><td colspan="3">验收部位</td><td colspan="2">屋面保温层</td></tr>
<tr><td>施工单位</td><td colspan="10"></td><td colspan="3">项目经理</td><td colspan="2"></td></tr>
<tr><td>分包单位</td><td colspan="9"></td><td colspan="4">分包项目经理</td><td colspan="2"></td></tr>
<tr><td colspan="3">施工执行标准名称及编号</td><td colspan="13"></td></tr>
<tr><td colspan="5">施工质量验收规范的规定</td><td colspan="10">施工单位检查评定记录</td><td>监理（建设）单位验收记录</td></tr>
<tr><td rowspan="2">主 控 项 目</td><td>1</td><td colspan="2">材料质量</td><td>设计要求</td><td colspan="10"></td><td rowspan="2"></td></tr>
<tr><td>2</td><td colspan="2">保温层含水率</td><td>设计要求</td><td colspan="10"></td></tr>
<tr><td rowspan="4">一 般 项 目</td><td>1</td><td colspan="2">保温层铺设</td><td>第 4.2.10 条</td><td colspan="10"></td><td rowspan="4"></td></tr>
<tr><td>2</td><td colspan="2">倒置式屋面保护层</td><td>第 4.2.12 条</td><td colspan="10"></td></tr>
<tr><td rowspan="2">3</td><td rowspan="2">保温层厚度允许偏差</td><td>松散、整体</td><td>+10%，−5%</td><td></td><td></td><td></td><td></td><td></td><td></td><td></td><td></td><td></td><td></td></tr>
<tr><td>板块</td><td>±5%且≯4mm</td><td></td><td></td><td></td><td></td><td></td><td></td><td></td><td></td><td></td><td></td></tr>
<tr><td colspan="3" rowspan="2">施工单位检查评定结果</td><td colspan="2">专业工长（施工员）</td><td colspan="4"></td><td colspan="4">施工班组长</td><td colspan="3"></td></tr>
<tr><td colspan="13">项目专业质量检查员：
年　月　日</td></tr>
<tr><td colspan="3">监理（建设）单位
验收结论</td><td colspan="13">专业监理工程师：
（建设单位项目专业技术负责人）：　　年　月　日</td></tr>
</table>

2. 填写要求

“验收部位”应填写具体。“项目经理”应是合同中指定的项目负责人。有分包单位时，也应填写分包单位全称，分包单位的项目经理是合同中指定的项目负责人。这些人员由填表人填写，不需本人签字。施工执行标准是指企业标准（或引用的推荐标准，但必须经企业认可为企业标准），由企业自行检验。

对定性项目，可填写“符合要求”或“不符合要求”。对定量项目，如允许偏差、计算合格点百分率，可直接填写检查数据，计算合格点率。对于超出企业标准但没有超过国家验收标准的数值用“○”圈住，对超过国家验收标准的用“△”圈住。

单位验收结果对定性项目，可填写“符合要求”或“不符合要求”。对定量项目可填写“合格”或“不合格”。

施工单位检查评定结果可填写“检验符合标准规定”。项目专业质量检查员由本人签字，并加盖岗位资格章。

监理（建设）单位验收结论可填写“验收合格”或“验收不合格”。由专业监理工程师（建设单位的项目专业技术负责人）签字，并加盖岗位资格章。

4.7.2　分部（子分部）工程质量验收记录

分部（子分部）工程完成后，经施工单位自行检验合格后，由项目经理交由总监理工程师（建设单位项目负责人）填写施工质量验收记录相应部分的内容，由总监理工程师（建设单位项目负责人）组织相关人员进行验收（表4-51）。

1. 验收内容

在进行分部工程、子分部工程施工质量验收资料的编制整理时，内容均应包括质量控制资料核查记录、安全和功能检验资料核查及主要功能抽查记录、观感质量检查评价记录，区别只是对工程质量验收记录表的填写不同。另外，在检查验收地基基础和主体分部时，设计单位都要和勘察单位参加验收，并签署意见。

2. 填写要求

分项工程名称。应按照《建筑工程施工质量验收统一标准》（GB 50300—2013）的规定填写相应的分项工程，也可根据当地主管部门的规定，在国家标准的基础上增加分项工程。分别填写分项工程所含有的实际的检验批数量。施工单位检验评定，填写“符合设计要求及标准××的合格规定”。由监理工程师进行检查，根据检查结果填写验收意见，对于验收合格的填写“分项和检验批划分合理，验收完整，符合设计要求及标准××的合格规定”；对于验收不合格的，应写出原因及处理意见。

施工质量控制资料核查记录。“施工单位检验评定”栏填写“经检验符合要求”或“不符合要求”。“验收意见”栏由监理工程师根据资料核查和现场检查的情况填写“符合要求”或“不符合要求”。

安全和功能检验资料核查及主要功能抽查记录。“施工单位检验评定”栏由施工单位根据安全及功能两方面的资料进行检查，根据检查结果填写“经检验符合要求”或“不符合要求”。“验收意见”栏由监理工程师根据安全和功能检查资料和现场情况，根据检查结果填写“符合要求”或“不符合要求”。

“观感质量验收”栏由总监理工程师组织专业监理工程师会同参加验收的人员共同进行。通过现场检查，共同对质量进行评价，填写“经现场检查评价，共同确认为‘好’‘一般’或‘差’”。

验收单位栏目。分包单位由分包单位项目经理签字，并加盖岗位资格章，填写“验收符合设计要求及标准××的合格规定”。施工单位由施工总承包单位的项目经理签字，并加盖岗位资格章，填写“检验符合设计要求及标准××的合格规定”。

表 4-51　分部（子分部）工程质量验收记录

<table>
<tr><td colspan="2">工程名称</td><td colspan="2"></td><td>分部工程名称</td><td>综合布线</td></tr>
<tr><td colspan="2">施工单位</td><td></td><td>技术部门负责人</td><td></td><td>质量部门负责人</td></tr>
<tr><td colspan="2">分包单位</td><td></td><td>分包单位负责人</td><td></td><td>分包技术负责人</td></tr>
<tr><td>序号</td><td colspan="2">子分部（分项）
工程名称</td><td>分项工程
（检验批）数</td><td>施工单位检验评定</td><td>验收意见</td></tr>
<tr><td rowspan="5">1</td><td>1</td><td>六类网线</td><td>6</td><td>符合设计要求及标准××的合格规定</td><td rowspan="5">分项和检验批划分合理，验收完整，符合设计要求及标准××的合格规定</td></tr>
<tr><td>2</td><td>PVC 线槽</td><td>6</td><td>符合设计要求及标准××的合格规定</td></tr>
<tr><td>3</td><td>六类模块</td><td>6</td><td>符合设计要求及标准××的合格规定</td></tr>
<tr><td>4</td><td>面板</td><td>6</td><td>符合设计要求及标准××的合格规定</td></tr>
<tr><td>5</td><td>光缆</td><td>6</td><td>符合设计要求及标准××的合格规定</td></tr>
<tr><td>2</td><td colspan="2">施工质量控制资料
核查记录</td><td colspan="2">经检验符合要求</td><td>符合要求</td></tr>
<tr><td>3</td><td colspan="2">安全和功能检验资料核查
及主要功能抽查记录</td><td colspan="2">经检验符合要求</td><td>符合要求</td></tr>
<tr><td>4</td><td colspan="2">观感质量验收</td><td colspan="2">经现场检查评价，共同确认为好</td><td></td></tr>
<tr><td rowspan="5">验
收
单
位</td><td colspan="2">分包单位</td><td colspan="3">验收符合设计要求及标准××的合格规定
项目经理　　　　年　月　日</td></tr>
<tr><td colspan="2">施工单位</td><td colspan="3">检验符合设计要求及标准××的合格规定
项目经理　　　　年　月　日</td></tr>
<tr><td colspan="2">勘察单位</td><td colspan="3">项目负责人　　　　年　月　日</td></tr>
<tr><td colspan="2">设计单位</td><td colspan="3">项目负责人　　　　年　月　日</td></tr>
<tr><td colspan="2">监理（建设）单位</td><td colspan="3">总监理工程师
（建设单位项目专业负责人）　　　　年　月　日</td></tr>
</table>

任务 4.8　整理施工验收文件

4.8.1　单位（子单位）工程竣工预验收报验表

单位（子单位）工程竣工预验收报验表的填表要求如下，见表 4-52。

当工程达到基本交验条件时，应组织各专业监理工程师对各专业工程的质量情况、使用功能进行全面检查，在发现影响竣工验收的问题时签发监理工程师通知单，要求承包单位进行整改。

对需要进行功能试验的项目（包括无负荷试车），应督促承包单位及时进行试验；认真审阅试验报告单，并对重要项目进行现场监督；必要时应请建设单位及设计单位派代表参加。

总监理工程师组织竣工预验收。施工单位在单位工程完工，经自检合格并达到竣工预验收条件后填写《单位（子单位）工程竣工预验收报验表》，并附相应的竣工资料（包括分包单位的竣工资料）报项目监理部，申请工程竣工预验收。总监理工程师组织项目监理部的监理人员对质量控制资料进行核查，并督促承包单位进行完善。总监理工程师组织项目监理部人员与施工单位根据有关规定共同对工程进行竣工预验收，经验收需要对局部进行整改的，应在整改符合要求后再验收，直至符合合同要求，最后总监理工程师签署意见。

表 4-52　单位（子单位）工程施工质量竣工预验收报验表

工程名称		编 号	
致：____________（监理单位） 我方已按合同要求完成了________________工程，经自检合格，请予以检查和验收。 附件： 施工单位名称：　　项目经理（签字）：　　年　月　日			
审查意见： 经预验收，该工程： 1. ____（符合/不符合）我国现行法律、法规要求； 2. ____（符合/不符合）我国现行工程建设标准； 3. ____（符合/不符合）我国设计文件要求； 4. ____（符合/不符合）施工合同要求； 综上所述，该工程预验收结论为：______（合格/不合格）；______（可以/不可以）组织正式验收。 监理单位名称：　　总监理工程师（签字）：　　年　月　日			

4.8.2　单位（子单位）工程质量竣工验收记录

施工单位在完成单位（子单位）工程施工，经过自检合格后，填写《单位（子单位）工程施工质量验收报验表》并附《单位（子单位）工程质量竣工验收记录》和相关附件，报项目监理部，总监理工程师应组织验收并签署意见（表 4-53）。

表 4-53　单位（子单位）工程质量竣工验收记录

工程名称		编 号	
致：____________（监理单位） 现我方已完成________________分部（子分部）工程施工，经我方检验符合设计、规范及标准要求，请予以验收。 附件：　名称　　页数　编号 1. 分部（子分部）工程施工质量验收记录　____页　____ 2. 分部（子分部）工程施工质量控制资料核查记录　____页　____ 3. 分部（子分部）工程安全和功能检验资料核查及主要功能抽查记录　____页　____ 4. 分部（子分部）工程施工观感质量检查评价记录　____页　____ 施工单位名称：　　项目经理（签字）：　　年　月　日			
审查结论： 监理单位名称：　　总监理工程师（签字）：　　年　月　日			

4.8.3　单位（子单位）工程质量控制资料核查记录

单位（子单位）工程质量控制资料核查记录填表要求如下：

本表涵盖了所有分部工程质量控制资料，施工单位应认真、准确填写，避免漏项。验收结论由总监理工程师填写。

4.8.4 单位（子单位）工程安全和功能检验资料核查及主要功能抽查记录

单位（子单位）工程安全和功能检验资料核查及主要功能抽查记录的填写要求如下：

涉及安全和使用功能的分部工程应对检验资料进行复查。不仅要全面检查其完整性（不得有漏检缺项），因为使用功能的检查是对建筑工程和设备安装工程最终质量的综合检查，也是用户最为关心的内容，而且对分部工程验收时补充进行的见证抽样检验报告也要复核。这种强化验收的手段体现了对安全和主要使用功能的重视。

单位（子单位）工程质量控制资料是单位工程综合验收的一项重要内容，表格应由施工单位按所列质量控制资料的种类、名称进行检查，单位工程包含的表内其他各栏内容均由监理单位进行核查，独立得出核查结论。合格后填写具体核查意见，如齐全，则具体核查人在“核查人”栏内签字；施工单位项目经理在“施工单位检查意见”栏内签字确认。总监理工程师在“监理单位核查意见”栏里填写综合性评价。

4.8.5 施工资料移交书

施工资料移交书是工程资料进行移交的凭证（表 4-54）。工程完工后，施工总承包单位应将整理好的施工资料向建设单位移交，并按要求填写施工资料移交书，双方签字盖章。

施工资料的移交应符合以下条件：工程完工且具备竣工验收条件；移交资料内容完整、真实，整理规范，符合相关要求。

表 4-54 施工资料移交书

工程名称		编号	
致：＿＿＿＿＿＿＿＿（建设单位） 我方现将＿＿＿＿＿＿＿＿工程的施工资料移交给贵方，请予以审查、接收。 附件： 1. 工程施工资料清单 2. 工程施工资料整理归档文件 施工总承包单位： 技术负责人： 日期：			
建设单位审查、接收意见： 建设单位： 接收人： 日期：			

复习思考题

1. 简述施工资料管理的流程。
2. 工程质量事故报告有哪些填写要求？
3. 简述单位工程施工组织设计的基本内容。
4. 图纸会审有哪些方法？
5. 对施工物资材料有什么要求？
6. 简述工程竣工验收的内容及验收方法。

项目 5　工程竣工文件管理

知识目标：

了解竣工决算书的编制。

理解竣工验收资料的内容与编写。

掌握竣工交档文件和竣工总结的编写。

掌握竣工图的主要内容与绘制方法。

能力目标：

通过本项目的教学，使学生具备对归档范围内的竣工验收资料进行汇总，并能够按照要求完成竣工验收资料的编写、收集、整理工作。

任务 5.1　编制整理工程竣工验收文件

5.1.1　工程质量验收记录

单位工程完工后，施工单位应组织自检，自检合格后应报请监理单位进行工程预验收，预验收通过后向建设单位提交工程竣工报告，并填报《单位（子单位）工程质量竣工验收记录》（表 5-1）。

建设单位应组织设计单位、监理单位、施工单位等进行工程质量竣工验收并记录，验收记录上各单位代表必须签字并加盖公章。

《单位（子单位）工程质量竣工验收记录》应由施工单位填写，验收结论由监理单位填写，综合验收结论应由参加验收各方共同商定，并由建设单位填写，主要对工程质量是否符合设计和规范要求及总体质量水平做出评价。

单位（子单位）工程质量验收由五部分内容组成，每一项内容都有各自的专门验收记录表，而《单位（子单位）工程质量竣工验收记录表》是一个综合性的表，是各项目验收合格后填写的。

单位（子单位）工程验收由建设单位负责人组织施工单位（含分包单位）、设计单位、监理单位负责人进行验收，由参加验收的单位盖公章，并由负责人签字。

进行单位（子单位）工程竣工验收时，施工单位应同时填报《单位（子单位）工程质量控制资料核查记录》、《单位（子单位）工程安全和功能检验资料核查及主要功能抽查记录》、《单位（子单位）工程观感质量检查记录》，作为《单位（子单位）工程质量竣工验收记录》的附表。

1. 验收内容

（1）分部工程

即对所含分部工程逐项检查。首先由施工单位的项目经理组织有关人员对分部（子分部）逐个进行检查评定。所含分部（子分部）工程检查合格后，由项目经理提交验收。经验收组成员验收后，由施工单位填写“验收记录”栏，注明共验收几个分部，经验收符合标准及设计要求的几个分部。审查验收的分部工程全部符合要求，由监理单位在“验收结论”栏内写上“同意验收”的结论。

表 5-1　单位（子单位）工程质量竣工验收记录

<table>
<tr><td>工程名称</td><td colspan="2"></td><td>结构类型</td><td></td><td>层数/建筑面积</td><td></td></tr>
<tr><td>施工单位</td><td colspan="2"></td><td>技术负责人</td><td></td><td>开工日期</td><td></td></tr>
<tr><td>项目经理</td><td colspan="2"></td><td>项目技术负责人</td><td></td><td>竣工日期</td><td></td></tr>
<tr><td>序号</td><td>项　目</td><td colspan="3">验　收　记　录</td><td colspan="2">验　收　结　论</td></tr>
<tr><td>1</td><td>分部工程</td><td colspan="3">共　　分部，经查　　分部
符合标准及设计要求　　分部</td><td colspan="2"></td></tr>
<tr><td>2</td><td>质量控制
资料核查</td><td colspan="3">共　项，经审查符合要求　项，经核定符合规范要求　　项</td><td colspan="2"></td></tr>
<tr><td>3</td><td>安全和主要
使用功能核查
及抽查结果</td><td colspan="3">共核查　　项，符合要求　　项，
共抽查　　项，符合要求　　项，
经返工处理符合要求　　项</td><td colspan="2"></td></tr>
<tr><td>4</td><td>观感质量验收</td><td colspan="3">共抽查　　项，符合要求　　项
不符合要求　　项</td><td colspan="2"></td></tr>
<tr><td>5</td><td>综合验收结论</td><td colspan="5"></td></tr>
<tr><td rowspan="2">参加
验收
单位</td><td colspan="2">建 设 单 位</td><td colspan="2">监 理 单 位</td><td>施 工 单 位</td><td>设 计 单 位</td></tr>
<tr><td colspan="2">（公章）

单位（项目）负责人：

年　月　日</td><td colspan="2">（公章）

总监理工程师：

年　月　日</td><td>（公章）

单位负责人：

年　月　日</td><td>（公章）

单位（项目）负责人：

年　月　日</td></tr>
</table>

（2）质量控制资料核查

这项内容有专门的验收表格（表 5-2），也是由施工单位检查合格，再提交监理单位验收。其全部内容在分部（子分部）工程中已经审查。通常单位（子单位）工程质量控制资料核查，也是对分部（子分部）工程逐项检查和审查。一个分部工程只有一个子分部工程时，子分部工程就是分部工程；当有多个子分部工程时，可一个一个地检查和审查，也可按分部工程检查和审查。每个子分部、分部工程检查审查后，也不必再整理分部工程的质量控制资料，只将其依次装订起来，前边的封面写上分部工程的名称，并将所含子分部工程的名称依次填写下来即可。然后将各子分部工程审查的资料逐项进行统计，填入验收记录栏内。通常共有多少项资料，经审查也都应符合要求。如果出现有核定的项目时，应查明情况，只要是协商验收的内容，填在验收结论栏内，通常严禁验收的事件，不会留在单位工程验收时来处理。这项也是施工单位自行检查评定合格后再提交验收，由总监理工程师或建设单位项目负责人组织审查符合要求后，在验收记录栏格内填写项数。在验收结论栏，写上“同意验收”的意见。

表 5-2　单位（子单位）工程质量控制资料核查记录

工程名称			施工单位		
序号	项目	资料名称	份数	核查意见	核查人
1	建筑与结构	图纸会审、设计变更、洽商记录			
2		工程定位测量、放线记录			
3		原材料出厂合格证及进场检（试）验报告			
4		施工试验报告及见证检测报告			
5		隐蔽工程验收记录			
6		施工记录			
7		预制构件、预拌混凝土合格证			
8		地基基础、主体结构检验及抽样检测资料			
9		分项、分部工程质量验收记录			
10		工程质量事故及事故调查处理资料			
11		新材料、新工艺施工记录			
1	给排水与采暖	图纸会审、设计变更、洽商记录			
2		材料、配件、设备出厂合格证及进场检（试）验报告			
3		管道、设备强度试验和严密性试验记录			
4		隐蔽工程验收记录			
5		系统清洗、灌水、通水、通球试验记录			
6		施工记录			
7		分项、分部工程质量验收记录			
1	建筑电气	图纸会审、设计变更、洽商记录			
2		材料、配件、设备出厂合格证及进场检（试）验报告			
3		设备调试记录			
4		接地、绝缘电阻测试记录			
5		隐蔽工程验收记录			
6		施工记录			
7		分项、分部工程质量验收记录			
1	通风与空调	图纸会审、设计变更、洽商记录			
2		材料、配件、设备出厂合格证及进场检（试）验报告			
3		制冷、空调、水管道强度试验及严密性试验记录			
4		隐蔽工程验收记录			
5		制冷设备运行调试记录			
6		通风、空调系统调试记录			
7		施工记录			
8		分项、分部工程质量验收记录			

续表

工程名称			施工单位		
序号	项目	资料名称	份数	核查意见	核查人
1	电梯	图纸会审、设计变更、洽商记录			
2		设备出厂合格证书及开箱检验记录			
3		隐蔽工程验收记录			
4		施工记录			
5		接地、绝缘电阻测试记录			
6		负荷试验、安全装置检查记录			
7		分项、分部工程质量验收记录			
1	建筑智能化	图纸会审、设计变更、洽商记录、竣工图及设计说明			
2		材料、设备出厂合格证、技术文件及检（试）验报告			
3		隐蔽工程验收记录			
4		系统功能测定及设备调试记录			
5		系统技术、操作和维护手册			
6		系统管理、操作人员培训记录			
7		系统检查报告			
8		分项、分部工程质量验收记录			
结论： 施工单位项目经理：　　　　总监理工程师： （建设单位项目负责人）： 年　月　日　　　　年　月　日					

（3）安全和主要使用功能核查及抽查结果

这项内容有专门的验收表格（表 5-3）。这个项目包括两个方面的内容：一是在分部（子分部）进行了安全和功能检测的项目，要核查其检测报告结论是否符合设计要求；二是在单位工程进行的安全和功能抽测项目，要核查其项目是否与设计内容一致，抽测的程序、方法是否符合有关规定，抽测报告的结论是否达到设计要求及规范规定。

这个项目也是由施工单位检查评定合格，再提交验收，由总监理工程师或建设单位项目负责人组织审查，程序内容基本是一致的。按项目逐个进行核查验收，然后统计核查的项数和抽查的项数，填入“验收记录”栏，并分别统计符合要求的项数，填入验收记录栏相应的空栏内。通常两个项数是一致的，如果个别项目的抽测结果达不到设计要求，则可以进行返工处理，直至达到符合要求。如果返工处理后仍达不到设计要求，就要按不合格处理程序进行处理。然后，由总监理工程师或建设单位项目负责人在“验收结论”栏内填写“同意验收”的结论。

表5-3　单位（子单位）工程安全和功能检验资料核查及主要功能抽查记录

工程名称			施工单位			
序号	项目	资料名称	份数	核查意见	抽查结果	核查人
1	建筑与结构	屋面淋水试验记录				
2		地下室防水效果检查记录				
3		有防水要求的地面蓄水试验记录				
4		建筑物垂直度、标高、全高测量记录				
5		抽气（风）道检查记录				
6		幕墙及外窗气密性、水密性、耐风压检测报告				
7		建筑物沉降观测测量记录				
8		节能、保温测试记录				
9		室内环境检测报告				
1	给排水、采暖与燃气	给水管道通水试验记录				
2		暖气管道、散热器压力试验记录				
3		卫生器具满水试验记录				
4		消防管道压力试验记录				
5		排水干管通球试验记录				
6		燃气系统强度和严密性试验				
1	电气	照明全负荷试验记录				
2		大型灯具牢固性试验记录				
3		避雷接地电阻测试记录				
4		线路、插座、开关接地检验记录				
1	通风与空调	通风、空调系统试运行记录				
2		风量、温度测试记录				
3		洁净室洁净度测试记录				
4		制冷机组试运行调试记录				
1	电梯	电梯运行记录				
2		电梯安全装置检测报告				
1	智能建筑	系统试运行记录				
2		系统电源及接地检测报告				

结论：

施工单位项目经理：　　　　　　　　　　　　总监理工程师：

（建设单位项目负责人）：

年　　月　　日　　　　　　　　　　　　年　　月　　日

（4）观感质量验收

这项内容有专门的验收表格（表 5-4）。观感质量检查的方法同分部（子分部）工程相似，不同的是项目比较多，是一个综合性验收。实际是复查一下各分部（子分部）工程验收后，到单位工程竣工的质量变化、成品保护以及分部（子分部）工程验收时，还没有形成部分的观感质量等。

这个项目也是先由施工单位检查评定合格，提交验收。由总监理工程师或建设单位项目负责人在“验收结论”栏内填写“同意验收”的结论。如果不符合要求的项目，就要按不合格处理程序进行处理。

表 5-4　单位（子单位）工程观感质量检查记录

工程名称								施工单位					
序号	项目		抽查质量状况								质量状况		
											好	一般	差
1	建筑与结构	室外墙面											
2		变形缝											
3		水落管、屋面											
4		室内墙面											
5		室内顶棚											
6		室内地面											
7		楼梯踏步护栏											
8		门窗											
1	给排水、采暖与燃气	管道接口、坡度、支架											
2		卫生器具、支架、阀门											
3		检查口、扫除口、地漏											
4		散热器、燃气表											
5		管道穿墙、板套管											
6													
1	电气	配电箱、盘、板、接线盒											
2		设备器具、开关、插座											
3		防雷、接地											
1	通风与空调	风管、支架											
2		风口、风阀											
3		风机、空调设备											
4		阀门、支架											
5		水泵、冷却塔											
6		绝热											
1	电梯	运行、平层、开关门											
2		层门、信号系统											
3		机房											

续表

工程名称										施工单位			
序号	项目		抽查质量状况								质量状况		
											好	一般	差
1	智能建筑	机房设备安装及布局											
2		现场设备安装											
观感质量综合评价：													
检查结论	施工单位项目经理： 年　月　日							总监理工程师： （建设单位项目负责人）： 年　月　日					

（5）综合验收结论

综合验收结论是指在前四项内容均验收符合要求后进行的验收。验收时，在建设单位组织下，由建设单位相关专业人员、监理单位专业监理工程师、设计单位、施工单位相关人员分别核查验收有关项目，并由总监理工程师组织进行现场观感质量检查。

以上各项目经审查符合要求后，由监理单位或建设单位在“验收结论”栏内填写“同意验收”的意见。各栏均同意验收且经各参加检验方共同同意商定后，由建设单位填写“综合验收结论”，可填写为“通过验收”。

2. 参加验收单位签名

勘察单位、设计单位、施工单位、监理单位、建设单位都同意验收时，各单位的项目负责人要亲自签字，以示对工程质量负责，并加盖单位公章，注明签字验收的年、月、日。

5.1.2　竣工验收证明书

工程项目的竣工验收是施工全过程的最后一道程序，也是工程项目管理的最后一项工作。它是建设投资成果转入生产或使用的标志，也是全面考核投资效益、检验设计和施工质量的重要环节（表 5-5）。

表 5-5　工程竣工验收证明书

工程名称		工程类别		工程地点	
建设单位			施工单位		
开工日期		竣工日期		验收日期	
工程内容及工程量			验收意见		
施工单位		建设单位		监理单位	
公章 主管　　工程代表		公章 主管　　驻工地代表		公章 监理工程师	

本表一式五份，建设单位、施工单位、设计单位、监理单位、质量监督单位各一份。

（1）由建设单位交施工单位填写，并经各负责主体（建设、监理、施工单位）签字加盖法人单位公章后，建设单位、施工单位、设计单位、监理单位、质量监督单位各留存一份。

（2）验收意见一栏，须说明内容包括：该工程是否已按设计和合同要求施工完毕，各系统的使用功能是否已运行正常，并符合有关规定的要求；施工过程中出现的质量问题是否均已处理完毕，现场是否发现结构和使用功能方面的隐患，参验人员是否一致同意验收，工程技术档案、资料是否齐全等情况进行简明扼要的阐述。

任务 5.2　编制整理工程竣工决算文件

5.2.1　竣工决算概述

1. 竣工决算的概念

竣工决算是建设工程经济效益的全面反映，是项目法人核定各类新增资产价值、办理其交付使用的依据。通过竣工决算，一方面能够正确反映建设工程的实际造价和投资结果；另一方面可以通过竣工决策与概算、预算的对比分析，考核投资控制的工作成效，总结经验教训，积累技术经济方面的基础资料，提高未来建设工程的投资效益。

工程项目竣工决算书是由建设单位编制的反映工程项目实际造价和投资效果的文件，是竣工验收文件的重要组成部分，包括从筹划到竣工投产全过程的全部实际费用，即建筑工程费用、安装工程费用、设备工具、器具购置费用和工程建设其他费用以及预备费和投资方向调节税支出费用等。

（1）封面；

（2）封皮；

（3）竣工决算书汇总表。包含内容：主体工程、6m 外超深基础、增加建筑面积和钢材补差价、现场签证增减工程、设计变更增减工程、附属零星工程、其他增减工程的金额以及合计大小写和审定价；建设单位、法定代表人、现场代表、预算审核人（盖公章）；施工单位、法定代表人、现场代表、预算编制人（盖公章、造价员章）；

（4）竣工决算编制说明并附带其依据，如施工合同、桩孔检查记录、工程量签证单、会议记录、钢筋明细表等资料。

2. 竣工决算的内容

竣工决算是建设工程从筹建到竣工投产全过程中发生的所有实际支出，包括设备工器具购置费、建筑安装工程费和其他费用等。竣工决算由竣工财务决算报表、竣工财务决算说明书、竣工工程平面示意图、工程造价比较分析四部分组成。

3. 竣工决算的编制依据

（1）经批准的可行性研究报告及其投资估算；

（2）经批准的初步设计或扩大初步设计及其概算或修正概算；

（3）经批准的施工图设计及其施工图预算；

（4）设计交底或图纸会审纪要；

（5）招投标的标底、承包合同、工程结算资料；

（6）施工记录或施工签证单，以及其他施工中发生的费用记录，如索赔报告与记录、停

（交）工报告等；

（7）竣工图及各种竣工验收资料；

（8）历年基建资料、历年财务决算及批复文件；

（9）设备、材料调价文件和调价记录；

（10）有关财务核算制度、办法和其他有关资料、文件等。

4. 竣工决算的编制步骤

（1）收集、整理、分析原始资料。从建设工程开始就按编制依据的要求，收集、清点整理有关资料，主要包括建设工程档案资料。

（2）对照、核实工程变动情况，重新核实各单位工程、单项工程造价。将竣工资料与原设计图纸进行查对、核实，必要时可实地测量，确认实际变更情况。根据经审定的施工单位竣工结算等原始资料，按照有关规定对原概（预）算进行增减调整，重新核定工程造价。

（3）将审定后的待摊投资、设备工器具投资、建筑安装工程投资、工程建设其他投资严格划分和核定后，分别计入相应的建设成本栏目内。

（4）编制竣工财务决算说明书，力求内容全面、简明扼要、文字流畅、说明问题。

（5）填报竣工财务决算报表。

（6）作好工程造价对比分析。

（7）清理、装订好竣工图。

（8）按国家规定上报、审批、存档。

5.2.2　竣工财务决算的编制

工程项目竣工财务决算由竣工财务决算报表和竣工财务决算说明书两部分组成。我国财政部财基字〔1998〕498号文件对建设工程竣工财务决算报表的格式作了统一规定，对竣工财务决算说明书的内容提出了统一要求。

竣工财务决算报表的格式根据大、中型项目和小型工程项目不同情况分别制定。

1. 工程项目竣工财务决算审批表

该表作为决算上报有关部门审批之用。有关部门应对决算进行认真审查后将签署的审核意见填列该表中（表5-6）。

表5-6　工程项目竣工财务决算审批

项目法人（建设单位）		建设性质	
工程项目名称		主管部门	
开户银行意见： 盖章 年　月　日			
专员办（审批）审查意见： 盖章 年　月　日			
主管部门或地方财政部门审批意见 盖章 年　月　日			

2. 大中型工程项目概况表

该表综合反映建成的大中型工程项目的基本概况（表 5-7）。

表 5-7　大、中型工程项目概况表

<table>
<tr><td>工程项目名称</td><td colspan="2"></td><td>建设地址</td><td colspan="4"></td><td rowspan="9">基建支出</td><td></td><td>项目</td><td>概算</td><td>实际</td><td>主要指标</td></tr>
<tr><td>主要设计单位</td><td colspan="2"></td><td>主要施工企业</td><td colspan="4"></td><td colspan="2" rowspan="8">建安工程
设备、工具、器具
待摊投资
其中：建设单位管理费
待核销基建支出
非经营项目转出
合计</td><td rowspan="8"></td><td rowspan="8"></td><td rowspan="8"></td></tr>
<tr><td rowspan="3">占地面积（m²）</td><td>计划</td><td>实际</td><td rowspan="3">总投资（万元）</td><td colspan="2">设 计</td><td colspan="2">实 际</td></tr>
<tr><td rowspan="2"></td><td rowspan="2"></td><td>固定资产</td><td>流动资产</td><td>固定资产</td><td>流动资产</td></tr>
<tr><td></td><td></td><td></td><td></td></tr>
<tr><td rowspan="2">新增生产能力</td><td colspan="2">能力（效益）</td><td></td><td colspan="4">实 际</td></tr>
<tr><td colspan="2"></td><td></td><td colspan="4"></td></tr>
<tr><td rowspan="2">建设起止时间</td><td>计划</td><td colspan="6">从　　年　月开工至　　年　月竣工</td></tr>
<tr><td>实际</td><td colspan="6">从　　年　月开工至　　年　月竣工</td></tr>
<tr><td rowspan="2">设计概算批准文号</td><td colspan="7" rowspan="2"></td><td rowspan="4">主要消耗材料</td><td>名称</td><td>单位</td><td></td><td></td><td></td></tr>
<tr><td>钢材</td><td>t</td><td></td><td></td><td></td></tr>
<tr><td rowspan="3">完成主要工程量</td><td colspan="2">建筑面积（m²）</td><td colspan="5">设备（台　套　吨）</td><td>木材</td><td>m³</td><td></td><td></td><td></td></tr>
<tr><td>设计</td><td>实际</td><td colspan="3">设计</td><td colspan="2">实际</td><td>水泥</td><td>t</td><td></td><td></td><td></td></tr>
<tr><td></td><td></td><td colspan="3"></td><td colspan="2"></td><td rowspan="3">主要技术经济指标</td><td colspan="2" rowspan="3"></td><td rowspan="3"></td><td rowspan="3"></td><td rowspan="3"></td></tr>
<tr><td rowspan="2">收尾工程</td><td colspan="2">工程内容</td><td colspan="3">投资额</td><td colspan="2">完成时间</td></tr>
<tr><td></td><td></td><td colspan="3"></td><td colspan="2"></td></tr>
</table>

3. 大中型工程项目竣工财务决算表

该表是反映竣工的大中型项目竣工财务决算表，它反映竣工的大中型项目全部资金来源和资金占用情况（表 5-8）。对于跨年度的项目，在编制该表前，一般应先编制出项目竣工年度财务决算。根据编出的竣工年度财务决算和历年财务决算编制出该项目的竣工财务决算。

表 5-8　大、中型工程项目竣工财务决算表　　　　单位：元

资金来源	金额	资金占用	金额
一、基建拨款		一、基本建设支出	
1. 预算拨款		1. 交付使用资产	
2. 基建基金拨款		2. 在建工程	
3. 进口设备转账拨款		3. 待核销基建支出	
4. 器材转账拨款		4. 非经营项目转出投资	
5. 煤代油专用基金拨款		二、应收生产单位投资借款	

续表

资金来源	金额	资金占用	金额
6. 自筹资金拨款		三、拨付所属投资借款	
7. 其他拨款		四、器材	
二、项目资本		其中：待处理器材损失	
1. 国家资本		五、货币资金	
2. 法人资本		六、预付及应收款	
3. 个人资本		七、有价证券	
三、项目资本公积		八、固定资产	
四、基建借款		固定资产原价	
五、上级拨入投资借款		减：累计折旧	
六、企业债券资金		固定资产净值	
七、待冲基建支出		固定资产清理	
八、应付款		待处理固定资产损失	
九、未交款			
1. 未交税金			
2. 未交基建收入			
3. 未交基建包干节余			
4. 其他未交款			
十、上级拨入资金			
十一、留成收入			
合计		合计	

注：补充资料：基建投资借款期末余额________。应收生产单位投资借款期末数________。
基建结余资金________。

4. 大中型工程项目交付使用资产总表

该表反映工程项目建成后新增固定资产、流动资产、无形资产和其他资产价值，作为财产交接的依据（表5-9）。小型项目不编制此表，直接编“交付使用资产明细表”。

表5-9　大、中型建设项目交付使用资产总表　　单位：元

工程项目名称	总计	固定资产				流动资产	无形资产	其他资产
		建安工程	设备	其他	合计			

交付单位：　　负责人：　　接受单位：　　负责人：
盖　章　　年　月　日　　盖　章　　年　月　日

5．工程项目交付使用资产明细表

该表反映交付使用资产及其价值的更详细的情况，适用于大、中、小型工程项目（表 5-10）。该表既是交付单位办理资产交接的依据，也是接收单位登记资产账目的依据。因此，编制此表应做到固定资产部分逐项盘点填列，工、器具和家具等低值易耗品，可分类填列。

表 5-10　工程项目交付使用资产明细表

单项工程名称	建筑工程			设备、工具、器具、家具						流动资产		无形资产		其他资产	
	结构	面积	价值（元）	名称	规格型号	单位	数量	价值（元）	设备安装费	名称	价值（元）	名称	价值（元）	名称	价值（元）

6．小型工程项目竣工财务决算总表

该表主要反映小型工程项目的全部工程和财务情况。该表比照大、中型工程项目概况表指标和大、中型工程项目竣工财务决算表指标口径填列（表 5-11）。

表 5-11　小型工程项目竣工财务决算总表

<table>
<tr><td rowspan="2">工程项目名称</td><td colspan="2" rowspan="2"></td><td rowspan="2">建设地址</td><td colspan="4" rowspan="2"></td><td colspan="2">资金来源</td><td colspan="2">资金运用</td></tr>
<tr><td>项目</td><td>金额</td><td>项目</td><td>金额</td></tr>
<tr><td>初步设计概算批准文号</td><td colspan="7"></td><td rowspan="9">一、基建拨款
其中：预算拨款
二、项目资本
三、项目资本公积
四、基建借款
五、上级拨入借款
六、企业债权资金
七、待冲基建支出
八、应付款
九、未交款
其中：未交基建收入
未交包干收入
十、上级拨入资金
十一、留成收入</td><td rowspan="9"></td><td rowspan="9">一、交付使用资产
二、待核销基建支出
三、非经营项目转出投资
四、应收生产单位投资借款
五、拨付所属投资借款
六、器材
七、货币资金
八、预付及应收款
九、有价证券
十、固定资产</td><td rowspan="9"></td></tr>
<tr><td rowspan="3">占地面积（m^2）</td><td>计划</td><td>实际</td><td rowspan="3">总投资（万元）</td><td colspan="2">设 计</td><td colspan="2">实 际</td></tr>
<tr><td rowspan="2"></td><td rowspan="2"></td><td>固定资产</td><td>流动资产</td><td>固定资产</td><td>流动资产</td></tr>
<tr><td></td><td></td><td></td><td></td></tr>
<tr><td rowspan="2">新增生产能力</td><td colspan="2">能力（效益）</td><td></td><td colspan="4">实　际</td></tr>
<tr><td colspan="2"></td><td></td><td colspan="4"></td></tr>
<tr><td rowspan="2">建设起止时间</td><td>计划</td><td colspan="6">从　　年　月开工至　　年　月竣工</td></tr>
<tr><td>实际</td><td colspan="6">从　　年　月开工至　　年　月竣工</td></tr>
<tr><td rowspan="2">基建支出</td><td colspan="3">项目</td><td colspan="2">概算（元）</td><td colspan="2">实际（元）</td></tr>
<tr><td colspan="3">建安工程
设备、工具、器具
待摊投资
合计</td><td colspan="2"></td><td colspan="2"></td><td>合计</td><td></td><td>合计</td><td></td></tr>
</table>

任务5.3　编制整理工程竣工总结文件

5.3.1　工程概况表

工程概况表是对工程基本情况的简要描述，应包括单位工程的一般情况、构造特征、机电系统等（表5-12）。

1. 一般情况

包含有工程名称、建筑用途、建筑地点、建设单位、监理单位、设计单位、施工单位、建筑面积、结构类型和建筑层数等。

表5-12　工程概况表

工程概况表				
一般情况	工程名称	某市第一高中教学楼	建设单位	某市第一高中
	建设用途	公共建筑	设计单位	某市建筑设计研究院
	建设地点		监理单位	某市建设工程监理公司
	总建筑面积		施工单位	某市第一建筑工程公司
	开工日期	2015年5月1日	竣工日期	2015年10月8日
	结构类型	框架	基础类型	桩基础
	层数	地下一层、地上六层	建筑檐高	
	地上面积		地下室面积	
	人防等级	四级	抗震等级	二级
构造特征	地基与基础	地基持力层为粉质黏土；基础为人工挖孔灌注桩		
	柱、内外墙	框架柱为C30混凝土，外围护墙为200厚加气混凝土砌块、内墙120厚加气混凝土砌块。		
	梁、板、楼盖	现浇钢筋混凝土梁、板，强度等级为C30		
	外墙装饰	外墙装饰以面砖为主，局部为干挂花岗石材		
	内墙装饰	内墙装饰以乳胶漆为主		
	楼地面装饰	地面以水磨石为主，大厅为花岗石地面，局部房间木地板		
	屋面防水	SBS改性沥青卷材与双层三元乙丙丁基橡胶卷材结合		
	防火设备	一级防火等级，每层设消火栓箱		
机电系统名称		本工程采用中央空调供暖，电气系统包括照明、动力、电视、消防报警系统、自动喷淋系统、给排水系统配套		
其他				

注：本表由施工单位填写，施工单位、城建档案馆各保存一份。

2. 构造特征

地基与基础、柱、内外墙、梁、板、内外墙装饰、楼地面装饰、屋面构造、防火设备等。

3. 机电系统名称

工程所包括的机电各系统名称。

4. 其他

指特殊需要说明的内容。

5.3.2 工程竣工总结

工程竣工总结是建筑工程的综合性或专题性总结的文字材料，应由建设单位负责组织有关单位编制，一般包括以下内容：

（1）管理方面

根据工程特点与难度，进行项目质量、现场、合同、成本和综合控制等方面的总结。

（2）技术方面

工程技术方面的总结，应包括工程采用的新技术、新产品、新工艺、新材料的总结。

（3）经验方面

工程实施过程中各种经验与教训的总结。

任务 5.4 工程竣工验收备案

为了加强房屋建筑工程和市政基础设施工程质量的管理，根据《建设工程质量管理条例》，住建部于 2013 年 12 月制定并实施了《房屋建筑和市政基础设施工程竣工验收规定》建质〔2013〕171 号（以下简称《竣工验收规定》）。

5.4.1 工程竣工验收备案管理

1. 工程竣工验收备案的概念及范围

所谓竣工验收是指建设单位应当自工程竣工验收合格之日起 7 个工作日内，依照《备案管理办法》规定，向工程所在地的县级以上地方人民政府建设行政主管部门（以下简称备案机关）备案（即将工程的行政工程的相关行政审批文件、质量验收文件、工程质量保修文件等送备案机关审查存档）。同意备案文件作为工程竣工交付使用和办理房屋产权登记的必备文件。

根据《备案管理办法》，在中华人民共和国境内新建、扩建、改建各类房屋建筑工程和市政基础设施工程均要求进行竣工验收备案。

2. 工程竣工验收备案的文件

根据《备案管理办法》，建设单位办理工程竣工验收备案应当提交下列文件：

（1）工程竣工验收备案表；

（2）工程竣工验收报告。竣工验收报告应当包括工程报建日期，施工许可证号，施工图设计文件审查意见，勘察、设计、施工、工程监理等单位分别签署的质量合格文件及验收人员签署的竣工验收原始文件，市政基础设施的有关质量检测和功能性试验资料以及备案机关认为需要提供的有关资料；

（3）法律、行政法规规定应当由规划、公安消防、环保等部门出具的认可文件或者准许使用文件；

（4）施工单位签署的工程质量保修书；

（5）法规、规章规定必须提供的其他文件。

商品住宅还应当提交《住宅质量保修书》和《住宅使用说明书》。

3. 工程竣工验收备案的程序

(1) 建设单位应当自工程竣工验收合格之日起15日内向备案机关报送竣工验收备案文件；

(2) 工程质量监督机构应当在工程竣工验收之日起5日内，向备案机关提交工程质量监督报告；

(3) 备案机关收到建设单位报送的竣工验收备案文件以及工程质量监督机构提交的工程质量监督报告后，验收文件是否齐全，审查后决定是否同意备案。

5.4.2　工程竣工验收备案的实施

根据《建设工程质量管理条例》和《备案管理办法》，建设单位作为建设活动的总负责方，同时也是工程竣工验收备案资料的最终的提交方。建设工程竣工验收备案制度明确了建设、勘察、设计、施工、监理单位等参与工程建设的各方在建设工程质量管理和竣工验收备案中的质量责任。限于篇幅，本节仅对施工单位竣工验收备案的实施进行介绍。

1. 施工准备阶段施工单位的备案基础工作

伴随着备案工作的实施，政府建设工程质量监督管理模式已有大的调整。政府及其委托的监督机构抽查内容将从单一的实物质量扩大到施工现场质量，保证体系质量责任制。因此，施工单位应从多方面做好备案基础工作。

(1) 施工单位应积累建设项目的基本文件依据

所谓文件依据，主要是指那些适应于工程项目通用的、具有普遍指导意义和必须遵守的基本文件。包括：

① 工程承包合同文件；

② 设计施工图文件；

③ 国家及政府部门颁布的有关质量管理方面的法律、法规和规章；

④ 有关质量检验与控制的技术与技术管理规定、标准和规范。

上述四类文件施工现场项目部都必须在开工阶段及时收集、分类、编号，这是做好备案工作必需的准备工作。

(2) 施工单位项目开工前的质量控制

施工准备阶段的质量控制要点：

① 掌握工程的特点和关键；

② 调查并创造有利施工的条件；

③ 合理部署和选择施工队伍；

④ 预测施工风险和做好应变准备。

做好项目开工前的准备工作：

① 施工组织准备；

② 施工技术准备；

③ 施工物资准备；

④ 施工现场准备；

⑤ 施工队伍准备。

(3) 施工单位项目开工前的备案配合工作

① 配合建设单位办理建设工程质量监督申报手续；

② 配合建设单位填写《建设工程从业人员资格审查表》；

③ 施工单位参与首次监督工作会议；

④ 施工单位接受首次监督检查；

⑤ 理解和执行建设工程质量监督办法。

2. 施工过程中施工单位的备案实施要点

施工过程中，施工单位对各项影响施工质量的因素应实施有效的管理和控制，这一过程是确保施工生产符合设计意图及国家标准要求的重要环节。同样，随着政府建设工程质量管理模式的改革和备案制度的实施，施工单位强化施工过程的质量管理控制既能确保施工生产实现设计意图，达到国家质量标准要求，也是适应政府强化监督实施备案要求所必需的基础工作。

（1）施工单位必须加强施工过程中的质量管理与控制

① 明确质量控制关键环节；

② 确立工序质量控制点；

③ 严格隐蔽工程验收程序；

④ 建立缺陷纠正程序；

⑤ 建立半成品与成品保护措施；

⑥ 抓好技术复核工作；

⑦ 严格质量试验与检测手段；

⑧ 加强对分包单位的管理。

（2）施工过程中施工单位的质量评定

施工单位在施工过程中，应及时按照《建筑工程施工质量验收统一标准》的要求，组织相关人员对检验批、分项工程、分部工程质量进行验收评定，单位工程完工后，施工单位应自行组织有关人员进行检查评定，合格后，及时向监理单位提出竣工验收报告。

（3）施工单位对工程质量问题的处理

质量事故处理的目的是为了消除质量缺陷，达到建筑物安全可靠和正常使用的各项功能要求，并保证施工的正常进行。因此，当施工过程中出现质量问题时，应及时按照《建筑工程施工质量验收统一标准》和相关规定的要求进行处理。

（4）施工过程中施工单位的备案参与工作

① 接受质量监督机构的工作质量抽查；

② 接受监理单位、建设单位的日常质量监督检查；

③ 参与工程质量验收；

④ 对工程质量达不到合格标准的，认真进行质量整改。

3. 竣工验收阶段施工单位备案实施要点

（1）施工单位必须保证单位工程达到竣工验收标准。

① 对单位工程施工质量文件进行检查确认；

② 对工程项目质量的自评验收；

③ 填写《施工单位工程质量验收记录》；

④ 要求整改的问题已整改完毕，并报监理单位验收合格；

⑤ 按合同约定承担工程质量保修期的责任。

（2）协助建设单位、监理单位查阅并帮助整理工程项目全过程竣工档案材料。

（3）积极配合建设单位做好单位竣工验收。

（4）如实填写《工程款支付证明》文件。

（5）积极配合建设单位填写《建设工程竣工验收备案表》。

（6）服从主管部门备案结论，妥善保存有关备案资料。

任务5.5　编制工程竣工图

5.5.1　竣工图的概念

《建设工程文件归档规范》（GB/T 50328—2014）中提到的“竣工图”是指工程竣工验收后，真实反映建筑工程项目施工结果的图样。

竣工图是在施工图的基础上修改完善形成的，项目开工前，设计单位先设计出项目的施工图，施工单位依据施工图进行施工。在工程建设的施工过程中，会产生各种原因的变更：第一，设计单位可能会因为设计上的错误、设计深度不够或设计文件的其他原因而需要提出如图纸尺寸差错更正、图纸细部增补详图等设计变更；第二，由于发包单位根据工程实际需要提出的对原设计的变动或项的增减而引起的变更设计；第三，由承包单位、监理单位根据工程现场实际情况，从优化设计、提高工程质量、提高施工效率等有利于工程建设角度提出的合理化建议，这也称为变更洽商。

项目施工完成竣工后，就必须由各专业技术人员根据一定的原则和上述变更对原施工图进行修改或重新绘制，使最终的实物工程与图纸上反映出来的图物相符。

5.5.2　竣工图的组成

竣工图应按单位工程、专业、系统进行整理，其组成包括如下内容：

（1）综合竣工图（包括总平面布置图、竖向布置图等）。

（2）建筑竣工图。

（3）结构竣工图。

（4）给排水竣工图。

（5）强电（照明、设备用电）、弱电（通信、网络、电视）竣工图。

（6）暖气、通风、空调竣工图。

（7）燃气竣工图

（8）设备安装竣工图。

（9）装饰、装修竣工图。

（10）地上部分的道路、绿化、庭院照明、喷泉等竣工图。

（11）地下部分的各种市政、电力、电信管线等竣工图。

（12）其他专业竣工图。

5.5.3　竣工图编制基本要求

1. 竣工图编制的依据

竣工图编制的依据有：原施工图、图纸会审和设计交底记录、设计变更通知、变更洽商、施工记录、工程隐蔽检查记录、测量记录、其他已实施的指令性文件（如合同）。

2. 竣工图编制的基本要求

（1）竣工图应是新蓝图，图纸应采用国家标准图幅，做到规格统一。

（2）竣工图编制应及时，在施工过程中按进度进行编制，而不是等到竣工后再来编制，内容必须真实、准确、与施工实际相符，做到图、物一致，无遗漏和含糊不清的地方。

（3）施工蓝图上改绘竣工图，可进行杠改，不能乱改、涂改和使用涂改液等。

（4）竣工图的字体要求是仿宋体或楷体，不允许字迹潦草、模糊不清、有错别字等。

（5）竣工图应按单位工程分专业进行编制，整理内容必须完整。

（6）竣工图章必须使用不褪色的红色印泥盖在图标栏的上方空白处或其他空白处，如果图纸正面实在没有空白处就盖在图纸背面，并在竣工图目录的备注中说明。

5.5.4 竣工图绘制要求及方法

（1）凡按图施工没有变动的，则由施工单位（包括总包和分包施工单位）在原施工图上加盖“竣工图”标志后，即作为竣工图。

（2）凡在施工中，虽有一般性设计变更，但能将原施工图加以修改补充作为竣工图的，可以不重新绘制，由施工单位负责在原施工图（必须是新蓝图）上注明修改的部分，并附设计变更通知单和施工说明，加盖“竣工图”标志后，即作为竣工图。具体的修改方法和要求要视修改的多少和篇幅大小而定：

① 需要取消内容时，可以在原施工图上采用杠改法或叉改法，即在原施工图上用“—”或“×”将需要修改的部分划掉，并在修改处下方空白处注明修改依据或采用引出索引线的方式，在索引线上方注明修改依据，如“××年××月××日第×号设计变更第×条”或“××年××月××日图纸会审和设计交底记录”。

② 需要修改原内容或增加内容时，可按如下方法修改：

a. 在原图需要修改的实际位置，按相关规范要求绘制，并注明修改依据；

b. 如果在原图位置修改会影响图面的清晰，应采用杠改法或叉改法将需要修改的部分划掉，然后在适当的空白处（一般在其上方）绘制，或用索引线引出进行修改，并注明修改依据；

c. 如果在原图上无位置可绘制时，可用碳素墨水笔将原施工图变更部位打叉划掉，按绘图要求绘制在另一张图上，附在本专业图纸后面，并注明修改依据；

d. 在修改原施工图的过程中，有的内容如果不能在改动处用简单的图文表示清楚，那么就需要用适当的文字加以说明。

③ 修改时应注意的问题：

a. 施工图纸目录要加盖竣工图章，凡有增加补充的图纸要在原目录上依序列出图纸名称、图号、图幅大小，而作废的图纸要在对应目录上杠掉；

b. 图上各种引出说明，一般与图框线平行，引出线不能相互交叉，不遮盖其他线条，所有变更的部分都应标明变更依据，做到图面整洁、美观、有序，便于查阅。

④ 竣工图章。

a. 所有改绘的竣工图都必须加盖竣工图章，用不易褪色的红印泥加盖，竣工图封面和目录同样应该加盖竣工图章，作为竣工图的一部分进行存档；

b. 竣工图章上的相关人员签字必须完整，并按规定填写好竣工图章上的各项内容；

c. 竣工图章的尺寸应规范。

（3）凡结构形式改变、工艺改变、平面布置改变、项目改变以及有其他重大改变，不宜再在原施工图上修改、补充，应重新绘制改变后的竣工图。由于设计原因造成的，由设计单位负责重新绘图；由于施工原因造成的，由施工单位负责重新绘图；由于其他原因造成的，由建设单位自行绘图或委托设计单位绘图。施工单位负责在新图上加盖“竣工图”标志并附以有关记录和说明，作为竣工图。

重大的改建、扩建工程涉及原有工程项目变更时，应将相关项目的竣工图资料统一整理归档，并在原图案卷增补必要的说明。

（4）竣工图按照标准图幅进行绘制，按照《技术制图 复制图的折叠方法》（GB/T 10609.3—2009）折叠，图纸的折叠尺寸为 A4（210mm × 297mm）或 A3（297mm × 420mm）的规格；对需要装订成册又无装订边的图纸，折叠后的尺寸可以是 190mm × 297mm 或 297mm×400mm。装订线留 20mm，图纸内容折向内。由于装订时，图纸案卷左右厚度不平衡，应在装订线一侧加垫块，将脊背垫平，力求整齐美观，方便查阅，有利于长期保存。在裁剪时应注意不要裁剪到图纸内容，不要把内框线裁剪掉。

复习思考题

1. 简述竣工图的编制要求。
2. 简述竣工图的绘制方法和要求。
3. 竣工验收资料包括哪些文件？
4. 竣工决算书如何编制？

项目 6　工程归档资料管理

知识目标：

熟练表述建筑工程资料归档的流程、归档范围规定。

基本表述建筑工程资料档案保管的意义、要求、保管条件、防护措施。

熟练表述建筑工程资料档案保管方法。

熟练表述建筑工程资料档案利用的工作。

能力目标：

能根据归档的范围规定，按流程把建筑工程资料全部整理归档。

能按照要求选择正确的保管条件和防护措施，做好建筑工程资料档案保管工作。

能选用正确的保管方法对各种载体档案进行保管。

能选用正确的方式做好建筑工程资料档案的利用。

任务 6.1　建设工程资料归档整理

6.1.1　建设工程资料的归档范围

（1）对与工程建设有关的重要活动、记载工程建设主要过程和现状、具有保存价值的各种载体的文件，均应收集齐全、整理立卷后归档。

（2）工程文件的具体归档范围应符合附录的要求。

（3）声像资料的归档范围和质量要求应符合现行行业标准《城建档案业务管理规范》（CJJ/T 158—2011）的要求。

（4）不属于归档范围、没有保存价值的工程文件，文件形成单位可自行组织销毁。

6.1.2　建设工程资料的质量要求

根据《建设工程文件归档规范》（GB/T 50328—2014）的规定，建设工程文件在归档时应满足如下的质量要求：

（1）归档的纸质工程文件应为原件。

（2）工程文件的内容及其深度应符合国家现行有关工程勘察、设计、施工、监理等标准的规定。

（3）工程文件的内容必须真实、准确，应与工程实际相符合。

（4）工程文件应采用碳素墨水、蓝黑墨水等耐久性强的书写材料，不得使用红色墨水、纯蓝墨水、圆珠笔、复写纸、铅笔等易褪色的书写材料。计算机输出文字和图件应使用激光打印机，不应使用色带式打印机、水性墨打印机和热敏打印机。

（5）工程文件应字迹清楚，图样清晰，图表整洁，签字盖章手续应完备。

（6）工程文件中文字材料幅面尺寸规格宜为 A4 幅面（297mm×210mm）。图纸宜采用国家标准图幅。

（7）工程文件的纸张应采用能长期保存的韧力大、耐久性强的纸张。

（8）所有竣工图均应加盖竣工图章（图6-1），并应符合下列规定：

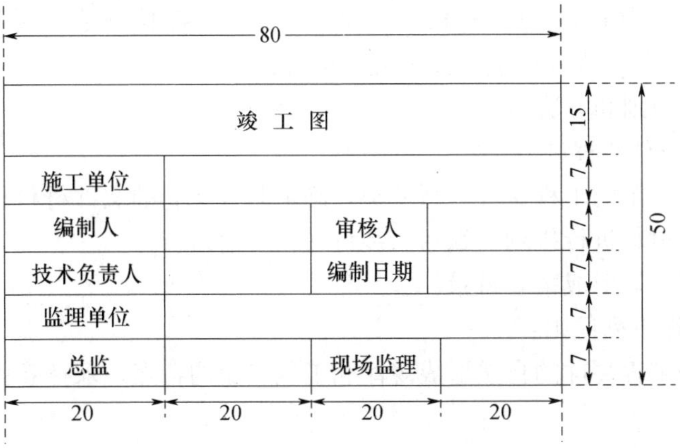

图6-1　竣工图章示例

① 竣工图章的基本内容应包括："竣工图"字样、施工单位、编制人、审核人、技术负责人、编制日期、监理单位、现场监理、总监。

② 竣工图章尺寸应为：50mm×80mm。

③ 竣工图章应使用不易褪色的印泥，应盖在图标栏上方空白处。

（9）竣工图的绘制与改绘应符合国家现行有关制图标准的规定。

（10）归档的建设工程电子文件应采用表6-1所列开放式文件格式或通用格式进行存储。专用软件产生的非通用格式的电子文件应转换成通用格式。

表6-1　工程电子文件存储格式表

文件类别	格　式
文本（表格）文件	PDF、XML、TXT
图像文件	JPEG、TIFF
图形文件	DWG、PDF、SVG
影像文件	MPEG2、MPEG4、AVI
声音文件	MP3、WAV

（11）归档的建设工程电子文件应包含元数据，保证文件的完整性和有效性。元数据应符合现行行业标准《建设电子档案元数据标准》（CJJ/T 187—2012）的规定。

（12）归档的建设工程电子文件应采用电子签名等手段，所载内容须真实和可靠。

（13）归档的建设工程电子文件的内容必须与其纸质档案一致。

（14）离线归档的建设工程电子档案载体，应采用一次性写入光盘，光盘不应有磨损、划伤。

（15）存储移交电子档案的载体应经过检测，应无病毒、无数据读写故障，并应确保接收方能通过适当设备读出数据。

6.1.3 建设工程资料的归档整理立卷

建设工程文件的质量要求是对单份文件的要求，在归档时，这些单份文件还应该进行归纳整理并装订成册，即所谓的立卷。根据《建设工程文件归档规范》（GB/T 50328—2014）的规定，建设工程文件在立卷时应按以下要求进行：

1. 立卷流程、原则和方法

（1）立卷应按下列流程进行：

① 对属于归档范围的工程文件进行分类，确定归入案卷的文件材料；

② 对卷内文件材料进行排列、编目、装订（或装盒）；

③ 排列所有案卷，形成案卷目录。

（2）立卷应遵循下列原则：

① 立卷应遵循工程文件的自然形成规律和工程专业的特点，保持卷内文件的有机联系，便于档案的保管和利用；

② 工程文件应按不同的形成、整理单位及建设程序，按工程准备阶段文件、监理文件、施工文件、竣工图、竣工验收文件分别进行立卷，并可根据数量多少组成一卷或多卷；

③ 一项建设工程由多个单位工程组成时，工程文件应按单位工程立卷；

④ 不同载体的文件应分别立卷。

（3）立卷应采用下列方法：

① 工程准备阶段文件应按建设程序、形成单位等进行立卷；

② 监理文件应按单位工程、分部工程或专业、阶段等进行立卷；

③ 施工文件应按单位工程、分部（分项）工程进行立卷；

④ 竣工图应按单位工程分专业进行立卷；

⑤ 竣工验收文件应按单位工程分专业进行立卷；

⑥ 电子文件立卷时，每个工程（项目）应建立多级文件夹，应与纸质文件在案卷设置上一致，并应建立相应的标识关系；

⑦ 声像资料应按建设工程各阶段立卷，重大事件及重要活动的声像资料应按专题立卷，声像档案与纸质档案应建立相应的标识关系。

（4）施工文件的立卷应符合下列要求：

① 专业承（分）包施工的分部、子分部（分项）工程应分别单独立卷；

② 室外工程应按室外建筑环境和室外安装工程单独立卷；

③ 当施工文件中部分内容不能按一个单位工程分类立卷时，可按建设工程立卷。

（5）不同幅面的工程图纸，应统一折叠成 A4 幅面（297mm×210mm）。应图面朝内，首先沿标题栏的短边方向以“W”形折叠，然后再沿标题栏的长边方向以“W”形折叠，并使标题栏露在外面。

（6）案卷不宜过厚，文字材料卷厚度不宜超过 20mm，图纸卷厚度不宜超过 50mm。

（7）案卷内不应有重份文件。印刷成册的工程文件宜保持原状。

（8）建设工程电子文件的组织和排序可按纸质文件进行。

2. 卷内文件排列

（1）卷内文件应按表 1-7 的类别和顺序排列。

（2）文字材料应按事项、专业顺序排列。同一事项的请示与批复、同一文件的印本与定稿、主体与附件不应分开，并应按批复在前、请示在后，印本在前、定稿在后，主体在前、附件在后的顺序排列。

（3）图纸应按专业排列，同专业图纸应按图号顺序排列。

（4）案卷内既有文字材料又有图纸时，文字材料应排在前面，图纸应排在后面。

3. 案卷编目

（1）编制卷内文件页号应符合下列规定：

① 卷内文件均应按有书写内容的页面编号。每卷单独编号，页号从“1”开始。

② 页号编写位置：单面书写的文件在右下角；双面书写的文件，正面在右下角，背面在左下角。折叠后的图纸一律在右下角。

③ 成套图纸或印刷成册的文件材料，自成一卷的，原目录可代替卷内目录，不必重新编写页码。

④ 案卷封面、卷内目录、卷内备考表不编写页号。

（2）卷内目录的编制应符合下列规定：

① 卷内目录排列在卷内文件首页之前，式样宜符合图 6-2 的要求。

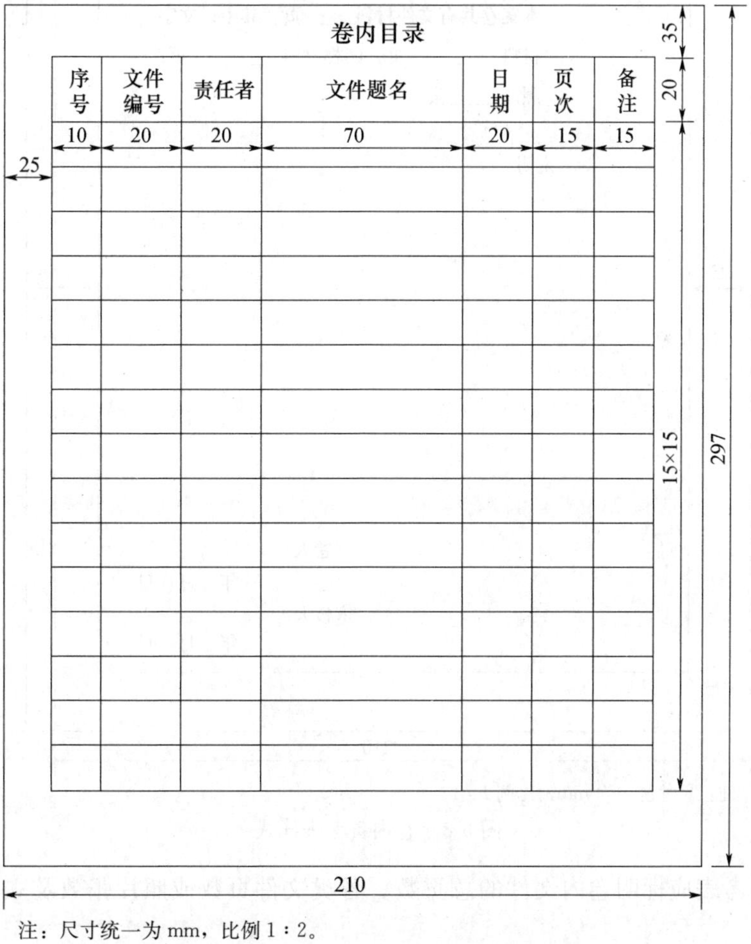

注：尺寸统一为 mm，比例 1∶2。

图 6-2　卷内目录样式

② 序号应以一份文件为单位编写，用阿拉伯数字从“1”依次标注。

③ 责任者应填写文件的直接形成单位或个人。有多个责任者时，应选择两个主要责任者，其余用“等”代替。

④ 文件编号应填写文件形成单位的发文号或图纸的图号或设备、项目代号。

⑤ 文件题名应填写文件标题的全称。当文件无标题时，应根据内容拟写标题，拟写标题外应加“［］”符号。

⑥ 日期应填写文件的形成日期或文件的起止日期，竣工图应填写编制日期。日期中“年”应用四位数字表示，“月”和“日”应分别用两位数字表示。

⑦ 页次应填写文件在卷内所排的起始页号，最后一份文件应填写起止页号。

⑧ 备注应填写需要说明的问题。

（3）卷内备考表的编制应符合下列规定：

① 卷内备考表应排列在卷内文件的尾页之后，式样宜符合图 6-3 的要求；

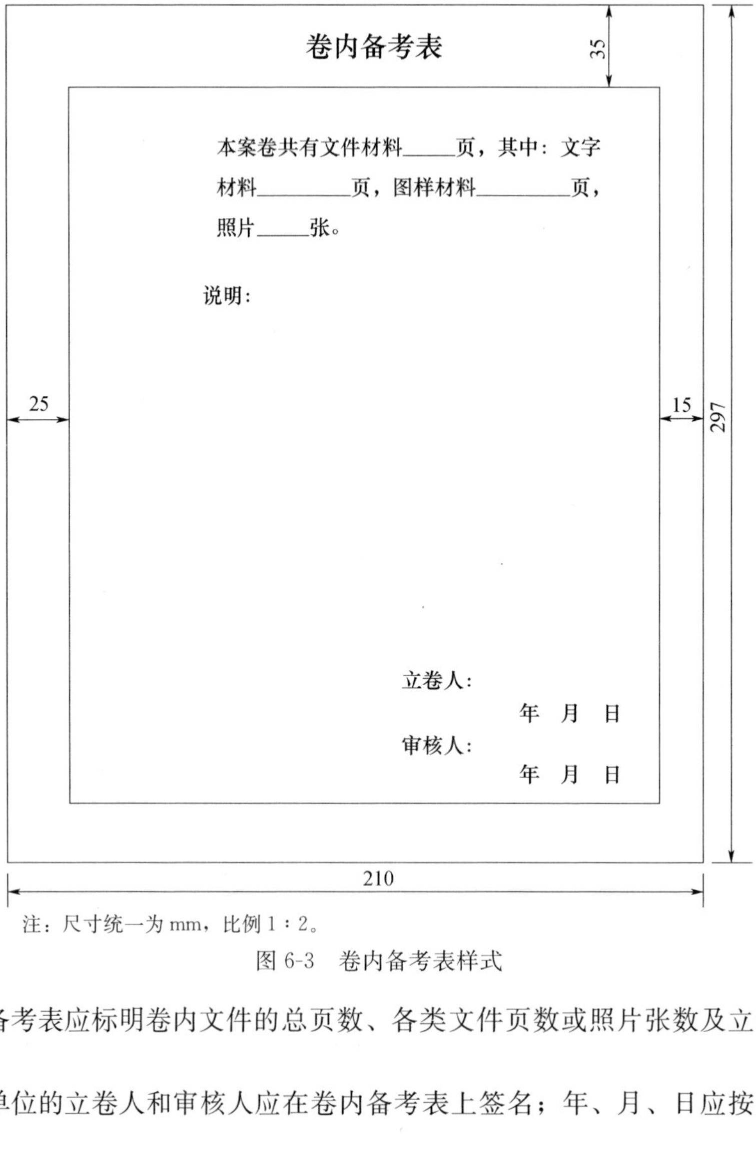

注：尺寸统一为 mm，比例 1：2。

图 6-3 卷内备考表样式

② 卷内备考表应标明卷内文件的总页数、各类文件页数或照片张数及立卷单位对案卷情况的说明；

③ 立卷单位的立卷人和审核人应在卷内备考表上签名；年、月、日应按立卷、审核时

间填写。

（4）案卷封面的编制应符合下列规定：

① 案卷封面应印刷在卷盒、卷夹的正表面，也可采用内封面形式。案卷封面的式样宜符合图 6-4 的要求。

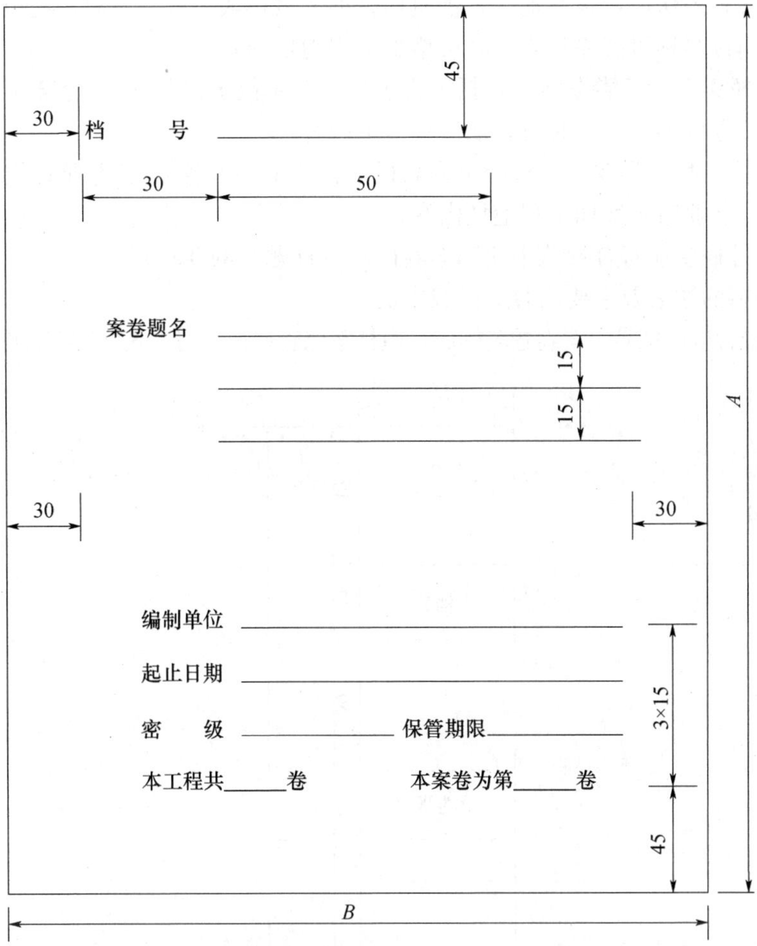

注：1. 卷盒、卷夹封面 $A\times B=310\times 220$；

2. 卷内封面 $A\times B=297\times 210$；

3. 尺寸统一为 mm，比例 1∶2。

图 6-4　案卷封面样式

② 案卷封面的内容应包括档号、案卷题名、编制单位、起止日期、密级、保管期限、本案卷所属工程的案卷总量、本案卷在该工程案卷总量中的排序。

③ 档号应由分类号、项目号和案卷号组成。档号由档案保管单位填写。

④ 案卷题名应简明、准确地揭示卷内文件的内容。

⑤ 编制单位应填写案卷内文件的形成单位或主要责任者。

⑥ 起止日期应填写案卷内全部文件形成的起止日期。

⑦ 保管期限应根据卷内文件的保存价值在永久保管、长期保管、短期保管三种保管期限中选择划定。当同一案卷内有不同保管期限的文件时，该案卷保管期限应从长。

⑧ 密级应在绝密、机密、秘密三个级别中选择划定。当同一案卷内有不同密级的文件时，应以高密级为本卷密级。

（5）编写案卷题名，应符合下列规定：

① 建筑工程案卷题名应包括工程名称（含单位工程名称）、分部工程或专业名称及卷内文件概要等内容；当房屋建筑有地名管理机构批准的名称或正式名称时，应以正式名称为工程名称，建设单位名称可省略；必要时可增加工程地址内容；

② 道路、桥梁工程案卷题名应包括工程名称（含单位工程名称）、分部工程或专业名称及卷内文件概要等内容；必要时可增加工程地址内容；

③ 地下管线工程案卷题名应包括工程名称（含单位工程名称）、专业管线名称和卷内文件概要等内容；必要时可增加工程地址内容；

④ 卷内文件概要应符合规范中所列案卷内容（标题）的要求；

⑤ 外文资料的题名及主要内容应译成中文。

（6）案卷脊背应由档号、案卷题名构成，由档案保管单位填写；式样宜符合图 6-5 的规定。

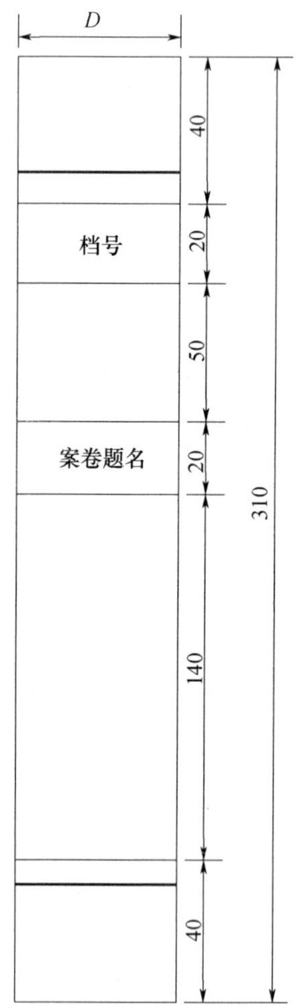

注：1. D=20、30、40、50；

2. 尺寸统一为 mm，比例 1∶2。

图 6-5 案卷脊背样式

(7) 卷内目录、卷内备考表、案卷内封面宜采用 70g 以上白色书写纸制作，幅面应统一采用 A4 幅面。

4. 案卷装订与装具

(1) 案卷可采用装订与不装订两种形式。文字材料必须装订，装订时不应破坏文件的内容，并应保持整齐、牢固，便于保管和利用。

(2) 案卷装具可采用卷盒、卷夹两种形式，并应符合下列规定：

① 卷盒的外表尺寸应为 310mm×220mm，厚度可为 20mm、30mm、40mm、50mm。

② 卷夹的外表尺寸应为 310mm×220mm，厚度宜为 20mm～30mm。

③ 卷盒、卷夹应采用无酸纸制作。

5. 案卷目录编制

(1) 案卷应按规范中的类别和顺序排列。

(2) 案卷目录的编制应符合下列规定：

① 符合表 6-2 的要求；

表 6-2　案卷目录式样

案卷号	案卷题名	卷内数量			编制单位	编制日期	保管日期	密级	备注
		文字（页）	图纸（张）	其他					

② 编制单位应填写负责立卷的法人组织或主要责任者；

③ 编制日期应填写完成立卷工作的日期。

任务 6.2　建设工程档案的验收与移交

6.2.1　建设工程文件归档

(1) 归档资料的要求。

① 归档文件范围和质量应符合规范的要求；

② 归档的文件必须经过分类整理，并应符合规范的要求。

(2) 电子文件归档应包括在线式归档和离线式归档两种方式。可根据实际情况选择其中一种或两种方式进行归档。

(3) 归档时间的要求。

① 根据建设程序和工程特点，归档可分阶段分期进行，也可在单位或分部工程通过竣

工验收后进行。

② 勘察、设计单位应在任务完成后，施工、监理单位应在工程竣工验收前，将各自形成的有关工程档案向建设单位归档。

(4) 勘察、设计、施工单位在收齐工程文件并整理立卷后，建设单位、监理单位应根据城建档案管理机构的要求，对归档文件完整、准确、系统情况和案卷质量进行审查。审查合格后方可向建设单位移交。

(5) 工程档案的编制不得少于两套，一套应由建设单位保管，一套（原件）应移交当地城建档案管理机构保存。

(6) 勘察、设计、施工、监理等单位向建设单位移交档案时，应编制移交清单，双方签字、盖章后方可交接。

(7) 设计、施工及监理单位需向本单位归档的文件，应按国家有关规定和规范的要求立卷归档。

(8) 归档程序。

勘察、设计、施工单位在收齐工程文件并整理立卷后，建设单位、监理单位应根据城建档案管理机构的要求对档案文件完整、准确、系统情况和案卷质量进行审查。审查合格后向建设单位移交。勘察、设计、施工、监理等单位向建设单位移交档案时，应编制移交清单，双方签字、盖章后方可交接。归档工作程序如图 6-6 所示。

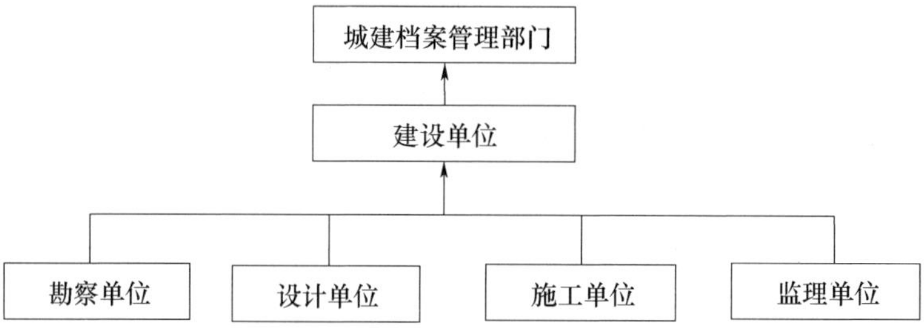

图 6-6　归档工作程序示意图

6.2.2　建设工程档案验收与移交

(1) 列入城建档案管理机构档案接收范围的工程，竣工验收前，城建档案管理机构应对工程档案进行预验收。

(2) 城建档案管理机构在进行工程档案预验收时，应查验下列主要内容：

① 工程档案齐全、系统、完整，全面反映工程建设活动和工程实际状况；

② 工程档案已整理立卷，立卷符合本规范的规定；

③ 竣工图的绘制方法、图式及规格等符合专业技术要求，图面整洁，盖有竣工图章；

④ 文件的形成、来源符合实际，要求单位或个人签章的文件，其签章手续完备；

⑤ 文件的材质、幅面、书写、绘图、用墨、托裱等符合要求；

⑥ 电子档案格式、载体等符合要求；

⑦ 声像档案内容、质量、格式符合要求。

(3) 列入城建档案管理机构接收范围的工程，建设单位在工程竣工验收后 3 个月内，必须向城建档案管理机构移交一套符合规定的工程档案。

（4）停建、缓建建设工程的档案，可暂由建设单位保管。

（5）对改建、扩建和维修工程，建设单位应组织设计、施工单位对改变部位据实编制新的工程档案，并应在工程竣工验收后3个月内向城建档案管理机构移交。

（6）当建设单位向城建档案管理机构移交工程档案时，应提交移交案卷目录，办理移交手续，双方签字、盖章后方可交接。

任务6.3　建设电子文件归档与电子档案资料

6.3.1　建设电子文件的整理、鉴定与归档

1. 整理

（1）建设电子文件的形成单位应做好电子文件的整理工作。

（2）对于建设系统业务管理电子文件或建设工程电子文件，业务案件办理完结或工程项目完成后，应在收集积累的基础上，对该案件或项目的电子文件进行整理。

（3）整理应遵循建设系统业务管理电子文件或建设工程电子文件的自然形成规律，保持案件或项目内建设电子文件间的有机联系，便于建设电子档案的保管和利用。

（4）同一个保管单元内建设电子文件的组织和排序可按相应的建设纸质文件整理要求进行。

（5）建设电子文件的分类应按照《城建档案分类大纲》进行。

（6）建设电子文件的著录应按照《城市建设档案著录规范》（GB/T 50323—2001）进行，同时应按照保证其真实性、完整性、有效性的要求补充建设电子文件特有的著录项目和其他标识信息与数据。

2. 鉴定

（1）鉴定工作应贯穿于建设电子文件归档与电子档案管理的全过程。电子文件的鉴定工作，应包括对电子文件的真实性、完整性、有效性的鉴定及确定归档范围和划定保管期限。

（2）归档前，建设电子文件形成单位应按照规定的项目，对建设电子文件的真实性、完整性和有效性进行鉴定。

（3）建设电子文件的归档范围、保管期限应按照国家关于建设纸质文件材料归档范围、保管期限的有关规定执行。建设电子文件元数据的保管期限应与内容信息的保管期限一致。

3. 归档

（1）建设电子文件形成单位应定期把经过鉴定合格的电子文件向本单位档案部门归档移交。

（2）归档的建设电子文件应符合下列要求：

① 已按电子档案管理要求的格式将其存储到符合保管要求的脱机载体上。

② 必须完整、准确、系统，能够反映建设活动的全过程。

（3）建设电子文件的归档方式包括在线式归档和离线式归档。可根据实际情况选择其中的一种或两种方式进行电子文件的归档。

（4）建设系统业务管理电子文件的在线式归档可实时进行；离线式归档应与相应的建设系统业务管理纸质或其他载体形式文件归档同时进行。工程电子文件应与相应的工程纸质或

其他载体形式的文件同时归档。

（5）建设电子文件形成单位在实施在线式归档时，应将建设电子文件的管理权从网络上转移至本单位档案部门，并将建设电子文件及其元数据等通过网络提交给档案部门。

（6）建设电子文件形成单位在实施离线式归档时，应按下列步骤进行：

① 将已整理好的建设电子文件及其著录数据、元数据、各种管理登记数据等分案件（或项目）按要求从原系统中导出。

② 将导出的建设电子文件及其著录数据、元数据、各种管理登记数据等按照要求存储到耐久性好的载体上，同一案件（或项目）的电子文件及其著录数据、元数据、各种管理登记数据等必须存储在同一载体上。

③ 对存储的建设电子文件进行检验。

④ 在存储建设电子文件的载体或装具上编制封面。封面内容的填写应符合表 6-3 的要求，同时存储载体应设置成禁止写操作的状态。

表 6-3　建设电子文件（档案）载体封面

载体编号：________　　类　　别：________
档　　号：________　　套　　别：________
内　　容：____________________
地　　址：____________________
编制单位：________　　编制日期：________
保管期限：________　　密　　级：________
文件格式：____________________
软硬件平台说明：______________________________

⑤ 将存储建设电子文件并贴好封面的载体移交给本单位档案部门。

⑥ 归档移交时，交接双方必须办理归档移交手续。档案部门必须对归档的建设电子文件进行检验，并按照表 6-4 的要求，填写《建设电子档案移交、接收登记表》。交接双方负责人必须签署审核意见。当文件形成单位采用了某些技术方法保证电子文件的真实性、完整性和有效性时，则应把其技术方法和相关软件一同移交给接收单位。

表 6-4　建设电子档案移交、接收登记表

<table>
<tr><td>载体编号</td><td colspan="2"></td><td>载体标识</td><td></td></tr>
<tr><td>载体类型</td><td colspan="2"></td><td>载体数量</td><td></td></tr>
<tr><td>载体外观检查</td><td>有无划伤</td><td></td><td>是否清洁</td><td></td></tr>
<tr><td rowspan="2">病毒检查</td><td>杀毒软件名称</td><td></td><td>版本</td><td></td></tr>
<tr><td colspan="4">病毒检查结果报告：</td></tr>
<tr><td rowspan="2">载体存储电子文件检验项目</td><td>载体存储电子文件总数</td><td></td><td>文件夹数</td><td></td></tr>
<tr><td>已用存储空间</td><td colspan="3">字节</td></tr>
<tr><td rowspan="3">载体存储信息读取检验项目</td><td>编制说明文件中相关内容记录是否完整</td><td colspan="3"></td></tr>
<tr><td>是否存有电子文件目录文件</td><td colspan="3"></td></tr>
<tr><td>载体存储信息能否正常读取</td><td colspan="3"></td></tr>
</table>

续表

移交人（签名） 年　月　日	接收人（签名） 年　月　日
移交单位审核人（签名） 年　月　日	接收单位审核人（签名） 年　月　日
移交单位（印章） 年　月　日	接收单位（印章） 年　月　日

4. 检验

（1）建设系统业务管理电子文件形成部门在向本单位档案部门移交电子文件之前，以及本单位档案部门在接收电子文件之前，均应对移交的载体及其技术环境进行检验，检验合格后方可进行交接。

（2）勘察、设计、施工、监理、测量等单位形成的工程电子档案应由建设单位进行检验。检验审查合格后向建设单位移交。

（3）在对建设电子档案进行检验时，应重点检查以下内容：

① 建设电子档案的真实性、完整性、有效性；

② 建设电子档案与纸质档案是否一致、是否已建立关联；

③ 载体有无病毒、有无划痕；

④ 登记表、著录数据、软件、说明资料等是否齐全。

5. 汇总

建设单位应将勘察、设计、施工、监理、测量等单位移交的工程电子档案及相关数据与本单位形成的工程前期电子档案及验收电子档案一起按项目进行汇总，并对汇总后的工程电子档案按要求进行检验。

6.3.2　建设电子档案的验收与移交

1. 建设系统业务管理电子档案的移交

（1）建设系统业务管理电子档案形成单位应按照有关规定，定期向城建档案馆（室）移交已归档的建设系统业务管理电子档案。移交方式包括在线式和离线式。

（2）凡已向城建档案馆（室）移交建设系统业务管理电子档案的单位，如工作中确实需要继续保存纸质档案的，可适当延缓向城建档案馆（室）移交纸质档案的时间。

2. 建设工程电子档案的验收与移交

（1）建设单位在组织工程竣工验收前，提请当地建设（城建）档案管理机构对工程纸质档案进行预验收时，应同时提请对工程电子档案进行预验收。

（2）列入城建档案馆（室）接收范围的建设工程，建设单位向城建档案馆（室）移交工程纸质档案时，应当同时移交一套工程电子档案。

（3）停建、缓建建设工程的电子档案，暂由建设单位保管。

（4）对改建、扩建和维修工程，建设单位应当组织设计、施工单位据实修改、补充、完善原工程电子档案。对改变的部位，应当重新编制工程电子档案，并和重新编制的工程纸质档案一起向城建档案馆（室）移交。

3. 办理移交手续

(1) 城建档案馆（室）接收建设电子档案时，应按照要求对电子档案再次检验，检验合格后，将检验结果按照规范的要求，填入《建设电子档案移交、接收登记表》，交接双方签字、盖章。

(2) 登记表应一式两份，移交和接收单位各存一份。

任务 6.4　建设电子档案的管理

6.4.1　脱机保管

(1) 建设电子档案的保管单位应配备必要的计算机及软、硬件系统，实现建设电子档案的在线管理与集成管理，并将建设电子档案的转存和迁移结合起来，定期将在线建设电子档案按要求转存为一套脱机保管的建设电子档案，以保障建设电子档案的安全保存。

(2) 脱机建设电子档案（载体）应在符合保管条件的环境中存放，一式三套，一套封存保管，一套异地保存，一套提供利用。

(3) 脱机建设电子档案的保管，应符合下列条件：

① 归档载体应作防写处理。不得擦、划、触摸记录涂层；

② 环境温度应保持在 17～20℃之间；相对湿度应保持在 35%～45%之间；

③ 存放时应注意远离强磁场，并与有害气体隔离；

④ 存放地点必须做到防火、防虫、防鼠、防盗、防尘、防湿、防高温、防光；

⑤ 单片载体应装盒，竖立存放，且避免挤压。

(4) 建设电子档案在形成单位的保管，应按照要求执行。

6.4.2　有效存储

(1) 建设电子档案保管单位应每年对电子档案读取、处理设备的更新情况进行一次检查登记。设备环境更新时应确认库存载体与新设备的兼容性，如不兼容，必须进行载体转换。

(2) 对所保存的电子档案载体，必须进行定期检测及抽样机读检验，如发现问题应及时采取恢复措施。

(3) 应根据载体的寿命，定期对磁性载体、光盘载体等载体的建设电子档案进行转存。转存时必须进行登记，登记内容应按表 6-5 的要求填写。

(4) 在采取各种有效存储措施后，原载体必须保留三个月以上。

表 6-5　建设电子档案转存登记表

存储设备更新与兼容性检验情况登记		
光盘载体转存登记		
磁性载体转存登记		
填表人（签名）： 年　月　日	审核人（签名）： 年　月　日	单位（盖章）： 年　月　日

6.4.3　迁移

（1）建设电子档案保管单位必须在计算机软、硬件系统更新前或电子文件格式淘汰前，将建设电子档案迁移到新的系统中或进行格式转换，保证其在新环境中完全兼容。

（2）建设电子档案迁移时必须进行数据校验，保证迁移前后数据的完全一致。

（3）建设电子档案迁移时必须进行迁移登记，登记内容应按表6-6的要求填写。

（4）建设电子档案迁移后，原格式电子档案必须同时保留的时间不少于3年，但对于一些较为特殊必须以原始格式进行还原显示的电子档案，可采用保存原始档案的电子图像。

表6-6　建设电子档案迁移登记表

源系统 设备情况	硬件系统： 系统软件： 应用软件： 存储设备：	
目标系统 设备情况	硬件系统： 系统软件： 应用软件： 存储设备：	
被迁移归档电子文件情况	源文件格式： 目标文件格式： 迁移文件数： 迁移时间：	
迁移检验情况	硬件系统校验： 系统软件校验： 应用软件校验： 存储载体校验： 电子文件内容校验： 电子文件形态校验：	
迁移操作者（签名）： 年　月　日	迁移校验者（签名）： 年　月　日	单位（盖章）： 年　月　日

6.4.4　利用

（1）建设电子档案保管单位应编制各种检索工具，提供在线利用和信息服务。

（2）利用时必须严格遵守国家保密法规和规定。凡利用互联网发布或在线利用建设电子档案时，应报请有关部门审核批准。

（3）对具有保密要求的建设电子档案采用联网的方式利用时，必须按照国家、地方及部门有关计算机和网络保密安全管理的规定，采取必要的安全保密措施，报经国家或地方保密管理部门审批，确保国家利益和国家安全。

（4）利用时应采取在线利用或使用拷贝件，电子档案的封存载体不得外借。脱机建设电子档案（载体）不得外借，未经批准，任何单位或人员不得擅自复制、拷贝、修改、转送他人。

(5) 利用者对电子档案的使用应在权限规定范围之内。

6.4.5 鉴定销毁

建设电子档案的鉴定销毁，应按照国家关于档案鉴定销毁的有关规定执行。销毁建设电子档案必须在办理审批手续后实施，并按表6-7的要求，填写《建设电子档案销毁登记表》。

表6-7 建设电子档案销毁登记表

序号	文件名称	文件字号	归档日期	页次	销毁原因	销毁人签字	备注

6.4.6 统计

建设电子档案保管单位应及时按年度对建设电子档案的接收、保管、利用及鉴定销毁等情况进行统计。

复习思考题

1. 什么是建设工程档案？
2. 归档有几个方面的含义？
3. 建设工程档案的特征有哪些？
4. 建设工程档案的分类有哪些？
5. 各相关单位在建设工程资料的归档管理时有什么职责？
6. 什么是建设工程资料的归档整理？归档时对文件有什么质量要求？立卷有什么要求？
7. 建设工程资料的归档的时间要求、档案数量要求、归档工作程序要求是什么？
8. 如何进行建设工程档案的验收与移交？

参 考 文 献

[1] 王天魁．建设工程资料管理［M］．北京：化学工业出版社，2012．

[2] 刘宏敏．建筑工程资料管理［M］．北京：机械工业出版社，2013．

[3] 徐燕．施工内业资料整理［M］．北京：人民交通出版社，2009．

[4] 李洪立、黎洪光．建筑工程资料管理［M］．广州：华南理工大学出版社，2015．

[5] 吕宗斌．建设工程技术资料管理（第 3 版）［M］．武汉：武汉理工大学出版社，2014．

[6]《建筑工程资料员一本通》编委会．建筑工程资料员一本通 2014 版［M］．哈尔滨：哈尔滨工程大学出版社，2014．

[7] 陈年和．建筑工程竣工验收与资料管理［M］．北京：中国建筑工业出版社，2010．